日経産業新聞［編］

日本経済新聞出版

はじめに

総合商社が新たな進化を迫られている。日本は今、パンデミックや地政学リスク、気候変動による問題が相次ぎ生じる世界と向き合う。環境変化に素早く対応し、業態や事業モデルをつくりかえていく「レジリエンス（しなやかさ）」こそ、商社の競争力の神髄だ。日本の産業界を黒子として支える良き伴走役だった商社は、新産業創出の先導役に脱皮しようとしている。

今から半世紀前の１９７３年、激しい物価高騰に企業も国民も苦しんでいた。同年10月17日には石油輸出国機構（ＯＰＥＣ）が石油の生産と供給を制限し、オイルショックが世界に広がった。日本は「狂乱物価」と呼ばれた激しいインフレに突入していく。

このとき、商社は厳しい社会的な批判に直面した。物価高騰は商社の買い占めや便乗値上げ、売り惜しみが原因とされた。公正取引委員会が商社を調査したり、社会党が商社活動規制法案を国会に提出したりする騒動になった。大手商社の社長が国会に参考人として呼ばれて追及された。国民からの批判を真摯に受け止めた商社の業界団体、日本貿易会は１９７３年に「総合商社行動基準」を定め、企業としての社会的責任を明確にした。

現代の日本も世界的なインフレに直面している。資源価格が高騰するなか、商社大手5社の２０２３年3月期の合計純利益は約４兆２０００億円を超え、21年3月期から4倍超に急増した。

空前の利益を稼いだ商社だが、かつてのような批判は聞こえてこない。資源やエネルギー開発など「川上」から生産・加工の「川中」、消費者に近い「川下」の小売り・サービスまで業態を広げ、人々の暮らしや生活に欠かせない「エッセンシャルビジネス」を支える存在として広く国民に認知された証左だろう。

商社は物産を輸出入する貿易業務を起点に、時代の変化に合わせて事業を興し、世界に類がないと言われるビジネスモデルに進化してきた。このレジリエンスに今、海外の投資家が注目している。「投資の神様」と称されるウォーレン・バフェット氏が率いる投資会社、米バークシャー・ハザウェイが大手商社5社の株式を大量取得したのが契機となった。

バフェット流の投資は、永続的に競争優位性をもつ企業を見いだして割安価格で株を取得し、長期保有でリターンを得る。バフェット氏は商社のレジリエンスにその潜在力を見たのかもしれない。バフェット氏による商社株の大量取得は、海外投資家の日本買いを後押しした。これからの商社に求められている役割は、株式市場の活性化にとどまらない。

新たな期待は、磨き上げたレジリエンスを日本の産業界に波及させることだ。戦後の日本の産業は、自動車と電機を両輪とした製造業が成長をけん引してきた。伴走者として支えたのが商社だった。

2000年代に入り、デジタル化やスマートフォンの登場で電機が競争から落後し、100年に1度の変革期を迎えた自動車も、輝きを維持できるか否か、潮目のときを迎えている。

世界との競争で先頭に立つ完成品メーカーが強かったため、後に連なるように群を構成する部品・素材産業も、成長の恩恵にあずかれた。

「ガンの群れ」も先頭を飛ぶリーダーの鳥が最も強い風圧を受けるからこそ、後続の群れが楽に飛べる。先導役が崩れると、後続の鳥たちも共倒れになりかねない。これまで日本の産業界のリーダーだった自動車や電機が失速するなか、群れの再編成の局面が到来している。

商社は新たなリーダーになりうる。モビリティーやフィンテック、再生可能エネルギーなどの新たな成長領域をはじめ、コンビニエンスストアといった伝統的産業の再定義で現在、商社は主導的な役割を果たしている。中小企業を束ねる日本商工会議所の会頭に初の商社出身者として三菱商事元会長の小林健氏が就任したのも、時代の趨勢を表す。

商社業界のプレーヤーは実に多様性に満ちている。トップダウン型の三菱商事と対照的に、マーケットインの発想でボトムアップ型を得意とする伊藤忠商事。自由闊達を重んじる三井物産は部門横断の連携を通じ、新たな付加価値の創出に力を入れる。住友商事は長期視点で腰を据えた経営で社会課題に挑み、丸紅は顧客に寄り添いながら、脱炭素・循環経済に資する事業のトップランナーを目指す。それぞれが個性と強みを生かしながら、様々な領域で事業を伸ばす。

違いを出しながらも共通しているのは、環境の変化をむしろ新たな成長の糧としていく不屈の挑戦心だ。変化が一段と激しい時代に入るなか、日本の産業界のリーダーとして国民に認知されるか。商社の進化と真価が試される。

本書は2020年1月から2023年6月にかけて、日経産業新聞で長期連載した「商社進化論」を基に、大幅に加筆・再編成した。資源バブル崩壊に伴う業績悪化から、しなやかにたくましく復活した商社の変化への対応力の源泉は何か。それが企画の着想の出発点だった。バフェット氏の5大商社への出資が表面化したのは、商社進化論の連載開始後、半年以上経過した2020年8月末だった。

5大商社の経営トップにそれぞれの「進化論」を聞いた特別社長インタビューを収録し、各社の創業のエピソードもまとめた。本書を一読すれば、商社の過去・現在・未来が俯瞰できるように構成した。

なお、本文中の肩書や年齢、為替レート、事実関係は原則として取材時点とした。

新型コロナウイルス禍、ロシアによるウクライナ侵攻による混乱などのさなかにもかかわらず、取材に快く応じていただいた商社各社の首脳・幹部や現場の社員、そして取材の窓口としてご協力をいただいた広報担当者など関係各位に感謝したい。

2023年11月

日本経済新聞社

商社進化論　目次

第1章 「投資の神様」が見いだした商社の価値　15

第2章 殻を破る 43

第3章 多様性でひらく

第4章 コロナ禍に克つ 109

第5章 独創力を極める 125

第6章　リテールの未来　141

第7章　新興企業と駆ける　165

第8章　主役は若手

第9章 バフェットを超えて 221

第10章 私の進化論 263

第1章

「投資の神様」が見いだした商社の価値

新型コロナウイルスの猛威は商社各社の業績を直撃した。資源エネルギーだけでなく、自動車の販売急落に伴い化学や素材など、広範な分野に影響が広がった。コロナ禍でどう生き残りの道を見いだすのか。カギを握るのは、人々の暮らしに欠かせない「エッセンシャルビジネス」。反転攻勢を狙う消費者起点の事業モデルの現場を追う。

三井物産、医療を次の柱に

エッセンシャルビジネス推進

バフェット氏、5社に出資

「日本と5社の未来に参画できることをうれしく思う」。2020年8月31日午前8時半、著名投資家ウォーレン・バフェット氏率いる米バークシャーハザウェイの発したニュースリリースに日本の投資家たちは沸き立った。

バークシャーは伊藤忠商事、三菱商事、三井物産、住友商事、そして丸紅の5大総合商社株を5％超取得した。長期保有を目的とし、最大9・9％まで保有比率を高める可能性も示した。世界で様々な合弁事業を展開する商社と、将来の協業への期待もにじませた。5社の株価はいずれも高騰し、前週末終値に比べ、4～9％程度上昇した。

伊藤忠の岡藤正広会長CEO（最高経営責任者）は「世界の金融市場から出遅れていた日本株、特に商社株に世界有数の投資家が関心を示したことは日本市場全体にとって明るいニュース」とし、「日本の商社業界は大きな地殻変動が起きつつある。そのような時期に商社業界全体への投資実行は業界活性化の起爆剤になると確信している」とコメントした。

バフェット流の投資は、永続的に競争優位性をもつ企業を見いだして割安価格で株を取得し、長期保有でリターンを得る。なぜ、割安に置かれている数ある日本の上場株のなか、商社株を選別したのか。バフェット氏は潜在的な競争力を発掘したのかもしれない。

バフェット氏の投資実績をみると、永続的な競争優位性には2つの特徴がある。一つは、差異化できた類のない独自の商品・サービスをもつ企業で、米コカ・コーラや米ムーディーズなどがそうだ。もう一つは、消費者から安定した需要を見込める商品・サービスを効率良く提供できる企業。過去に米ウォルマートなどを長期保有していた。

「川下」に投資増

日本の近代化とともに歩んできた商社は、時代の要請に合わせて巧みに事業モデルを変えてきた。かつては重厚長大産業が主だった取引は、資源・エネルギーなどへの事業投資に変わり、ここ数年は消費者と近い「川下」の領域への投資を増やしている。変化する商社ビジネスだが、根底には、医療やエネルギー、食品、流通などエッセンシャルビジネスとの密接な関わりがある。

バフェット氏が好む消費者から安定した需要を見込める事業は、商社が注力する消費者起点のエッセンシャルビジネスと重なる。

「ヘルスケア事業は景気に左右されにくく、景気の下方圧力にも強い。エッセンシャルビジネスで社会的価値も高い」。三井物産の安永竜夫社長(現：会長)は20年5月に発表した中期経営計画で、ヘルスケアを新たな収益の柱として育てる方針を明言した。

核となるのが、アジアの病院経営大手、ＩＨＨヘルスケア(マレーシア)だ。累計で約３００

0億円を投じ、筆頭株主として二人三脚で成長戦略を練り上げている。

経済協力開発機構（ＯＥＣＤ）によると、２０１６年時点のアジアでの医療費総額は７１００億ドル。30年には中国だけで１兆９０００億ドル、インドでも４８００億ドルまで伸長する見通し。三井物産のヘルスケア事業の20年３月期の純利益は２８４億円。まだ全体の純利益の７％程度だが、将来は大黒柱に育てる。

独自モデル構築

三井物産は様々な業種と接点のある総合商社としての知見を生かし、ヘルスケアで独自の事業モデルを構築する。具体的には病院という「場」を中心として、医師や看護師派遣など「ヒト」、医薬品開発や設備といった「モノ」、医療データの収集・分析などの「情報」を有機的につなげて「ヘルスケア・エコシステム」を築く構想だ。

三井物産はＩＨＨだけでなく、ヘルスケア関連企業を買収したり、投資したり、仲間づくりを進めてきた。菅原正人・ヘルスケア・サービス事業本部長（当時）は「成果をＩＨＨなどアジアの拠点に提供し、医療の現場をアップデートして現地の医療の質向上を目指す」と話す。

世界の医療業界は診断・治療・検査など、病院が抱える各機能が分化する「先進国型」に移行していく見通しだ。こうした動きに応じて、三井物産はＩＨＨなどの拠点病院の一部機能をスピンアウト（切り出し）して収益化していく考えだ。さらに、パナソニックから買収したＰＨＣのように同業他社との提携などを通じて強化し、利益を取り込んでいく計画だ。

実はバークシャーとも浅からぬ関係がある。三井物産は透析サービスを展開するダビタケア（マレーシア）に20％を出資するが、ダビタケアの親会社の透析サービス米最大手のダビタにはバークシャーが3割超を出資する。アジアでは今後、生活水準の向上に伴い、透析サービスの必要性が高まる見通し。

足元ではコロナ禍でアジアの病院経営に逆風が吹く。ＩＨＨは20年4～6月期の売上高が前年同期比30％減だった。コロナで一般の来院者が大幅に減ったためだ。ただ、ＩＨＨ幹部は「コロナ禍で厳しい状況だったが、迅速な対応で、患者数もこれまで3～4割だったが、8割程度に戻った」と語った。

三井物産は病院経営を軸にヘルスケアを攻める

三井物産はこれまで培ってきた情報分

2020年3月期の三井物産のセグメント別純利益

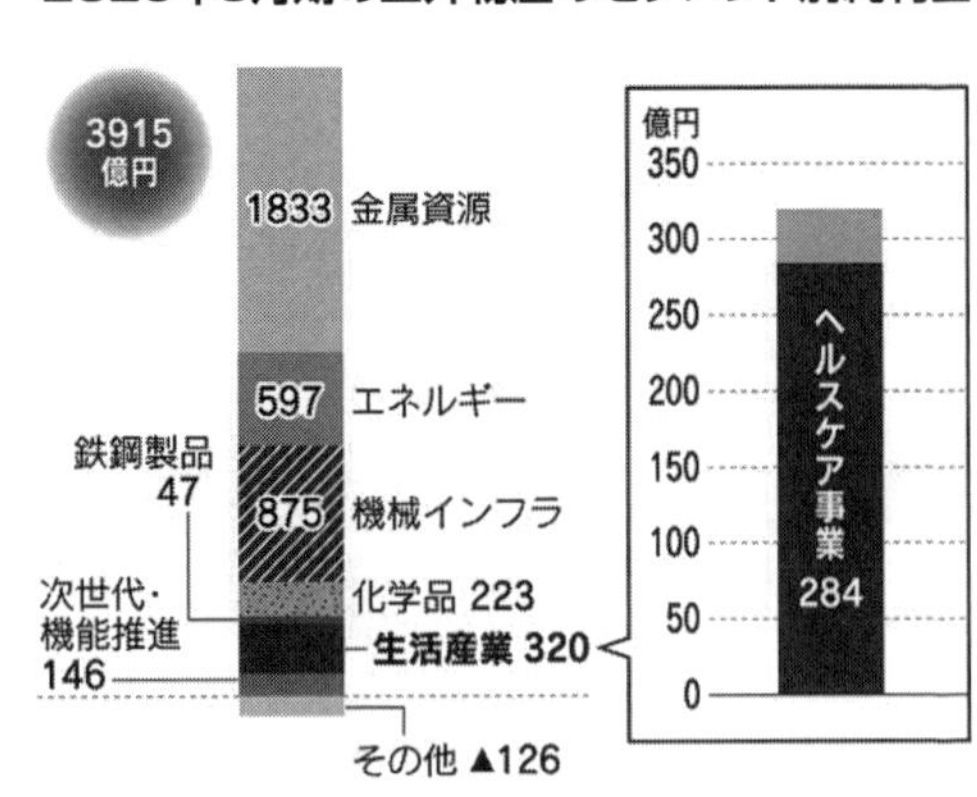

（注）▲はマイナス

野の技術やノウハウなどの知見を生かし、コロナ禍での病院ビジネスの新常態に挑もうとしている。その１つが患者データの積極活用による医療の質の向上だ。

20年5月、オンライン診療を８カ国・地域で導入した。新型コロナの感染拡大で対面診療を補完する目的もあるが、処方した薬を自宅に届けるなど、将来の在宅医療を先取りする取り組みでもある。先行導入したインドではオンライン診療の受診件数が、１日平均３７０件に上るという。

ＡＩを活用し、入院前に治療費の目安を示すサービスもシンガポールで導入した。ＩＨＨは約３０００万人分の診療データを保有しており、患者の症状や年齢を基に診療前に費用を予測し、患者が安心して治療を受けられるようにしている。コロンビアアジアで採用した手法で、今後、シンガポール以外の国にも広げる計画だ。

将来的には三井物産が出資する日本の医療スタートアップのＮＯＢＯＲＩ（東京・港）の医療画像管理クラウドなどを使って来院できない患者の対応にも活用、地域医療の底上げを目指す考えだ。

ＩＨＨでの取り組みの成果は、中国やインドなどアジアの人口大国での飛躍の土台とする。三井物産は中国では同国最大手の医療機関である華潤ヘルスケアや中国投資ファンドのＨＯＰＵとＣＭＨヘルスケアファンドを設立。同国内の医療機関への投資を通じてＩＨＨのノウハウを提供している。インドでも買収した同国第二の病院グループ、フォルティス社を通じて、同国各地にＩＨＨの医療サービスを提供している。

三井物産の安永社長（当時）は「ヘルスケアはエッセンシャルビジネスで社会的価値も高い」と語り、独自のエコシステムの構築を目指す。

ヘルスケアで安定した需要を見込める領域を攻める点で三井物産とバークシャーの戦略のベクトルは合う。医療の公益性とビジネスの両立という難しい課題があるが、「その国や地域の経済や社会の発展を支え、共生していくという三井物産の創業以来の理念を体現するにはやりがいのある事業だ」と安永氏は話す。

言い換えれば、この難題を解けば、ヘルスケア分野で類のないエッセンシャルビジネスの確立につながる。割安銘柄という評価で終わるのか、それとも永続的な競争優勢をもつ「バフェット銘柄」の面目躍如となるか。乾坤一擲のヘルスケア投資の成否が注目される。

バークシャーと関係強化

前述の通り、著名投資家のウォーレン・バフェット氏率いる米バークシャー・ハザウェイは2020年8月31日、伊藤忠商事や三菱商事など5大総合商社株を買ったと発表した。バフェット氏は「将来、相互に利益をもたらす機会があると望んでいる」と声明でコメントし、世界で幅広い事業を展開する商社各社に協業に向けた秋波を送った。

バークシャーは声明で商社各社の株を価格次第で最大9・9%まで保有比率を増やす方針を示した。ただ、それ以上の投資については、投資先の取締役会の承認が得られない限り、株式を買い増さない意向を明記した。

バークシャーが日本の上場株を本格的に購入するのは初めてとみられる。バフェット氏は「日本と5社の未来に参画できることをうれしく思う」と声明で記し、日本と商社株の未来を重ね合わせるように表現した。

注目はバフェット氏が投資先の商社との関係を事業のパートナーとしても期待している点だ。バフェット氏は5大商社について、「世界中で合弁会社をつくり、さらにこうしたパートナーシップを拡大する可能性が高い」という認識を示したうえで、将来の相互利益の機会を望んだ。バークシャーは傘下の事業会社に金融、エネルギー、金属加工メーカーなどを抱えるコングロマリット（複合企業）で、こうしたグループ事業会社との連携などを念頭に置いているとみられる。

例えば、バークシャーは20年7月、傘下のエネルギー事業子会社を通じ、米ドミニオン・エナジーから天然ガス輸送・貯蔵事業を買収すると発表した。ドミニオンからパイプラインや大型の貯蔵施設を取得する。ドミニオンにはパイプライン向けの鋼管を得意とする住友商事は取引実績がある。

伊藤忠や三菱商事などは現状、バークシャーとの間で業績を左右するような大型事業や取引をしていない。

バークシャーはコングロマリットながら、株式市場からは高い評価を得てきた。一方、日本の総合商社は「コングロマリット・ディスカウント」を株式市場から指摘され続けてきた歴史がある。商社各社にとってバークシャーとの関係強化は、事業協力だけでなく、コングロマリットでの企業価値向上の秘訣を学べる機会にもなる。

丸紅、世界の胃袋つかむ

コロナ後の消費変化に対応

ベトナム最大の都市、ホーチミン市から南東約60キロメートル。バリアブンタウ省の一角で、巨大なインスタントコーヒーの製造工場の建設が進む。丸紅の子会社でインスタントコーヒーの製造販売を手掛けるイグアス社（ブラジル）の新工場だ。

ベトナム工場は年産1万6000トンの生産能力を持つ。2022年に運転を始めると、既存のブラジル工場と合わせて生産能力は年間４万トンに高まる。ＢｔｏＢ（企業向け）のインスタントコーヒー市場で世界最大の製造販売会社に躍り出る。

丸紅が狙うのは、食の西洋化でインスタントコーヒーの需要拡大が続く中国と東南アジアの合計20億人を超える巨大市場だ。両地域では年率５％以上でインスタントコーヒーの市場が伸びる。

実は丸紅は日本で消費されるコーヒー豆の約３割を取り扱うなど、コーヒー豆の輸入では日本トップ級を誇る。今では加工領域にも事業ポートフォリオを広げ、今後はインスタントコーヒーの製造能力を高め、拡大する需要を取り込んでいく。

新型コロナウイルスの感染拡大を受け、幅広いビジネスが逆風を受けるなか、丸紅の収益を支えるのが、堅調に伸びる食料事業だ。20年４～６月期の食料事業の純利益は、前年同期比33％増の１１３億円と全体の２割の利益を稼ぎ出した。

「巣ごもり需要の拡大をうまく捉えた」。食料本部の井上広児食料戦略企画室長（当時）は丸紅の食料事業好調の要因をこう分析する。コロナ禍でも安定した消費のあったコーヒーなども寄与した。

丸紅の食料事業は企業向けが中心で、そのなかでも量販店向けが多いのが特徴だ。家族以外の人と接触する外食を控え、自宅での食事のためにスーパーマーケットなどの量販店へ足を運ぶ消費者が増えた結果、巣ごもり需要の増加の恩恵を大きく受けられた。

巣ごもり需要の追い風を受ける「帆」をしっかりと張ってきた成果でもある。例えば、コーヒーでは消費者の嗜好の変化に素早く対応する体制を築いてきた。丸紅は「カップテスター」と呼ばれる、コーヒーの品質を鑑定する資格を持つ社員を多く抱えるのが強み。

カップテスターがブラジルやベトナムなどのコーヒー農家と会話を重ね、数値化できない絶妙な味の違いを共有し、常に安定した品質のコーヒー豆を仕入れられる。

足元では単一産地・品種の「シングルオリジン」など、少し価格の高いコーヒーを自宅用に買う消費者が増えているという。飲料原料部の吉村雅比古副部長（当時）は「自宅でちょっと良いコーヒーを楽しむ『プチぜいたく』の需要が伸びている」と語る。新型コロナの影響で変わるコーヒーのトレンドの変化に対応し、巣ごもり需要の最大化を狙う。

新型コロナの影響でヒトの移動は制限されても、生きるための食料は欠かせない。ウィズコロナの時代で世界の胃袋をつかむべく、丸紅は食の事業ポートフォリオを貪欲に広げる。

畜産分野では17年に子会社化した高級牛肉加工大手の米クリークストーンファームズ（カンザス州）で新たな卸先として量販店の開拓に力を入れる。19年10月に受託加工契約した米小売り最大手のウォルマートとの関係を強化し、今後処理能力を高めていく方針だ。これまで外食産業向けが多かったが、コロナ禍で安定需要を見込める量販店向けに領域を広げる。

食はエッセンシャルビジネスとはいえ、一筋縄に稼げる事業ではない。新型コロナの影響を大きく受けた外食産業向けの比重の大きい商社は痛手を受けた。三井物産は外食向けの業務用食材が落ち込み、20年4〜6月の食料事業の純利益が7億円と前年同期から約7分の1に減った。伊藤忠もグループの食品卸大手の日本アクセスで取扱数量が減り、食料事業の純利益は1割減となった。

ウィズコロナの新常態に適した事業形態にいかに選択と集中で素早く対応できるかが、安定した収益のカギを握る。

丸紅は食料事業で時代の変化に合わせてポートフォリオを入れ替えてきた歴史がある。過去に日清オイリオグループと共同で天丼チェーン「てんや」を展開するなど外食事業も手掛けていたが、人口減少や競争環境の厳しさをみて外食分野からは撤退した。現在は原料調達や生産・加工、流通を中心とした事業構成とした。今後も不断の入れ替えを進めていく。

攻めの1手も繰り出した。20年4月、「フードサイエンスチーム」を社内に立ち上げた。ゲノム編集など最新技術を使って環境問題や食料危機の解決につながる開発を手掛ける。コロナ禍で受け身に回らずに、新たな需要の創造とビジネスモデルの構築が狙い。独自性は専門知識を持った人材で構成されている点にある。21年卒業の学生を対象に丸紅が始めた配属部署先決め型の採用で、食品化学などを専門に学んできた学生4人も採用する。

地球環境に配慮した「エシカル消費」が広がり、環境への負荷を抑えるために動物性の食材を食べないビーガン（完全菜食主義者）などが欧米を中心に増えてきている。食品原料部の高祖敬典フードサイエンスチーム長（当時）は「食事は栄養をとるための手段から、社会的意義を持つ消費行動へ変わりつつある」と語る。

開発した技術や食品の供給先は、消費者の意識変化が進む米国などを想定し、「食品原料部の新たな収益源の一つに育てたい」（高祖氏）という。

食の領域は、自然環境や消費者の嗜好の変化、地政学リスクの影響を受けやすい。丸紅も20年3月期に米国の穀物大手ガビロンと西海岸の穀物輸出事業で巨額の減損損失を計上するなど、苦い教訓がある。新型コロナでヒトやモノの移動の制限など制約が増え、一段と事業リスクの制御の難易度はあがるなか、世界の胃袋をしっかりとつかみきれるか。経営の緻密な実行力が試される。

伊藤忠、フィンテック注力

情報・金融、全社のDXの核に

ほけんの窓口は保険のオンライン相談サービスを全国で始めた

「予想以上の反響だ」。新型コロナウイルスの影響が色濃く残る2020年5月、伊藤忠商事の加藤修一執行役員は目を丸くした。子会社である来店型の保険代理店大手、ほけんの窓口グループ（東京・千代田）の関東2店舗でオンラインでの保険相談を実験したところ、2週間先の予約までいっぱいになる盛況を博したのだ。

秋から展開拡大を予定していたが「悠長なことを言っていられない」と、予定を早めて20年7月6日に全国か

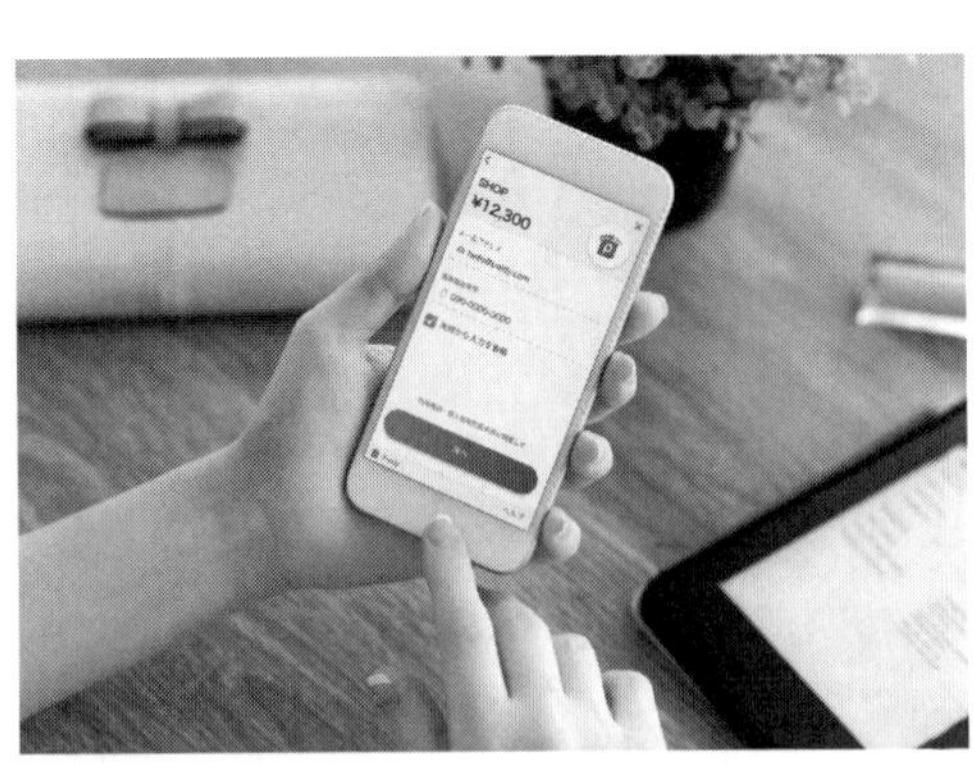

後払い決済サービスのペイディは、アマゾンの採用で利用者が着実に増えている

ら受け付けを始めた。オンラインのシステムづくりには伊藤忠の情報・金融カンパニーから人を派遣して全面的に支えた。新規顧客の４～５％をオンライン相談から取り込んでいた。

フィンテックというにはいささかアナログかもしれない。だが、伊藤忠らしい顧客密着型の取り組みだ。ＩＴ（情報技術）と金融を組み合わせ、人の移動が制限されるコロナ禍でも潜在顧客を取り込んだ好例と言える。

保険販売のルールに基づき契約時は来店する必要があるが、事前説明などを自宅で受けられる。ネット専業保険などを除き、保険販売は説明から契約まで全て対面で行うことが業界の慣習だった。その慣習に伊藤忠が金看板に掲げる消費者起点の「マーケットイン」の発想で風穴を空けた。

コロナ禍で伊藤忠の各事業が苦戦するなか、金融・保険事業は２０２０年４～６月の売上総利益が前年同期比72％増の２２３億円だった。けん引役の１つが、ＩＴと金融、そして消費者目線を掛け合わせられる伊藤忠流のフィンテックだ。

２０２０年に持ち分法適用会社にした後払い決済サービスのＰａｉｄｙ（ペイディ、東京・

港）もコロナ禍で伸び盛り企業の1つだ。19年秋にアマゾンジャパン（東京・目黒）の決済手段に採用された。コロナによる電子商取引（EC）市場の伸びと歩調を合わせ、毎月10％前後のペースで決済金額を伸ばしている。

過去の支払い履歴を人工知能（AI）が分析して各利用者の支払い能力の評価（与信）をするノウハウに強みを持つ。クレジットカードを持てない若者や主婦層から支持を集め、ITを活用してコロナ禍でも新たな顧客を創出する点でほけんの窓口と軌を一にする。

他商社と比べた伊藤忠の金融事業の特徴は、個人向け金融に強みを持つ点だ。同社は00年から海外の消費者金融や中古車ローン事業に着手。「早い段階から消費者金融を手掛けた数少ない商社」（加藤氏）だった。

00年代の前半、伊藤忠は消費者金融に加えてデリバティブ（金融派生商品）からヘッジファンド、プライベート・エクイティ、法人金融まで業容を広げた。その後、06年の貸金業法の改正や07年のサブプライムローン問題、08年のリーマン・ショックと3つの金融危機が立て続けに発生。伊藤忠の金融事業も大きな打撃を受け、「失敗」と社内から受け止められた。同社の金融部門は10年にいったん解体の憂き目に遭っている。

伊藤忠の情報・金融事業の主な動き

2003年	・クレジットカード会社のポケットカードに出資
05	・信販大手のオリエントコーポレーションに出資
17	・ポケットカードにTOB、翌年に同社株の上場廃止
19	・ほけんの窓口グループを連結子会社に
20	・後払い決済のペイディを持ち分法適用会社に

ファミリーマートの決済アプリ「ファミペイ」などの購買データを活用し、新たな商品・サービスを開発する

ここで新たな指針を掲げたのが岡藤正広社長（当時）だった。「消費者金融には一日の長がある。ほかのことはやらないでいい。これだけに集中しろ」。商社のお家芸であった資源事業ではなく、消費者に近い非資源事業に経営資源を集中した伊藤忠は、金融においてもその哲学を通した。

伊藤忠はクレジットカード会社のポケットカードを傘下に持つのが特徴だ。加藤氏は「与信をできる会社が身内にあるのが、伊藤忠の金融事業の大きな力となる」と強調する。金融ビジネスの重要なノウハウである与信機能を持つことで、新たな金融サービスの開発もやりやすくなるためだ。

意識するのはＧＡＦＡなどの米ＩＴ大手だ。ネットサービスから得られる個人データを活用して与信を行い金融ビジネスにつなげていく。ＧＡＦＡが持つサービスネットワークは膨大で、単純にリーチできる顧客数で言えば太刀打ちは難しい。

「商社だからできるフィンテックを模索していく必要がある」。新宮達史常務執行役員は話す。

その模索の一例がファミリーマートのスマートフォン決済アプリ「ファミペイ」だ。ファミマと伊藤忠の情報・金融部門が連携して開発した。キャッシュレスの決済手段として使ってもらう以上に、顧客情報と購買履歴を正確に結びつけたデータベースの蓄積を狙う。

構想の具現化は始まった。20年9月2日、ファミマと伊藤忠、NTTドコモ、サイバーエージェントの4社は、ファミペイなどを使ってファミマ店舗でモノを買った際の購買データを効率的なデジタル広告に活用する新会社を設立すると発表した。金融関連サービスをテコに顧客データを収集し、サプライチェーンの改善や新サービス開発に生かす。ファミペイモデルは他の事業領域にも通じる考え方だ。

伊藤忠は輸入車販売のヤナセや衣類販売のエドウインなど様々な事業会社を傘下に抱える。情報・金融部門は伊藤忠の様々な事業領域のデジタルトランスフォーメーション（DX）を支えるハブ組織として機能することが期待されている。情報・金融部門と金融部門が切り出されて生まれた。新宮氏は「中国で伸びているアリペイなども決済だけでは薄利で、もうからない。そこに別の金融サービスをつけることで収益を上げた。ITだけ、金融だけではなく両方を掛け合わせることが重要だ」と話す。

金融は人々や社会の豊かな暮らしには欠かせないエッセンシャルビジネスだ。デジタル時代となり、金融には専業だけでなく、IT企業も続々と新規参入する。コロナ禍で人々の購買行動やニーズが変わるなか、消費者に寄り添い、変化を先取りしたフィンテックサービスを提供できるかどうかが勝ち残りの条件となる。ITよし、金融よし、そして消費者よしの「三方よし」で伊藤忠流のフィンテック経済圏を築けるか。

住商、メディア事業カギ

5G基地局シェアで苦境打破

東京都庁近くの西新宿エリアに2020年6月、「スマートポール」と呼ばれる通信塔が設置された。一見ただの街路灯に見えるが、高速通信「5G」のアンテナやWi－Fiなどの機能を備えた最新の通信インフラ設備だ。

東京都の5G普及戦略の一環として設置されたもので、住友商事はNECなどと運用の実証実験に参加している。

住商の狙いは全国に拡大される5G基地局のシェア事業にある。高速・大容量で通信遅延が少ない5Gは様々なサービスへの応用が期待されているが、全国で利用可能になるには膨大な数の基地局が必要だ。グループで保有する不動産や商業施設などに5Gインフラを整え、携帯事業者などに貸し出す。

メディア事業本部長の渡辺一正執行役員は「基地局は携帯事業者が自前で設置してきたが、5G向けの設備投資は大きな負担になる。今後は駅など人が集まる場所ではシェアに変わっていく」とみる。すでに携帯事業者とは協議を進めている。

住商は鉄道業者とも基地局シェアの実験に取り組んでおり、東急と大阪市高速電気軌道（大阪メトロ）の駅での実用化を目指した。

強みは海外での実績だ。基地局のシェアは海外が先行する。住商は12年にロシアのタワーシェア会社に出資し、基地局を設置するタワーの建設やリース事業を展開。ロシアで培ったノウハウを国内に事業に生かす。

コロナ禍で苦境に立った住友商事。ニッケル鉱山の操業停止などが響き、２０２１年3月期の連結最終損益は過去最大の１５００億円の赤字を見込む。５大商社で唯一の赤字だった。資源や鋼管といった主力事業が低迷するなか、反攻のカギを握るのが生活に密着したメディア事業だった。５Ｇなど通信インフラの整備や関連サービスを拡大し、ウィズコロナ時代の収益の新たな柱に育てる。

電柱を利用して基地局を設置するなど、住商はローカル5Gの実証実験を重ねてきた（東京都練馬区）

５Ｇではグループの虎の子であるケーブル事業とのシナジーを狙う。５Ｇを地域を限定して使えるローカル５Ｇで、傘下の日本最大のケーブルテレビ（ＣＡＴＶ）会社であるジュピターテレコム（現：ＪＣＯＭ）と組む。同社の光ファイバー回線を利用し、東京都港区の庁舎や公共施設でのサービス提供を目指す。
ＣＡＴＶとの連携はＪＣＯＭだけにとどまらない。19年末にはインターネットイニシアティブ（ＩＩＪ）やＣ

東京都庁の側に設置された5Gアンテナを搭載したスマートポール（東京都新宿区）

ＡＴＶ５社などとローカル５Ｇの事業会社グレープ・ワン（東京・千代田）を設立。ＣＡＴＶの光ファイバー網につなぐ形で無線基地局を設け、５Ｇの電波を飛ばすサービスを始めた。

　コロナ禍にあってもメディア・デジタル事業の業績は堅調だ。20年４～６月期の連結最終損益が４１１億円の赤字に沈むなか、同事業の利益は97億円（前年同期は88億円）とセグメント別で唯一増益だった。ＪＣＯＭやシステム会社のＳＣＳＫなどが貢献した。

　海外でも通信を足がかりに収益拡大を狙う。モデルとなるのがミャンマーの通信事業だ。ＫＤＤＩと組んで14年からミャンマー郵電公社（ＭＰＴ）と携帯など通信事業を展開。人口約５０００万人のうち、ＭＰＴへの加入者数は３０００万人と圧倒的なシェアを持つ。コロナ禍の外出自粛で通信需要が伸び、光ファイバーの導入が広がる。20年８月の通信量は同年３月と比べて40％増えた。

　携帯を核に周辺サービスも拡充する。20年１月にスマートフォンを利用した送金・決済サービスを開始。同国では出稼ぎ労働者の家族への送金需要が増えている。主力産業の農業者向けには農作物や肥料価格の情報を提供。農作物など電子商取引機能の導入も検討中だ。

樫木克哉スマートプラットフォーム事業本部長（当時）は「色々なサービスの核となる通信インフラを手がけ、様々な産業の企業と取引する機会が広がる」と話す。

住商はMPTとの連携を通じ、流通や小売り、農業のサプライチェーンの構築に関与する。資源開発や電力など伝統的な領域に加え、新たに通信でも商社の得意とする社会インフラ作りを担う。

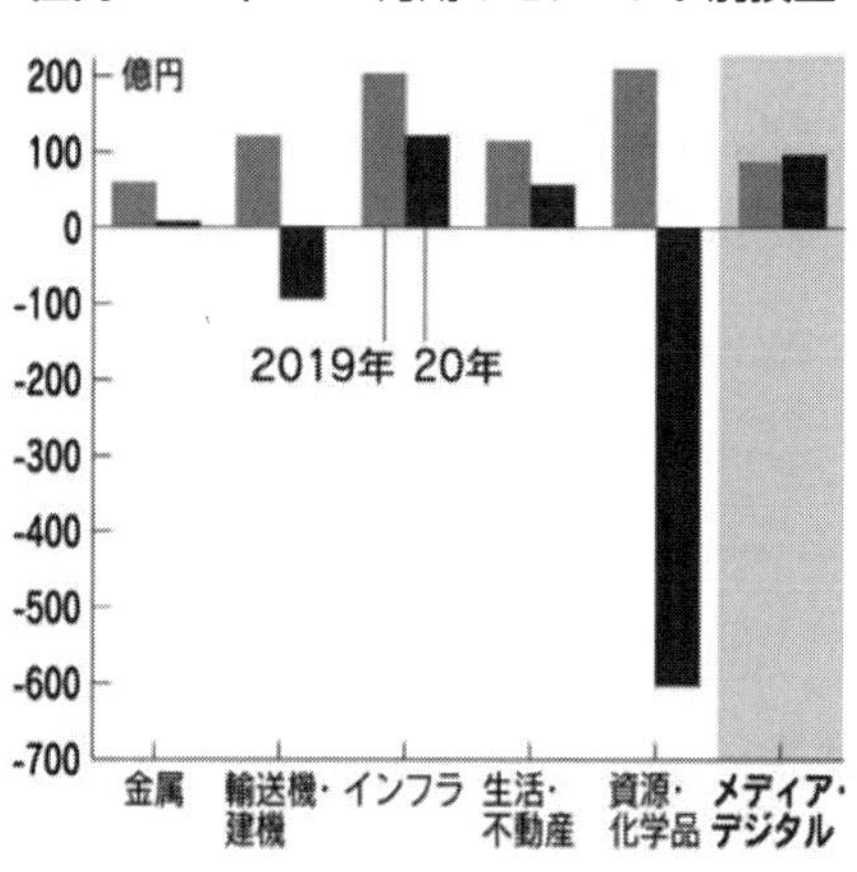

海外展開を外国人人材が支える。住商がMPTに派遣する約40人のうち、半数は外国人だ。モンゴルやウズベキスタンなど住商の通信事業に携わった人材をスカウトし、シンガポールに設立した会社で雇用している。

「商社には技術に精通した人員は少ない。この道で20年、30年とやってきた経験豊富な人材が他社にはないアセットだ」（樫木氏）。ミャンマーでの人材を活用してアジアを中心に通信インフラ事業を広げる計画だ。

配信するデジタルコンテンツの制作にも力を入れる。東宝などと18年に設立したアルファボート（東京・渋谷）はユーチューバーなど動画クリエーターの育成や企業の広告動画を開発する。音楽ユニット「Every Little Thing」メンバーの伊藤一朗さんのユーチューブのチャンネルに19年6月の開設から携わった。伊藤さんがギターを弾いたり、コミカルなダンスを踊ったりする姿が話題を集め、登録者は14万人を超えた。五輪メダリストやグラビアアイドルのユーチューブもプロデュースしている。

コンテンツの企画や制作は広告代理店が得意とする分野だ。あえて住商が勝負をしかけたのは「商社のリスク管理のノウハウに加え、製造や物流など産業界との深いパイプが生かせると考えた」（渡辺氏）ためだ。実際に手がける広告動画はメーカーや流通業など多岐にわたる。

通信インフラの整備などメディア事業を軌道に乗せるには時間がかかる。資源ビジネスのように価格上昇による爆発的な利益の伸びも見込めない。それでもコロナ禍で底力を示したように、生活に欠かせない事業だ。苦境の時ほど短期的な利益を追い求めず、将来のビジネスの芽をじっくり育てる覚悟が試される。

三菱商事、電力＋α挑む

蘭エネコ買収、「サービス化」へノウハウ

三菱商事は電力事業の進化をめざす。再生可能エネルギーをはじめとする発電設備と小売りの顧客基盤を同時に持つことで、電力以外の商品やサービスも併せて提供していく仕組み作りを模索する。海外では米グーグルのようなＩＴ（情報技術）大手がサービス提供の起点に生かそうと電力事業参入に関心を示す。総合商社の強みを生かし、電力の「サービス化」時代に挑む。

「エネコこそ、自分たちのめざす電力事業のあり方を体現していた」。三菱商事の中西勝也電力ソリューショングループCEO（当時）は語る。同社は20年3月、中部電力と組み、計約５０００億円を投じてオランダの大手電力会社エネコを買収した。地元の英蘭ロイヤル・ダッチ・シェルと競った末の巨額買収だった。

エネコはオランダやベルギーなどで家庭や企業と６００万件の契約を持ち、洋上風力など供給電力量全体のおよそ3割を賄う自社電源も有する。外部から調達する電気と風力発電の出力の天候による変動分、そして時間帯によって異なる電力需要量のバランスを取るため、ＩＴを使った需給調整にもたける。

なぜ三菱商事はエネコ買収に執念を燃やしたのか。もちろん世界的な脱炭素の流れのなかで新

三菱商事はエネコから洋上風力発電の開発ノウハウなどを取り込む

たな再エネ電源や洋上風力の開発ノウハウを欲していたことも理由の1つだが、それだけではない。自社の電力事業の構造改革を模索していたなかでもあったからだ。

商社の電力事業は日本メーカーの発電タービンの輸出に始まり、発電所の建設請負に発展。そこから発電所の運営事業（IPP）へとつながっていった。だが、そこからのブレークスルーがなかった。「商社の電力事業とは結局のところ発電事業だけにとどまっていた。それだけでは成長に限界がある」との問題意識を中西氏も抱えていた。

エネコは電力事業の川上から川下までの全ての商流を持つ。最初から小売りの顧客基盤を持っておけば、発電所を開発するにあたっても電力を買い取ってくれる大口顧客が見つからないリスクを回避できる。それに加え、豊富な顧客接点を持つことが大きな魅力となる。

オランダでは独居老人の孤独死が社会問題となっている。家庭の電力使用量が把握できれば、例えば夜なのに電気が全く使われていないことなどで異変を迅速に察知できる。エネコはスーパーや鉄道会社、空港にも電力を供給している。それらの顧客に電力以外の製品やサービスを提案していくこともできる。電力販売が新たなビジネスの起点になるというわけだ。

米アマゾン・ドット・コムや米グーグルなどのＩＴ大手は電力ビジネスへの参入に関心を示しているとされる。実際にアマゾンは中部電力や大阪ガスなどと組み、アマゾンの有料会員プラン「プライム」の年会費が無料になる電気料金プランを国内で提供している。

三菱商事の垣内威彦社長（当時）とNTTの澤田純社長（2019年12月、東京・丸の内）

日々の電力の使用状況を把握するということは、各家庭の生活スタイルを知ることに等しい。新たなサービスの提案や開発につながる貴重なビッグデータとなる。アマゾンが、プライム会員登録すれば電気代を０円とするプランで日本の電力事業に参入するとの観測が流れるのも、そうしたことが背景にある。

海外プラットフォーマーが電力事業を自社サービスのなかに組み込み顧客データを獲得するツールとして活用する「電力サービス化時代」の到来は夢物語ではない。

迎え撃つ形となる三菱商事も、今後の布石は打ちつつある。ＮＴＴと組み、国内で太陽光や風力などの再エネ設備を一括運用する仮想発電所（ＶＰＰ）事業に参入することを決めたのも、新たな顧客層にリーチしていくことが狙いとなる。

天候によって出力が変動する再エネを安定運用するために、通信局や小売店舗に設置した蓄電池や電気自動車（ＥＶ）に電力をため、一定のエリア内で効率的に電気を融通し合う仕組みを構築する。いずれはこうした分散電源の需給調整のノウハウそのものをサービス化していく考えだ。

三菱商事は英国で４５０万世帯に電力やガスを提供している同国２位の電力・ガス会社であるＯＶＯグループとも提携している。それぞれの顧客の電力使用量や使用する時期などに応じたきめ細かい料金プランなどを提供するＯＶＯのノウハウを電力事業に取り入れる。

買収や連携で電力事業の強化を急ぐ

買収	
蘭エネコ	洋上風力の開発ノウハウ、需給調整のノウハウ、600万件の顧客基盤
出資	
英OVOグループ	ITを活用したきめ細かな料金プラン、AIによる電気機器制御、450万世帯の顧客基盤
英BBOXX	アフリカとアジアの無電化地域に太陽光発電を導入
連携	
独ボッシュ	EV蓄電池の制御技術
NTTアノードエナジー	再エネの開発、VPPの構築実験

さらに、独ボッシュとは電気自動車（ＥＶ）の蓄電池の状態を常時監視するシステムを共同で手掛けている。蓄電池の寿命予測や故障診断が可能だ。こうした提携先企業の技術を取り込むことで、競合他社と差異化した次世代電力サービスを構築する。

三菱商事は電力事業に製販一体ならぬ「発販（発電と販売）一体」とのスローガンを掲げる。ただ電力を売るだけでない付加価値を付け、その商流に電力以外の商品やサービスも載せていく。これが三菱商事の描く電力サービス化時代への備え方だ。

垣内威彦社長（当時）は「日本はまだ電力小売りの自由化が始まったばかり。電力業界と話をしながら、あるべき姿を提示できればいい」と話す。当面は、エネコの開発ノウハウを得たことによる日本国内での洋上風力開発参入が目標となる。既に千葉県や秋田県の計4案件で環境アセスメントを実施している。再エネを取り込みつつ、新たな電力事業のあり方を描けるか。三菱商事の真価が問われるのはこれからとなる。

第2章

殻を破る

大手総合商社が大きな転換期を迎えた。人工知能(AI)などの実用化で第4次産業革命が到来し、低炭素・脱炭素社会に向けた動きも加速する。時代の変化に合わせて業態を磨いてきた総合商社のさらなる進化に迫る。殻を破る改革に一斉に走り出した大手5社の最前線を追った。

三菱商事、産業変革を共創
NTTとDX提携、食品流通を刷新、経営者目線で投資先に関与

「仮説通りにできそうです」。2020年1月上旬、三菱商事の平栗拓也デジタル戦略部長（当時）に吉報が届いた。AI（人工知能）を活用した食品流通向けの需要予測システムの一部がうまく機能したのだ。

新システムは2019年11月からNTTや食品卸大手の三菱食品、デジタル技術開発子会社のMCデジタル（東京・千代田）などと共同開発してきた。ローソンなどが持つ膨大なPOS（販売時点情報管理）データを基に商品の需要を予測する。実現すれば、食品メーカーや卸、小売りの間で行き交う無駄な仕入れが減り、食品ロスの軽減といった流通構造の積年の課題解決につながる。

対象商品はカテゴリー数が多く、商品ごとの売れ行き変動も大きい。発注や在庫管理のパターンも様々だ。「機械学習やアルゴリズムを用いた需要予測は無理ではないか」。開発チームで危ぶむ声もあったが、平栗氏は「実現の兆しが見えてきた」と語る。一部機能を実用化する方針だ。

三菱商事が目指すのは、デジタル技術を用いてビジネスモデルを変革する「デジタルトランスフォーメーション（DX）」による食品流通の大改革だ。19年12月、NTTとAIなどを使った

流通分野の効率支援での提携を発表。あらゆる産業と事業を展開する三菱商事がデジタル技術への知見が豊富なＮＴＴとＤＸに取り組む。

「ＮＴＴとの業務提携は、今後の三菱商事の行く末を決める大きな転換点になる」。三菱商事の垣内威彦社長（当時）は年頭のあいさつで社員らに殻を破る意識変革を迫った。「旧態依然とした日本の産業の生産性を飛躍的に高めようとする取り組みであり、産業レベルでの変革を推進する」（垣内氏）とし、単なる業務効率化ではないと訴えた。

ＮＴＴとは産業ＤＸを手がける共同出資会社の設立を検討している。まず食品流通分野で需要予測などの業界横断の共通プラットフォームを構築し、外部にも提供していく。得意の産業素材分野にもＤＸを広げ、５年後をめどに産業ＤＸで数千億円規模の事業に育てる計画だ。

三菱合資会社の営業部を源流とする三菱商事は石炭や銅などの貿易取引（トレード）から業容を広げてきた。取引先のメーカーが自前で国際展開を始めると、自ら資源や有望技術を持つ企業に投資し、リターンを得るモデルに転じた。第４次産業革命が起きようとする今、あらゆる産業と接して蓄えた知見を生かし、産業構造の変革そのものを事業として新たに興そうと志しているのだ。

海外への布石も打った。オランダの位置情報サービス大手ヒア・テクノロジーズとの資本・業務提携だ。ＮＴＴと組み約１０００億円を投じ、ヒア社に約30％を出資する。ヒアとの提携で物流産業の効率化にも挑む。

「高度な位置情報であなたの産業に新しい現実を創造します」。ヒアは20年１月、技術見本市

三菱商事の垣内社長（当時）は「NTTとの提携は大きな転換点」と語る（2019年12月、NTT澤田社長（当時）との提携会見）

「CES」でモビリティー以外の新たな柱として「インダストリー」を掲げた。三菱商事との提携で、トラック輸送や配送ルートの最適化のほか、ラストマイルデリバリー（最終顧客への配送）の効率化を日本やアジア太平洋地域を軸に展開する。

三菱商事がヒアに資本提携を申し入れたのは、19年1月のCES会場だった。ヒアは当時、モビリティー以外への事業拡大を狙っていたが、産業分野の知見とアジアの事業基盤が欠けていた。この苦手分野を三菱商事が補うという提案をヒアのエザード・オーバービーク最高経営責任者（当時）が高く評価した。

当時、三菱商事でデジタル最高責任者（CDO）を務めていた高岡英則常務執行役員は「三菱商事がパートナーとして参画し、共に創りあげ、価値を高めていく」と語り、DXを通じて産業構造の変革を共創していく考えを示す。商社は伝統的に対面する業界との取引で収益を稼いできた。今後はパートナーとともに経営の当事者となって事業を展開する存在へ進化を狙う。

組織も大幅再編

18年11月に「事業構想力とデジタル戦略の強化」を掲げた中期経営計画の策定から約1年後に、デジタル戦略の骨格が定まったが、垣内氏は「苦難の1年だった」と振り返る。デジタル化で既存の産業構造が崩れかねないという危機意識と、産業別の縦割り組織の発想からの脱却を社員に浸透させるのに腐心してきた。

「縦の三菱商事、横の三井物産」と業界で評されたように、三菱商事は東京の営業本部を頂点にしたトップダウンの指揮命令系統を特徴としてきた。垣内氏は「ひとつの事業領域や産業だけでは新しいビジネスを創造できない」と考え、19年4月に大規模な組織再編を断行。7つの事業グループを10に改編し、営業本部も組み替えた。

縦割りを崩す垣内氏は、返す刀で業界の垣根を越えた新たなビジネスの構想力を現場に求めた。カギを握るのは金看板に掲げる「事業経営モデル」だ。

投資先の経営に関与し、企業価値を高めるだけでなく、「ときには再編や事業撤退を提言するような経営者の目線が必要となる」(高岡氏)。NTTやヒアとのDX分野での提携も事業経営モデルの強化を追求する流れで生まれた。

欧州では電力事業

三菱商事は電力事業でも殻を破る。中部電力と共同で買収したオランダの電力会社エネコは、垣内威彦社長(当時)が志向する事業経営モデルの象徴的な案件だ。三菱商事は約4000億円を投じ、欧州で発電から小売りまでを手掛ける電力会社になる。

世界の電力産業も足元で大きな節目を迎えている。再生エネルギーの台頭で、大規模な火力発電所から顧客に電力を送り届ける従来の事業モデルは厳しくなる。再エネも補助金が削減され、長期売電契約の機会は減り、市場環境は変わった。三菱商事は自ら電力会社となり、産業構造の変化を新たな商機に変える覚悟で買収を決めた。

岡部康彦電力サービス事業部長（当時）は「再エネを中心とした新世代の電力事業は圧倒的に欧州が先行している」と語る。エネコは電力・ガスの小売事業ではオランダやベルギー、ドイツで600万件の契約を持つ。この顧客基盤を基にニーズを吸い上げ、分散電源などの新サービスを強化する。

三菱商事は欧州で600万件の契約をもつエネコの顧客基盤を基に、モビリティーや蓄電池など新たな電力サービスの強化につなげる

NTTやヒア、エネコのようなグループ横断の新事業創出の動きが出てくるなか、実行力を高める新たな組織改革も20年4月に実施した。食品流通のデジタルトランスフォーメーション（DX）などのプロジェクトごとにタスクフォースを組成し、必要な人材をグループから集める。プロジェクトへのコミットメントも高めるため、リーダーには人事・考課権を与えることも検討す

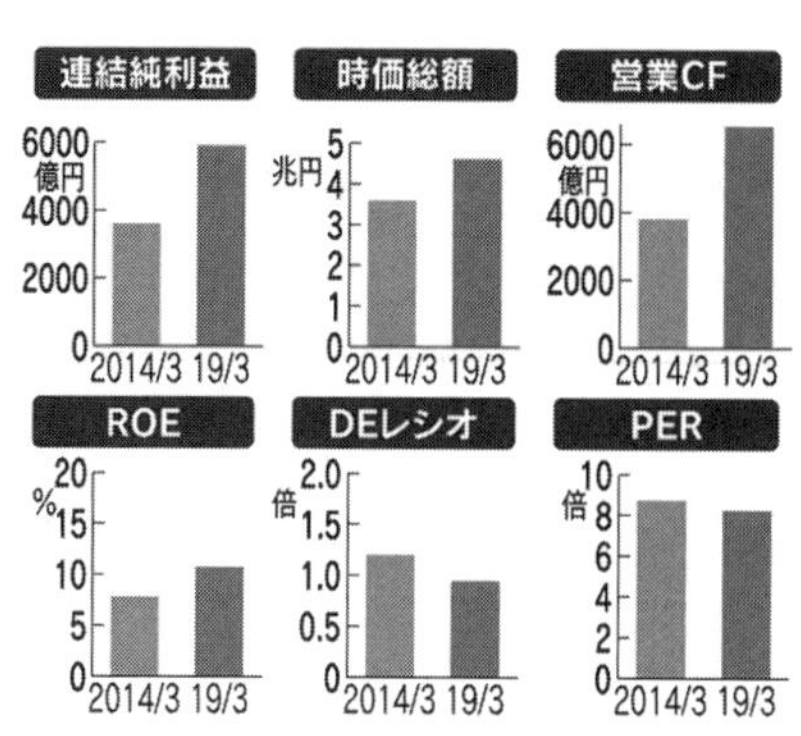

（注）QUICK・ファクトセットを基に作成

る。縦割り構造からの脱却を一段と進めると同時に、経営人材も育てる狙いだ。

垣内氏は「自ら構想し、組織づくりを実行する。グループを超えた異動がどんどん起こる」と話す。ただ、足元では世界景気の後退で業績は踊り場を迎える。

産業構造の変革も収益が伴わなければ「絵に描いた餅」となりかねない。共創のパートナーを増やし広げるには、変革の果実を早期に実らせる必要がある。

伊藤忠、現場から未来の種

第8カンパニーは消費者目線で

伊藤忠商事が総合商社のあり方に一石を投じた。業種ごとの縦割り組織で商品を売ることを目的にした「プロダクトアウト」の発想という殻を破り、消費者や市場目線でニーズに応える「マーケットイン」への事業に軸足を移す。カギを握るのは2019年7月に発足した「第8カンパニー」。消費の現場から事業の種を探っている。

「商品廃棄ロスを減らすため、ダイナミックプライシングを取り入れ、予約注文も増やしてはどうか」「データをより生かした発注精度の向上も必要だ」――。東京本社8階にある第8カンパニーのオフィスでは、次世代コンビニエンスストアの実験店開設に向けた議論が繰り広げられている。人工知能（AI）など先端技術の活用も議題に挙がる。

着想3カ月で実現、アマゾンに危機感

コンビニは人手不足やデジタル化といった環境変化に直面し、従来のビジネスモデルは行き詰まりをみせる。第8カンパニーの向畑哲也経営企画室長は「フランチャイズビジネスで本部と加盟店がウィンウィンの関係を築き、加盟店が活気を出せるか。根源的に考える」と語る。

自ら実験店を作るのは、コンビニが抱える社会課題の解決や新事業の創出を後押しし、加盟店を支援するのが狙い。グループのファミリーマート単独では既存事業との食い合いを恐れる「イノベーションのジレンマ」に陥る恐れがある。第8カンパニーでデジタル戦略を担う中元寛ゼネラルマネジャーは「消費者や加盟店目線を軸に据え、制約を取り払ったラボ的発想で取り組む」と話す。

中元氏が驚いた売り場がある。米アマゾン・ドット・コムの傘下に入った米小売り大手ホールフーズ・マーケットを19年9月に視察したときだ。

店内の至る所に有料会員サービス「アマゾンプライム」のポップがあり、会員には3〜4割の値引きで商品を売る。プライム一色の店作りを目の当たりにし、「アマゾンは小売りだけでビジネスモデルを考えていない。会員サービスを充実し収益を稼ごうとしている」（中元氏）。

伊藤忠が1997年に「ディビジョンカンパニー制」を導入して以来、繊維など7つの事業部門が続いていた。「第8」は22年ぶりの新設で、着想から実現までは3カ月という異例の早さだった。同社を駆り立てたのは、米アマゾンに象徴される巨大デジタル企業のリアルへの進出だ。

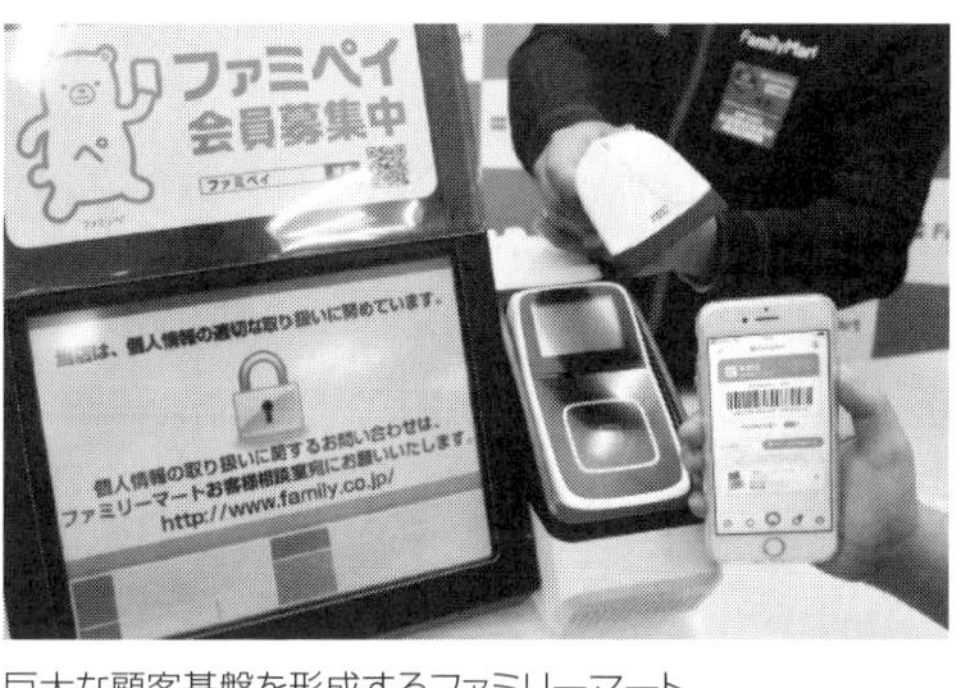

巨大な顧客基盤を形成するファミリーマート

第8カンパニーはファミリーマートなど消費者に近い事業を持つグループ会社を束ねる。役割は大きく2つ。鈴木善久社長（当時）は「マーケットインの発想で既存事業を磨き直し、新しいビジネスや客先を創出する」と語る。

岡藤正広会長CEO（最高経営責任者）は「新勢力は顧客データで流通を支配し、顧客が必要な商品をその都度売ろうとしている」と指摘。さらに「自分たちの扱っている商品を顧客に売るプロダクトアウト発想の商社とは逆だ。『商社中抜き』以上のもっと大きな変化が起きている」と危機感を隠さない。

組織にしみついたプロダクトアウトの発想からの脱却は一

筋縄ではいかない。第8カンパニープレジデントを務める細見研介執行役員（当時）は、マーケットイン発想を社内に浸透させる伝道師として国内外を飛び回る。

「背中に1万6500店を背負っていると考えてほしい」。細見氏は19年12月、米シリコンバレーの拠点に飛び、現地スタッフにこう強調した。

ファミリーマートは1万6500店を展開し、1日当たり約1500万人が利用する。従来はこの巨大な小売り網にモノを売ることばかりに終始していた。今後はこの顧客基盤を基にした新サービスを創出して欲しいというメッセージだ。

細見氏には強みとする生活消費分野の顧客基盤が武器になるという手応えがある。「伊藤忠がうらやましい。新しい技術をすぐに試せる」。投資ファンドなどとの議論で顧客基盤の魅力を訴えると、相手の目の色が変わる。技術・資金力があっても試せる場がない企業を引き寄せる力がある。「今までの伊藤忠にはない目からうろこの発想だった」（細見氏）

電子看板と会話

第8カンパニー発で消費者目線の新サービスも出てきた。

画像認識ＡＩ開発のクーガー（東京・渋谷）に20年1月末に出資し、業務提携する。人のしぐさや表情をＡＩで分析し、音声対話できるソフトを開発する同社の技術を活用して、ＣＧ（コンピューターグラフィックス）の人型キャラクターが人と会話するデジタルサイネージ（電子看板）を飲食店などに展開する。

「人手不足で接客が悪くなり、消費者にはストレス。なんとかならないか」。第8カンパニーが発足後、中元氏は消費者目線で人手不足の解決策を思案していたとき、細見氏の人脈で知り合ったのがクーガーだった。音声はデータとしても価値が高まる。19年9月以降、提携交渉を進める一方、現場レベルでは試作品開発も進めてきた。

「とにかく、まずは始める。走りながら磨いていく」（中元氏）。第8カンパニーはスピード経営の浸透も担う。

第8カンパニー、前進しながら改善

伊藤忠商事の第8カンパニーのメンバーはわずか44人で、平均年齢は30代だ。600人を超える大所帯のカンパニーがあるなか、部や課のある縦割りの「ヒエラルキー型」ではなく、フラットな組織で案件に応じて柔軟に素早く動ける「アジャイル型」を採用。カンパニープレジデントやゼネラルマネジャーとの日常会話のなかで物事が進む。

デジタル戦略を担う中元寛氏は「小さくリスクを抑えながらサービスを生んで、消費者の声を聞きながらどんどん速いスピードで改善していく」と語る。岡藤正広会長CEO（最高経営責任者）も「とにかくやってみなさい」と背中を押す。

大企業は青写真に高い完成度を求めがちだが、機が熟すのを待てば商機を逃す恐れがある。「仮説は必要だが、間違いもある。動きながら考える」（第8の向畑哲也経営企画室長）

アジャイル経営の実行力を高めるため、独自の人事評価制度も試行する。数字にこだわる伊藤

縦割り発想を打破する伊藤忠商事の岡藤正広会長（右）と鈴木善久社長（当時）（18年の新体制発表会見）

忠だが、立ち上がりの今期は定性的な目標の評価を高めた。

具体的には他社への影響度、情報の獲得・発信力、そして挑戦という3つの定性目標だ。情報の獲得・発信力を評価する狙いについて、向畑氏は「プロジェクトに入ると、たこつぼになる。足で情報を獲得し、外に発信することで、世の中の変化に常に目配りしてもらう」という。

実は危機に対して大胆に殻を破る伊藤忠の経営は創業以来、受け継いできた遺伝子でもある。1920年の「戦後不況」で経営危機に陥った際、二代目伊藤忠兵衛は一族の私財を投げ出すかわりに、金融機関などの支援を取り付け、事業領域の縮小や貿易部門の切り出しなど再建策を断行した。人心も一新し、役員の平均年齢を35歳という若い経営陣に将来を委ねた。若い世代がけん引する第8にも通じる。

米アマゾン・ドット・コムの脅威にリテール業界は危機意識を強めるが、「アマゾンがホールフーズを買収したように、データとリアルのビジネスは完全に結びつけられていない」（中元氏）とみる。第8で商品・サービス担当の竹下誠一郎ゼネラルマネジャー（当時）は「（アマゾンの無人店舗である）アマゾンGOが本当に解なのか。伊藤忠はリアルの接点が豊富にある。消費者

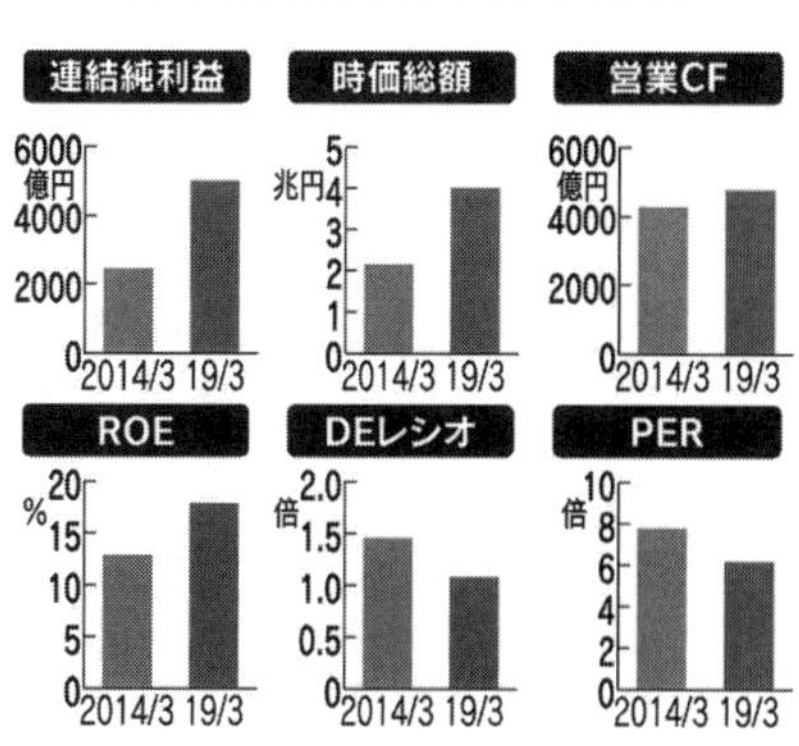

（注）QUICK・ファクトセットを基に作成

が求める価値をいかに顕在化できるかが重要だ」と語る。

「固定化しない」。細見氏は第8の名称に込められた思いをこう解説する。数字をカンパニー名にし、商品や業種を縛られず、変化に柔軟に対応するしなやかな強さを追求する。第8の8は横にすると「∞（無限）」にもなる。伊藤忠に無限の可能性をもたらすかどうか。マーケットインの発想の具現化を先導する第8の真価が試される。

伊藤忠の業績は右肩上がりが続く。一方で、「負け戦」を知らない社員が増えている。鈴木社長（当時）は「不確実性が加速する時代でも『持続的な成長』を実現する新たな商社像を示すことが伊藤忠の課題だ」と語る。生活消費分野を中心とした強い事業基盤に安住せず、その基盤の上に新たな成長モデルを築く。第8カンパニーはその切り込み役を託された。

三井物産、逆張りのLNG

「強い事業もっと強く」でトップに並ぶ、アジアの「健康」も柱に

モザンビーク国営石油ENHと話し合う三井物産の社員

三井物産が日本をベースにしてきた旧来の商社ビジネスから脱皮しようとしている。柱とするビジネスが「環境」と「健康」だ。環境負荷の小さい液化天然ガス（LNG）プロジェクトへの投資を相次いで決め、LNGでこれまで商社トップだった三菱商事に肩を並べる勢いだ。東南アジアなどではヘルスケア事業を急拡大させている。

「政権の今後の課題について話し合いたい」。2019年10月のモザンビーク大統領選挙と議会選挙の後、三井物産の野崎元靖エネルギー第二本部長に連絡したのは同国のニュシ大統領だった。急きょ、首都マプトに飛んだ野崎氏。政権基盤が安定している今のうちに片付けたい懸案について相談されたという。

三井物産はモザンビークで同国の産業史を塗り替えるような総事業費2兆円規模のＬＮＧプロジェクト「エリア１」を手掛けている。同国初の陸上ＬＮＧプラントを建設する。三井物産などは19年6月に投資を決め、24年から生産を始める。

同国ではこのほかに米エクソンモービルなどが進める「エリア４」もあり、三井物産などの「エリア１」の成否は国全体の発展を決定づける。順当に行けば、20年代には世界で5本の指に入るＬＮＧ生産国に躍り出るが、法律もインフラも何も整備されていないだけに課題は多い。同国政府が頼るのは三井物産だ。

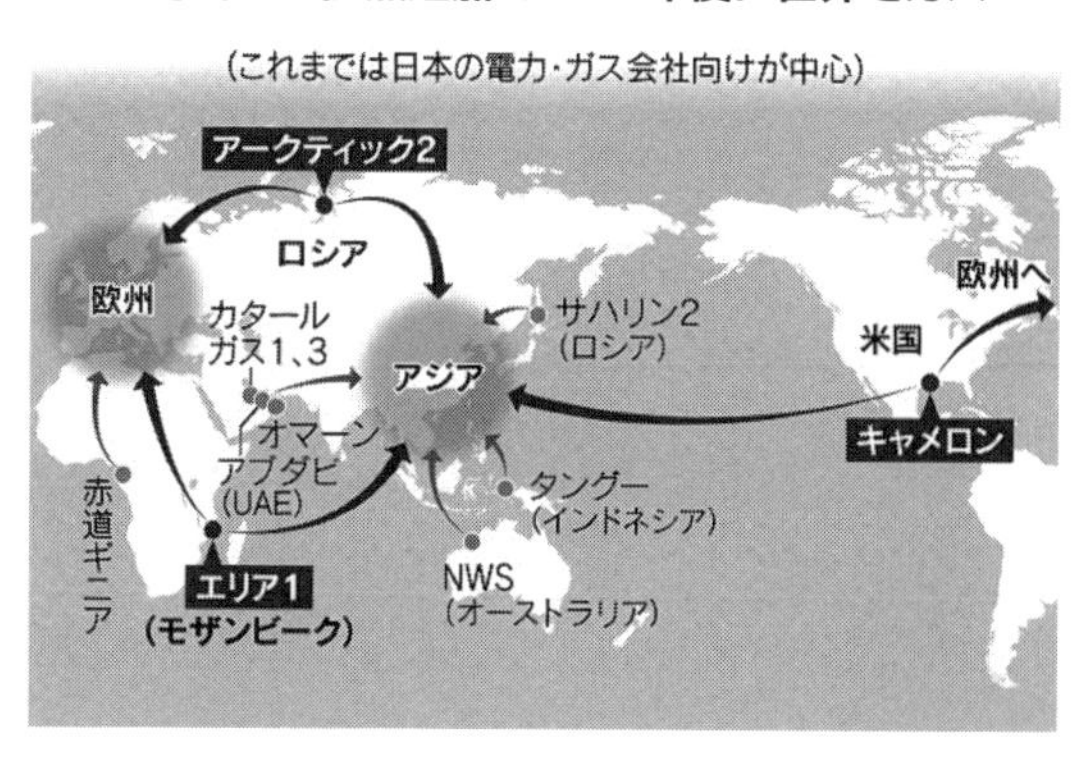

プロジェクトのオペレーター（操業主体）は当初、米アナダルコだった。だが同社はＬＮＧ開発の経験が少なく、三井物産が前面に立つことになった。「三井物産は『共同オペレーター』の立場に近い」（野崎氏）

同国は外国企業がＬＮＧ投資をするための法律がなかった。規則を定めた「ＬＮＧ特別法」も三井物産が立案を手助けした。関係省庁と20〜30人のチームを設置し、同社からは6人が参加した。

LNGの年間取扱高

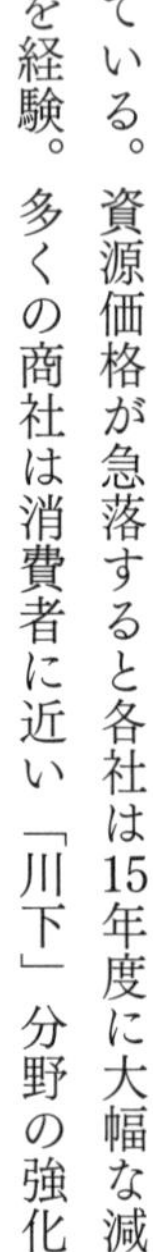

（注）年産能力。JOGMEC資料から日経作成。「アークティック2」や「エリア1」のJOGMEC出資分は三井物産の取扱高に含む

資源急落動じず

ここ5、6年の三井物産のLNGへの投資は商社で突出している。資源価格が急落すると各社は15年度に大幅な減益を経験。多くの商社は消費者に近い「川下」分野の強化へ向かった。

だが三井物産がLNGで出した答えは真逆。「強い事業はもっと強くする」というものだった。14年にすでに投資決定した米ルイジアナ州の「キャメロン」に加えて、19年はモザンビーク「エリア1」とロシア北極圏「アークティック2」への投資を相次ぎ決めた。

LNGは石炭に比べて二酸化炭素（CO_2）排出量が4割少なく、大気汚染物質も削減できる。アジアでLNGブームが到来し、柱に据える「環境」の商機は大きい。

20年代に同社が取り扱うLNGの量は3倍の年約1400万トンとなる。商社業界でLNGでトップの三菱商事も20年代には2倍の年約1400万トンとなるため、三井物産がほぼ追いつく格好だ。LNG関連事業の基礎営業キャッシュフローは18年度に963億円で、29年度には少なくとも2000億～2200億円まで拡大する見込みだ。

狙うのは「点と点」をつなぐ従来の商流を「面」に広げることだ。かつては日本の電力・ガス

会社に資源国からＬＮＧを定期的に届ける取引がほとんどだった。ＬＮＧ契約は量も多く、期間も約20年間の長期にわたる。

しかし21世紀に入り、ＬＮＧ市場は変貌。アジアと欧州で輸入国の数が増加したほか、電力・ガス会社は期間が短く、量も少なく、という契約を要求し始めた。スポット市場も拡大している。三井物産は欧州とアジアの両方に輸出できる3つの拠点を手に入れることで、ＬＮＧの商流は「面」に拡大し、顧客の新たな要望に応えやすくなる。

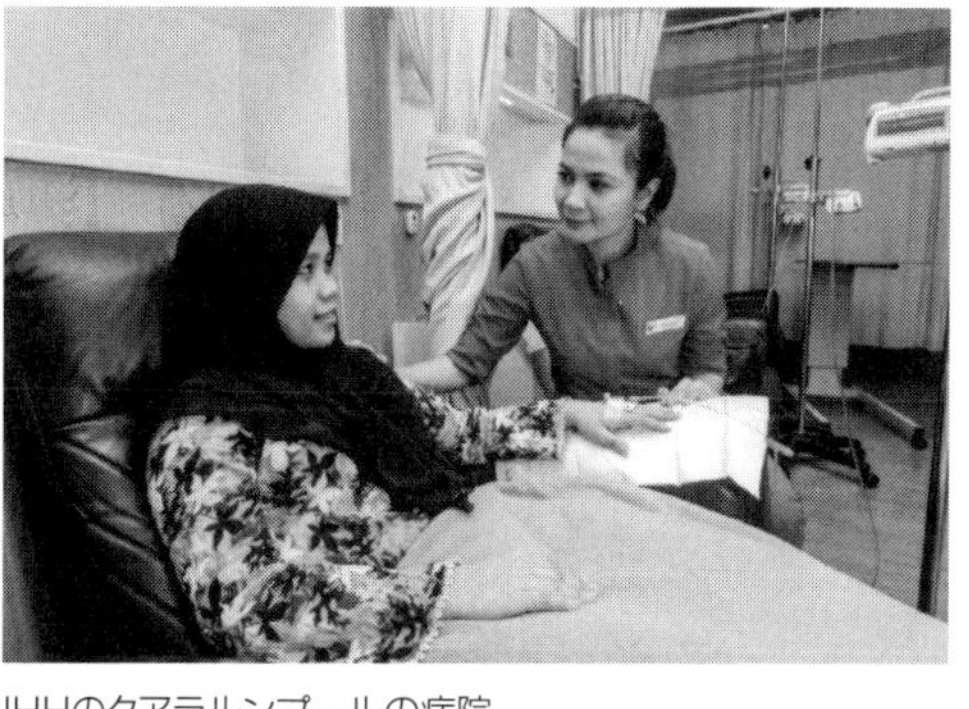

IHHのクアラルンプールの病院

アジアは夏に冷房需要、欧州では冬に暖房需要がそれぞれ拡大する。例えば、欧州のガス会社が夏場に余ったＬＮＧをアジアの電力会社に振り向ける、といった取引も仲介できる。

日本の電力・ガス会社の需要は頭打ちだ。ＬＮＧ開発の半世紀の歴史で初めて経験する事態で、新たな商流と付加価値を生み出す覚悟だ。

ＬＮＧに重点投資する背景には「選択と集中」を進める戦略もある。「全世界にベタ貼りするのではなく、選別して資本とヒトを集中配分していく」（安永竜夫氏）。総合商社の総花的な経営から距離を置く。

地域の絞り込みも進めている。照準を合わせるのがアジアで、最も注力するのが健康ビジネスだ。旧来型の日本との貿易で稼ぐ商社ビジネスは曲がり角を迎えている。アジアに根を張ることを目指しており、その先兵として期待されているのがヘルスケアだ。

経済成長に伴いアジアのヘルスケア市場は30年に16年比4倍強の3兆1000億ドル（約340兆円）に達する見通し。病床数も圧倒的に不足しており、経済協力開発機構（ＯＥＣＤ）平均が1000人当たり4・8床のところ、中国が同2・8床、インドが同0・7床で「伸びしろ」は大きい。

三井物産は11年と18年に合計約3000億円を出資してマレーシア病院大手ＩＨＨヘルスケアの筆頭株主となった。同社は10カ国に展開し、病床数は約1万5000床に達する。

三井物産の安永社長（当時）は「人材の多様性と流動性を欠いては成長できない」と語る

三井物産が出資した後のＩＨＨの業績は拡大している。18年度のＥＢＩＴＤＡ（利払い・税引き・償却前利益）は11年度比3倍の6億1300万ドル（約670億円）に達した。安永社長（当時）は「10年後には立派な収益の柱になっているはずだ」と期待する。
一部事業の「スピンアウト（切り出し）」も検討する。画像診断などが候補で、巨額投資の一部を回収するほか、経営の効率化をめざす。

今後は医療データビジネスを模索し、IT基盤を整備する。年間600万人の外来患者があり、「病院というリアルな現場を活用する」（永富公治ヘルスケア・サービス事業本部長（当時））。

横の連携に磨き

成長に向けた仕掛け作りも急ぐ。安永社長（当時）は「人材の多様性と流動性を欠いては成長できない」と強調する。松井透経営企画部長（当時）は「横の連携が強い『ヒトの三井』を人事政策で意識していく」と話す。東京・大手町の新社屋には、多様な部署の社員が集まって討議できる「キャンプ」というエリアを設ける。

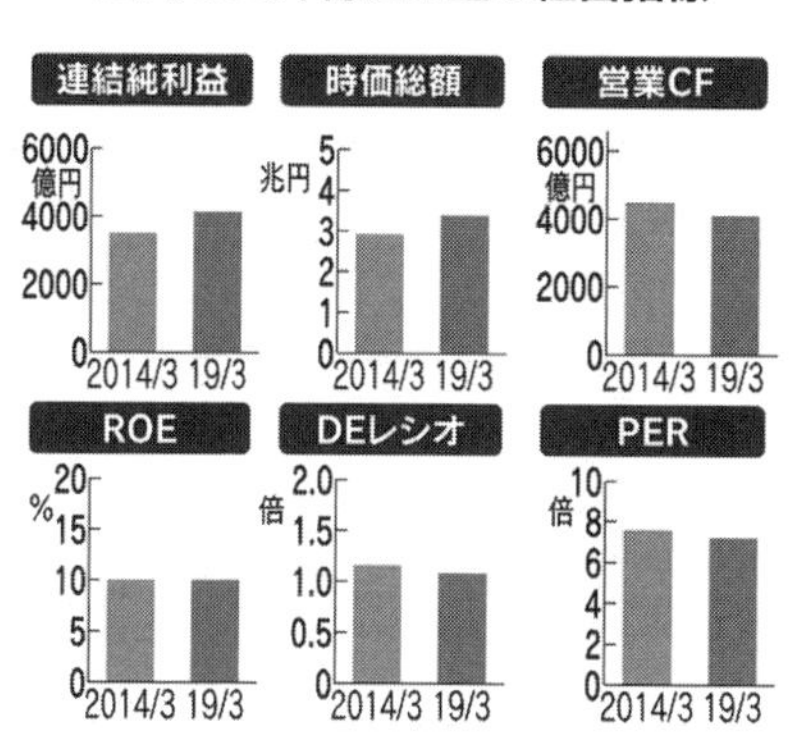

（注）QUICK・ファクトセットを基に作成

社内公募制度も充実させる。これまでは年1回で、4月から3回に増やす予定。また間接部門と営業部門の間にあった中間組織も廃止する。

「日本人の視点ではグローバル・スタンダードに追いつけない」（安永氏）ため、外国人も活用する。外国人社員の幹部候補生を育成する「チェンジリーダー・プログラム」を始め、インド人の社員がインド現法の社長に就任することも決まった。三井物産の現法の社長に外国人が就くのは初めてだ。

商社業界では「組織の三菱、ヒトの三井」と称されることもある。三井物産が成長を託す「環境」「健康」の分野で「ヒトの三井」の本領を発揮することが、新時代の三井物産には欠かせない。

三井物産の収益は鉄鉱石など金属資源・エネルギーに依存する。19年度見通しの利益に占める「非資源」分野の比率は37％で、中期経営計画で掲げる45％には及ばなそうだ。純利益は資源価格に大きく左右され、金融市場からは「資源関連銘柄」のような見方をされている。安永流の「選択と集中」で安定的な収益体質に移行できるか。市場の注目が集まる。

住商、磨く「デジタル梁山泊」

MaaS・スマート都市部署横断で事業創出、外部とも連携

住友商事がデジタル技術を軸に既存事業を磨きなおそうとしている。中心となるのが横串組織「DXセンター」だ。先端技術の取り込みには外部人材との連携も欠かせず、従来の自前主義から抜けだす契機にもなる。社内外の人材やノウハウを結集した「デジタルの梁山泊」が、事業だけでなく社内の旧態依然とした意識や文化をも変えようとしている。

2019年秋、スウェーデンなど北欧の3カ国で展開する、ある駐車場ブランドは看板のかけ

替え作業で大わらわだった。住商が欧州の駐車場大手から北欧事業だけを抜き出して約500億円で買収した「Qパーク」。この名称を「アイモパーク」に変えたためだ。

北欧の駐車場を核に「MaaS」など新ビジネス展開を狙う（スウェーデン）

ベトナムで挑戦

Qパークは3カ国の駐車場管理数でトップシェアの2割（37万台分）を持つ北欧最大のブランド。看板のかけ替えだけでも一苦労だが、住商にとってはただの名称変更を超えた意味があった。

18年11月にスウェーデンで始めた電気自動車（EV）300台の乗り捨て型カーシェアリング事業の名称が「アイモソリューション」だ。同じ名前にしたのは、両事業を1つのサービスとして束ねあげ、北欧を舞台に先進的なモビリティーサービスの先頭走者になる狙いがあった。

最終的な構想はこうだ。車の置き場や充電に駐車場を使ってもらい、目的地までの「ラストワンマイル」を電動キックスクーター（eスクーター）で移動してもらう。乗り物や駐車場の予約はスマホ1台で全て完結する。次世代移動サービス「MaaS（マース）」を駐車場を軸に展開。

社内外から人材とアイデアを集結した「DX梁山泊」をつくる

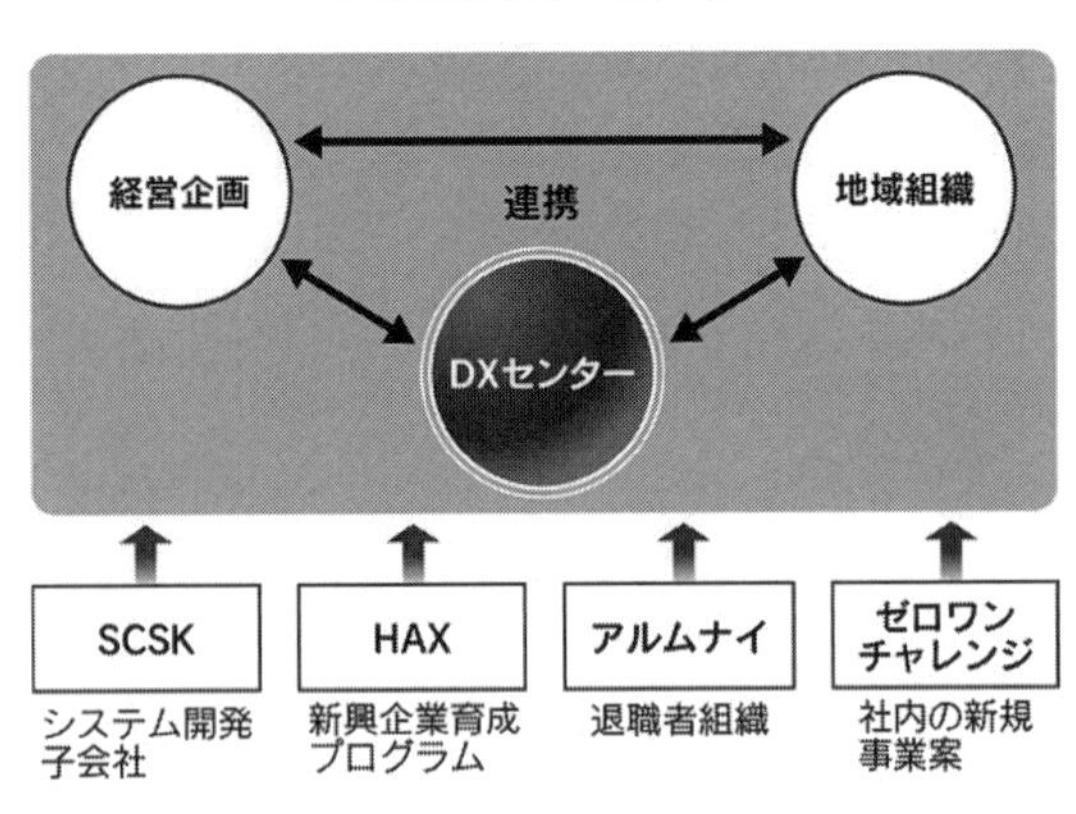

さらに地下で連結する商業施設での物販にもつなげ、重層的に利益を生む。

このビジネスモデルづくりを主導したのが18年4月に立ち上げたDXセンターだ。DXとは「デジタルトランスフォーメーション」の略称。既存事業と最新のIT（情報技術）を組み合わせて次世代ビジネスを進める取り組みを意味する。

住商はDXセンターを各部門のエース級社員に加えて外部から雇用したIT技術者を置く横串組織にした。荒牧俊一デジタル事業企画部長（当時）は「自動車や不動産といった部門ごとの発想には限界がある。デジタル人材や現地パートナーと連携し、1つの事業構想をつくる」と意義を強調する。

DXはこれまでの住商の手が届かなかった事業にも進出する契機となっている。

最高デジタル責任者（当時）の南部智一氏には忘れられない言葉がある。ベトナム・ハノイ北部で272ヘクタールに及ぶスマートシティ開発の検討をしていたときのことだ。最終的な投資額は4500億円規模の巨大事業。ただ、すぐに利益が見込めるわけではなく、既存の各部門は短期的なリスクを恐れてどこも手を挙げなかった。

「こんな可能性のある世界、どうしてやらないんですか」。DXセンターに所属する社員が声をあげた。スマートシティには不動産の開発だけでなく、通信網の整備や商業施設での効率的な物販、ＭａａＳなどの移動サービスなどが重層的な利益を生むと訴えた。それらをデジタル技術を駆使して一体的に管理し提供することで、大きな成長につながると強調した。

住友商事がベトナムのハノイ北部で手掛けるスマートシティ事業にもDXの枠組みが生かされている（完成イメージ）

19年10月、住商はベトナムに現地企業との合弁で新たな不動産開発会社を設立。ハノイのスマートシティに本格的に力を入れる覚悟を決めた。「一業種一ラインではできないことをやっていく」（南部氏）ために立ち上げられたDXセンターが役割を果たした象徴的な出来事だった。

デジタルを合言葉に総合的な利益を追求する仕組みはつくった。ただ最先端の技術を追うには社内のリソースだけでは限界がある。そこで19年6月、システム開発子会社のＳＣＳＫや米ベンチャーキャピタル（ＶＣ）のＳＯＳＶインベストメンツと共同でスタートアップ企業の育成プログラム「ＨＡＸ」の日本での展開を始めた。

ＳＯＳＶは米中などでＨＡＸを展開しており、中国・深センを中心に約４００の協力工場を持つ。日本の起業家に

住友商事の兵頭社長は「技術開発力を外部から取り込むことができるのが商社の本質的な力だ」と語る

ロボットなどの試作機づくりに深センの協力工場を活用してもらい、シリコンバレーでの資金調達につなげる。住商が事業計画づくりを無償で支援し、出資も検討する。新興企業の発想を外部から取り込み、時にはDXとの相乗効果を狙うためだ。

住商の退職者を対象にした同窓会組織「SCアルムナイネットワーク」も生かす。19年9月に設立総会を開き、約300人が既に入会した。住商の現役社員や幹部と定期的に交流会を開く。起業や転職した退職者の知見を取り込み、社内になかった発想で新事業を創出することにつなげる。

「これまで退職者は住友の敷居をまたいではいけない感じがあった」。住商退職者でグロービス経営大学院の堀義人学長がこう語るように、住商には自前主義にこだわる文化があった。18年4月に兵頭誠之社長がトップに就いたことで潮目が変わった。成長戦略の柱にデジタルを活用した新たなビジネスモデルの構築を掲げたからだ。

社内起業募る

兵頭社長は第4次産業革命などを念頭に「政治、経済、社会が目まぐるしく変わる現実に向き合い、成長していかなくてはならない」と話す。その上で「住商は技術開発力はない。だがその力を外部から取り込むことができるのが商社の本質的な力だ」とも強調する。既存事業の延長では時代についていけないという危機感が、新たなアイデアへの渇望を生む。

「ゼロワンチャレンジ」と呼ぶ社内起業制度も始めた。国内外のグループ社員から新規ビジネス案を募り、有望な案は事業化を検討する。デジタル広告やコンテンツづくりを担う完全子会社「SCデジタルメディア」も立ち上げた。

HAXやアルムナイ、ゼロワンの仕組みを使って外部からアイデアを集め、DXセンターに取り込む。子会社のシステム開発大手SCSKとも連携し、外部からのIT技術者雇用も進める。めざすのはデジタルの旗印に集う「梁山泊のような組織」（南部氏）だ。

当時の住友商事の主な経営指標

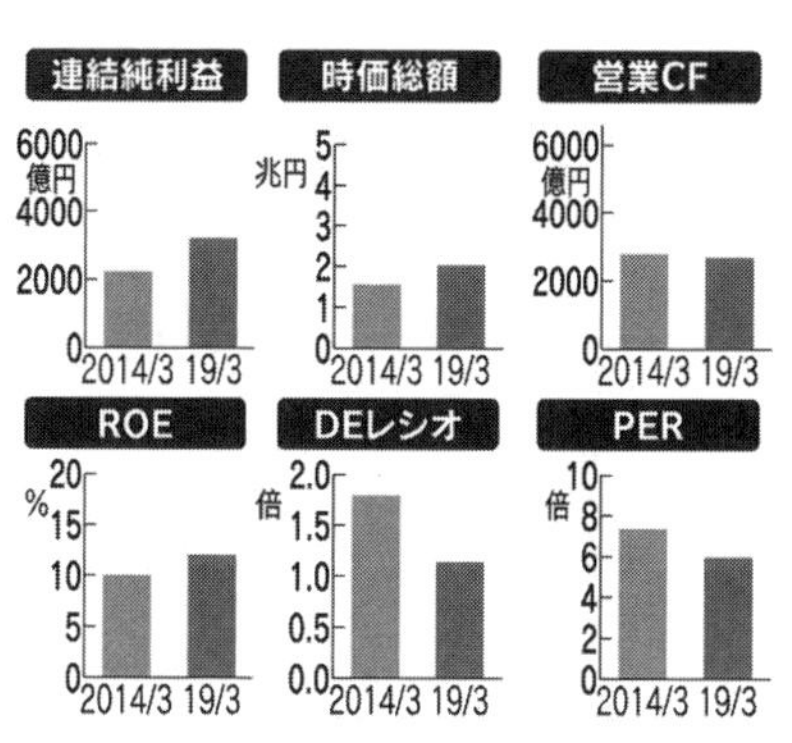

（注）QUICK・ファクトセットを基に作成

JCOMを中核とするCATV事業やスーパーのサミットなど、住商は一度始めた事業は他社が撤退しても粘り強くやりきる社風があるといわれる。ただ成長のけん引役としてCATVに続く新たな事業を打ち出せていないのが課題だ。

19年12月に創立100周年の節目を迎えた住商。次の100年をにらみ、DXで粘り強い成果をあげられるか。挑戦は始まったばかりだ。

丸紅、高成長「飛び地」開拓

縦割り超え「リスク恐れず挑戦を」

丸紅が未踏の成長領域を本格的に開拓する。2021年度までの3年間に2000億円の投資枠を設け、スマートシティーや健康産業といった高成長事業への進出をめざす。屋台骨を背負う電力事業が脱・石炭などの動きで岐路を迎えるなか、リスクを恐れず新ビジネスに挑む企業集団に生まれ変わろうとしている。

「世の中の高成長領域を取り込めていない」。大本晶之・次世代事業開発本部長は危機感をあらわにする。19年度から21年度まで3年間の中期経営計画の策定作業を進めていた際、大きな成長が見込める分野と丸紅の既存事業をマトリクス図で整理した。すると高成長領域は既存事業とほとんど重なり合わない「飛び地」状態だった。

その事実に気づいたきっかけは、17年に設けた次世代の注力分野を検討するための小組織「未来像タスクフォース」だった。30代の若手社員中心のメンバーが高成長領域への足掛かりに乏しいことを指摘。「丸紅として、社会に向き合っていきたい」。社会課題から成長テーマを見いだす必要性を訴え、上層部に突き上げた。

メーカーが顧客に直接モノを売るようになった1990年代の「商社冬の時代」を乗り越える

ため、商社は投資の選択と集中を進めた。丸紅は電力事業で商社トップの盤石の地位を築き、稼ぐ力も強めた。一方、縦割りの強まりが「狭い領域でものを発想する専門特化型の意識を強め、新たな挑戦を遠ざけてしまった」（大本本部長）。

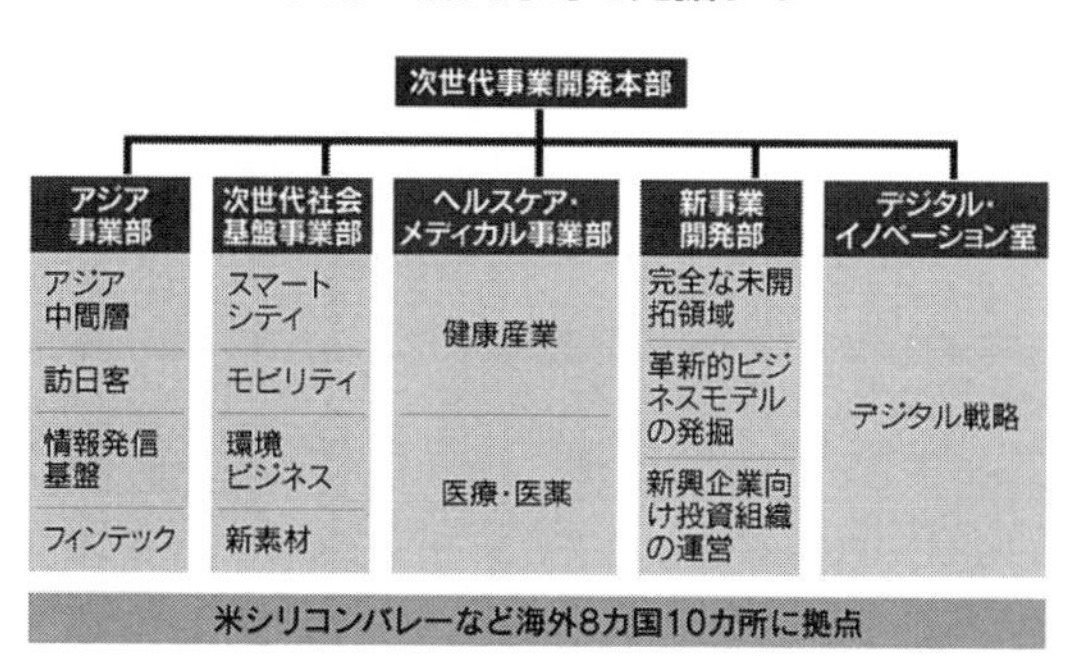

外部人材4分の1

丸紅が19年5月に発表した中期経営戦略では「30年に向けた爆発的成長をめざす」との野望が明記され、市場関係者を驚かせた。爆発的な成長が見込める事業は何か。これを探る特命部隊が大本氏が率いる次世代事業開発本部で、19年春に新設された。

約100人の比較的小さい組織だが、4分の1はデータ分析の専門家など外部の高度人材だ。丸紅は3年間で9000億円の投資枠のうち、2000億円は「ホワイトスペース」と名付けた未開拓領域を開拓するための資金として確保した。同本部はその具体案を立案する戦略組織だ。

まず着手したのがスマートシティー開発だ。東南アジアの複数の国で現地政府などと議論を重ねている。狙うのは「街づくりの丸ごと支援」だ。

丸紅の柿木社長は「常に変化の半歩先にいないと商社の価値はない」と語る

ビルや鉄道、電力、通信といったインフラ開発に加え、交通量など人の移動データを分析して需要があるところに物販や医療サービスを届ける。交通渋滞やごみ処理といった社会課題の解決も手助けする。

米国を中心に急成長するコンピューターゲームの対戦競技「eスポーツ」も注視する。各種のデータ解析を通じた周辺サービス市場も発達しており、一連のビジネスモデルをアジアに持ち込むことを構想している。様々なデータの改ざんリスクを減らすブロックチェーン技術については、シンガポールの開発企業に出資して内製化へ動いている。

「極端なことを言えば、丸紅が車をつくったっていい」。柿木真澄社長はタブーなく貪欲に成長市場を追求する姿勢を社員に求める。成長領域に投資するだけでなく、周辺事業を一体的に管理したり関連データを分析したりするＩＣＴ（情報通信技術）を使った新サービスの創出もめざす。

数多くの事業会社を抱え、それぞれを組み合わせて相乗効果を掘り起こす枠組みづくりは商社のお家芸でもあった。その勝ちパターンをデジタル時代においても応用するための仕掛け作りが次世代事業開発本部の役割でもある。大本本部長は「求めるのは最先端のビジネスモデル」と話す。

外部の知見も取り込む。丸紅を一度退職した人の再雇用を進めていることもその一端だ。大本本部長も、丸紅から大手コンサルタントに転職した経験を持つ「出戻り組」の1人。幅広い人材の登用で、新たな成長戦略を描く姿勢を内外に印象づける。

次代を担う若手社員にも期待をかける。18年度から丸紅グループ社員を対象に新規ビジネスプランを公募するコンテスト「ビジコン」を始めた。最終プレゼンを通過すれば、社内起業家として事業化の権利が得られる。

丸紅のビジネスプランコンテストでは20～30代の若手社員の姿が目立った

2年目となる19年度は世界12カ国から114件の応募があり、9チームが1次審査を通過した。20年1月16日の最終プレゼン会では、人工知能（AI）による肌解析技術を活用した化粧品の提案など丸紅の既存事業にとらわれないアイデアが披露された。ビジコンを取り仕切る上杉理夫デジタル・イノベーション室長（当時）は「失敗を恐れない気風をつくり出すには、挑戦をきちんと評価する場が必要だ」と話す。

先行きは不透明

丸紅が事業領域の新規開拓を急ぐのは、次の成長の柱が見えないことも背景にある。20年3月期の連結純

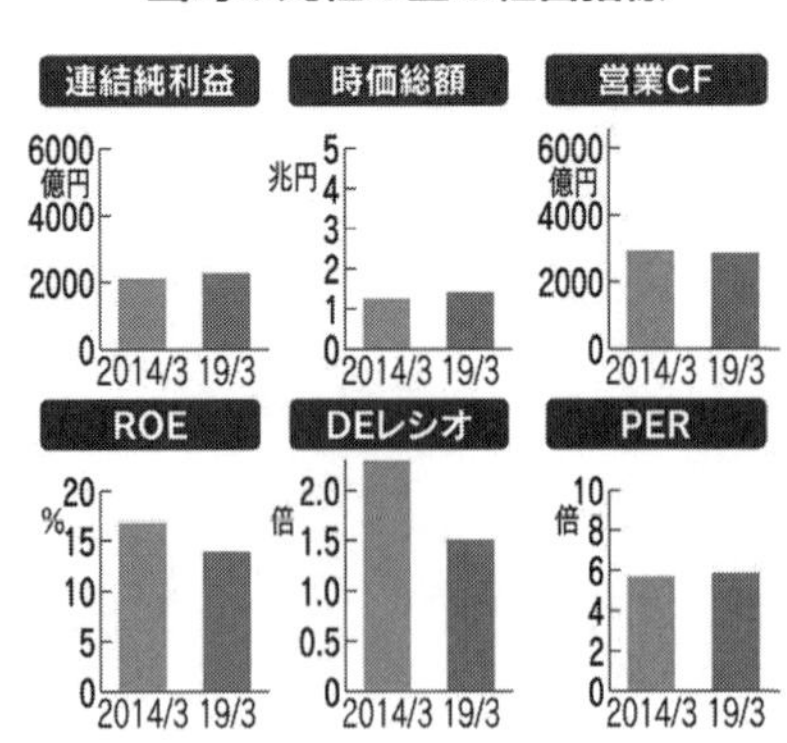

（注）QUICK・ファクトセットを基に作成

利益見通しは前期比４％増の２４００億円。事業別の上位３部門は金属（５９０億円）、電力（３００億円）、肥料販売や穀物集荷などアグリ（２２０億円）で、いずれも足元は堅調だがリスク要因は多い。

金属事業は鉄鉱石や鉄鋼の原料炭、銅が主力だ。これらの資源価格は世界景気に左右されやすく、米中摩擦がくすぶるなかで安定的な成長を果たせるかは未知数だ。

電力事業では海外での石炭火力発電が収益に貢献してきた。ただ持続可能な開発目標（ＳＤＧｓ）の浸透をにらみ、同社は30年までに石炭火力の設備容量を半減させる方針を示した。「丸紅電力」とも称され同社の屋台骨を支える電力事業は戦略を抜本的に見直す必要がある。

持続的な成長には、他社に先んじてビジネスモデルそのものを握り、外的要因に左右されにくい収益構造を築く必要がある。「常に変化の半歩先にいないと商社の価値はない。リスクを避けて通らず、果敢にチャレンジしてほしい」。柿木社長のメッセージは社員に浸透するか。丸紅が「攻めの集団」へと脱皮できるかが問われている。

縦割りをデジタルで打破、営業部門と未来を創造

三菱商事CDO　高岡英則氏

※本章におけるインタビューは2020年1月時点に実施されたもので、肩書きも当時のものです。

――商社を取り巻く環境の大きな変化をどのように捉えていますか。

「2019年12月に経営戦略会議が開かれたが、『今の延長には未来がない』という議論になり、経営陣は強い危機意識をもっている。グローバル化やデジタル化、ESG（環境・社会・企業統治）の流れが強まるなか、従来型の縦割り組織で対面業界と一緒に事業を展開すれば成長できる時代ではない」

――19年4月に7事業部を10事業部に再編したり、営業部を組み替えたり、大規模な組織改革を実施しました。

「縦割りのグループ組織を壊した。社員にとってかなり大きなショック療法だったが、危機意識を反映した改革のスタートだった。人材も年齢にかかわらず適材適所で配置できるようにした。デジタルでグループを横断した取り組みを増やすなか、トップからは『縦割りに拘泥するな』という強いメッセージが出ている。常務会を月2回非公式で開くが、その場で何度も何度もその意

識を確認している」

——新設したデジタル戦略部やCDO（最高デジタル責任者）の役割は。

「三菱商事は1960年代に液化天然ガス（LNG）に取り組んだが、時代を問わずに常にチャレンジし、新しい技術を取り込んできた歴史がある。今はそれをもっと広く、もっと迅速に行う必要がある。CDO傘下の約200人で、組織が縦に閉じないようにとにかく揺さぶっていく」

——縦割りの仕事に慣れた既存組織から反発を招くかもしれません。

「コーポレート部門のデジタル戦略部と営業部門の共創を心がけている。営業に当事者意識を持ってもらい、デジタル戦略部が支えていく。共創する環境づくりに最も気をつけてきた。私が委員長を務めるデジタル戦略委員会がある。各グループに置いたデジタル戦略担当と月1回の会議を開き、組織の垣根を越えて議論している。半面、スピードが足りなかったことが課題となっていたが、改善していく」

——中部電力と共同で買収する予定のオランダの電力会社エネコは、モビリティーなど電力以外の商機があります。

「欧州で発電から小売りまで展開する。エネコは電力・ガスで約600万件の顧客基盤をもつ。オランダやベルギーではシェアも高い。電気を売っておしまいではもったいない。電力消費の使用状況データを基に、電気以外の商材のビジネスモデルをつくれないか。エネルギーにとどまるのではなく、新しいサービスにも挑戦したい」

――食品流通や産業素材流通などのデジタルトランスフォーメーション（DX）に本腰を入れます。

「垣内威彦社長（現：会長）はよく『本物』という言葉を使う。三菱商事が参画することで、いかに本物にするか。ただし、パートナーや顧客は流通の非効率などの課題解決を死ぬほど研究している。当たり前だが、三菱商事は万能ではない。パートナーや顧客にもっとも信頼される集団になり、ともに新しい価値をつくりあげていきたい」

消費者の感動体験が商機、食品流通に革命起きる

伊藤忠商事第8カンパニープレジデント　細見研介氏

――プロダクトアウトの発想から脱却し、マーケットインで新事業創出を狙う「第8カンパニー」はなぜ、必要なのでしょうか。

「約30年、繊維事業に携わったが、繊維のリテールはデジタルに席巻され、急激に変わるマーケットを体験した。その後、食品流通部門を2年担当した。業界全体をあっという間に変えてしま

うデジタルの波は食品流通業界にも必ず来る。日本の食品流通市場は80兆円規模といわれ、影響は大きい」

「例えば、ファミリーマートは約1万6500店を展開する。これまで食の分野で成長してきたが、サービス拠点としても非常に重要になる。商社の伝統的な商品ごとの縦割り組織ではなく、デジタルとサービスの融合を新しい組織で捉え直すほうが、ビジネスを再定義しやすい」

――マーケットインの発想への転換を掲げていますが、どのような考え方ですか。

「例えば、チューインガムは00年代初頭が消費のピークだった。今は6割の水準に減った。時間つぶしでガムをかむ消費者が多かったわけだが、スマートフォンの登場でその需要は減った。消費者の意識が変わるなか、ガムの味だけを追いかける発想ではマーケットから取り残される。一方、ガム市場が縮小するなか、キシリトールは消費者の健康意識に対応し、売り上げを伸ばしている」

「消費者はネットという武器を手に入れ、有利になった。私が米アマゾン・ドット・コムの有料会員サービス『アマゾンプライム』で3000円のシェーバーを購入したとき、2時間で届いた。驚きの顧客体験で今までの価値観と異なる。消費者はソーシャルメディアなどで情報を簡単に手にできるようになった。デジタルでコンテンツの消費は加速度的に早くなる」

――中国富裕層向けのインバウンド旅行商品の提供など、第8発の新事業も出てきました。

「カタログギフト大手リンベル（東京・中央）と組んで、提携するタイの最大財閥チャロン・ポカパン（CP）グループがもつ中国人の富裕層の顧客を日本に招く。食や温泉、文化財の見学などの旅行商品に加え、今後は医療検診などメディカルツーリズムにも広げたい。顧客が何を望んでいるか。一つの情報源を多角的につなげる。消費者目線で情報を多元、多角的に捉えることを意識したい」

――ファミマなど既存事業との連携強化が課題です。

「ファミマとは様々なコミュニケーションをしている。伊藤忠もファミマに対する考え方でパラダイムを変えないといけない。これまではファミマにモノを売っていたが、約1万6500店舗を背中にしょっていると思わないといけない。パートナーを探す際、ファミマの顧客基盤の魅力を訴え、新しい技術やサービスの導入を進めたい」

LNG販売、脱日本依存、モザンビークで大型投資

三井物産エネルギー第二本部長　野崎元靖氏

――液化天然ガス（LNG）業界の変化に三井物産はどう対応しますか。

「LNGは環境負荷が小さいので、世界の需要は伸びていく。一方で、日本は原発の再稼働など

で需要の不透明感がある」

「従来は生産国から日本の顧客まで輸出するだけで、『点と点』を結ぶ『線』のようなビジネスの流れだった。今後はいろんな産地からいろんな顧客に、柔軟に売る『面』の流れに変えなければいけない」

「大型プロジェクトの銀行融資を確保するために電力会社と長期契約を結んでいた。顧客による転売も禁止されていた。それでは今の顧客ニーズを満たせないので、我々も柔軟に対応する必要がある」

――東京電力ホールディングスと中部電力が共同で設立したJERAはアラブ首長国連邦(UAE)アブダビの年間購入量を9割減らしました。

「日本政府もLNGの流動性を増すことでエネルギー安全保障につなげるという方針にカジを切った。アビダビはアラブ人の中でも情に厚く、いまJERAが大量に購入できないことを理解している」

――カタールとJERAの大型契約の期限も2021年に到来します。『売る側』の秘策はありますか。

「JERAだけでなく、その他の日本企業の購入量がどうなるかだ。カタールの人材育成や国造りに貢献していく。米エクソンモービルのように第三国で共同投資して協力することもできる」

――LNGも化石燃料。将来は盤石ですか。

「LNGの開発を続けないと需給のバランスが崩れる。『座礁資産』にならないように賞味期限は常に見つめている。大事なのは今の価格競争力を保ち、生き残れるようにすることだ」

「半世紀前に東京ガスと東京電力がLNGを導入したのは首都圏の大気汚染がひどかったからだ。今のアジアは半世紀前の日本と同じだ。いきなり全てのエネルギー源を再生可能エネルギーに移行できない」

――モザンビークやロシア、米メキシコ湾では大型投資を決めました。

「1989年に生産を開始した豪北西部『ノース・ウエスト・シェルフ(NWS)』に三菱商事と合弁会社で参画した。当時は三井物産にLNGのノウハウは乏しく、NWSを通じて日本の電力会社や石油メジャーとの関係を構築した」

「96年に生産開始したカタールは三井物産が立ち上げに大きく貢献した。カタールにLNG開発の経験はなく、原油生産量も80年代は日量30万バレル強しかなかった。三井物産はずっと『運転席』で開発を進めた」

「同じことが19年に投資を決めたモザンビークで起きている。同国の鉱物資源相とは対話アプリ『ワッツ・アップ』で頻繁にやり取りする関係だ。大統領に相談もされている」

「モザンビークだけでなく、ロシア北極圏も欧州とアジアに売れる好立地だ。ロシアは長期契約の締結前に最終投資決定した。三井物産として初めてだと思う。ルビコン川を渡ったような気分だが、売り切ることができるだろう」

DXで新規ビジネスの芽、外部の発想と相乗効果

住友商事CDO 南部智一氏

――既存事業とデジタル技術を掛け合わせるデジタルトランスフォーメーション（DX）はなぜ必要なのですか。

「現代に合わせて新たなビジネスモデルを作る必要があるからだ。まず必要なのは縦割りの打破。横断的な組織、DXセンターを立ち上げた。住商本体で10万社の取引先があり、世界中に散らばる課題を共有し、解決する能力を高めることができる。スタートアップ企業の科学技術などをマッチングさせれば、新しいビジネスの芽となる。これからの時代に求められる商社の役割だ」

「人工知能（AI）、IoTなど第4次産業革命が進むなか、デジタルを早期に取り込まなければ未来はない。商社はこれまで世の中の変化に適応したり、変化をリードしたりすることに強みがあったが、変化のスピードは速くなった」

――ＤＸでどのようなことに取り組んでいますか。

「２０１９年秋に北欧で駐車場事業を買収したが、これは単なる旧来型の事業ではない。車社会の街のインフラとして駐車場をとらえ、デジタル技術で街中の車の動きを把握し、商業施設での物販や各種サービスに生かすという発想だ。電気自動車（ＥＶ）のカーシェアリングや充電サービスにも応用できる。駐車場単体ではもうからなくても、総合的に利益を得ることができる。データを活用して商業施設とタイアップする発想はＤＸの意識が定着してきたおかげだ」

――ＤＸは社内にどんな変化をもたらしましたか。

「ベトナムのハノイでスマートシティーを計画しているが、人の移動データを分析して物販などサービス展開につなげられないか、という発想が部門間の連携を進めた決め手だった。従来、すぐにお金にならないことにはためらいがあった。今では『可能性がある未来の事業をどうしてやらないんですか』と意欲的な社員が増えてきた」

「ＤＸをやっていなければ気づけなかったビジネスの芽は多い。工場全体の効率化とか地域の総合開発とか、農業の付加価値を上げるとか、縦割りの組織では発想できなかった」

――オープンイノベーションなど外部人材の活用を進めています。

「斬新なアイデアは社内にいる同質の人間だけでは生まれない。多様性が必要で、性別や国籍は関係ない。社外の人材でも志が一緒であれば出入りを自由にしようという方針だ。社内で長年やっていたことだけが正しい解決策ではないことを再確認した。外部の人と相乗効果を生むことができ、DXセンターは梁山泊のような組織になった」

「変化に対応できるスピード感を持つには、社員が自らの考えを安心して発言できる環境づくりが必要だ。一見的外れのようでも根本的な問題を提起できる人材が欲しい。早く着手し、失敗するにしても傷が浅いうちに失敗する。時に慎重になりすぎる企業文化を変えていかねばならない」

成長望める領域取り込む、300のビジネスの芽共有

丸紅次世代事業開発本部長　大本晶之氏

――2022年3月期までの中期経営計画で、現状では取り込めていない成長領域を「ホワイトスペース」と位置づけて強化を掲げました。

「一言で説明すると、今の丸紅は世の中の成長領域に既存の事業領域が対峙していない。30年までに高成長が期待できる領域をしっかりと取り込めていない。例えば、スマートシティー、シェアリング、ヘルスケアなどの分野だ。世の中の成長エンジンを定め、成長の原動力として会社の中に取り込むのが、ホワイトスペースの狙い」

「30代中心の社員で構成した『未来像タスクフォース』の問題提起がきっかけだった。『世の中

の流れに追いついていない』『社会課題を成長テーマにすべきだ』などの指摘があった。ディスラプション（創造的破壊）が起きるなか、10年後には半分くらいのビジネスモデルがなくなるリスクがある。会社の永続に向けて成長領域を取り込む」

――「2030年に向けた爆発的成長へ」という文言も盛り込みました。具体的にどのように成長を狙いますか。

「4つの類型を想定している。1つ目は最終顧客との接点をネットで持ち、自社のコンテンツを届ける。例えば、アジアの中間層の家族向けの商品・サービスを開発している。2つ目はスマートシティーや病院、空港などの社会インフラだ。インフラで生まれるヒトやモノなどのトラフィックを確保し、新たな商流につなげていく。3つ目は先端ビジネスモデルの横展開だ。米国やイスラエルで生まれた最先端のビジネスモデルとアジアの成長を掛け合わせる。最後は先端技術の自社への取り込み。ブロックチェーンや次世代電池などを想定する」

――実現のために何を変える必要がありますか。

「バブル経済崩壊後、事業の選択と集中をしながら、商品軸で進化してきた。やはり、商品でモノを発想してしまい、領域でモノを発想するのに限界があるのではないか。新しい成長テーマで世の中が動いているとき、そのテーマを取り込めていない。縦割り組織が強く、少しずつ成長テーマで事業を始めているが、全社で共有されていないため、会社の強みを生かし切れていない。

専門が進むと、新しいチャレンジが遅れ、そこに制度疲労が出ていた」

――次世代事業開発本部の役割は何ですか。

「商社の価値の源泉はビジネスモデルにあると考えている。新しいモデルを生み出し、磨いていくのが役割だ。社内専用サイトに現在、約300のビジネスモデルを公開している。提供価値やコスト、収益モデルなどの詳細を社員は閲覧できる。縦割りを脱し、全社最適でビジネスモデルを早く創りあげる。約100人で構成するが、失敗を恐れずに挑戦していく。25％は外部人材を登用している」

――課題は何ですか。

「失敗を恐れずにチャレンジできるかだ。失敗することもあるかもしれない。だが、どう敗者復活するかも大事。ビジネスをロジックで考えると、失敗の理由はある。その理由を突き詰めていけば、どんなビジネスも最後はものにできる。丸紅には忍耐強さがある。農業資材の米ヘレナなどは長い時間をかけて事業を開発した。忍耐強く手掛け、それを許す風土がある。若い世代のポテンシャルも最大限に信じている。これらは丸紅の強みだ」

第3章

多様性でひらく

総合商社が「商社マン」からの脱皮を急いでいる。外国人登用、日本人スペシャリスト育成、女性活躍の3つを人事政策の柱に掲げる。新型コロナウイルス問題で商社のビジネスも大きな影響を受けるなか、様々な立場の社員が実力を発揮する「ワン・チーム」になれるか。ダイバーシティ(多様性)から生まれる柔軟な発想で新たな商流を開拓する姿を追う。

外国人・女性活躍で勝者に

「内なる国際化」急ぐ

2020年4月、三井物産で初めてとなる海外現地法人の社長が誕生した。当時53歳のインド人、ファイサル・アシュラフ氏だ。1998年に同社に移籍し、金属担当などとしてインドを振り出しに東京、シンガポール、ドバイなどで勤めた。20年4月からインド現法で約300人を指揮している。そのインドは景気低迷に加え、新型コロナ問題を受け全土での外出禁止令が出ており、いきなり逆風下でのかじ取りを任される。

稟議を簡素化

「三井物産の本社で初めてリンギ（稟議）を回したときは『中身の濃い』経験だった」（アシュラフ氏）といい、日本特有の「ネマワシ文化」も学んだ。日本企業の良い面も悪い面も知るだけに、改革はためらわない。14年にクアラルンプールに異動すると、現地拠点での稟議の簡素化にただちに着手した。

三井物産の安永竜夫会長は30代で米ワシントンの世界銀行に出向し、外国人の上司に仕えた。「日本人だけで組織を運営すると視野が偏ってしまう。外国人と『ワン・チーム』でビジネスをしないと成功できない」と登用の狙いを語る。

商社各社の本社部長級以上と海外拠点長の外国人幹部の人数は1社あたり10人前後。ビジネスでは国際化が進んだが社内では日本企業の風土が残り、国際化が進んでいないことがうかがえる。今後は外国人の登用で「内なる国際化」も必要だ。

多様性とグローバル化に向けて商社が掲げる3つの柱

三井物産の女性研修プログラムを受講した務台さん㊧と谷さん㊨

伊藤忠の「千人クラブ」の記念式典

17年からグローバル人材の制度を改革した住友商事では、待遇を改善することで現地スタッフが別の国に転勤しやすくした。18年度は3人、19年度には10人の現地スタッフが別の国へ転勤した。17年に米国に転勤し、石油メジャーに鋼管を売る韓国人スタッフもいる。グローバル人材マネジメント部の古井孝治氏（当時）は「本社採用の約5千人だけで海外事業を運営するには限界がある」と話す。

古井氏の同僚の楊方（ヤン・ファン）副部長（当時）も転勤した1人だ。08年に上海で現地スタッフとして入社。17年に東京本社に転勤し、海外人材の活用策を立案した。ヤン氏は「効果が出始めるのは5年後。これからに期待したい」と力を込める。

商社本来の強みである日本人スペシャリストの育成も急ぐ。伊藤忠商事の村井英介氏は、13年から6年超にわたり中国に駐在した中国通だ。13年から上海、大連、北京で勤め、20年2月に帰国するまで深センのスタートアップ企業に出向した。

年間40社近くの会社訪問を繰り返し、靴底をすり減らして発掘したのが深センの「地上鉄」だ。電動商用車（EV）約3万台を保有し、物流会社などに貸し出すビジネスで、本社に出資を提案し、19年に認められた。

こうした中国通の社員を増やすために伊藤忠は15年、中国語を話せる社員を全社員の25％に相当する「千人」とする計画を掲げた。社内では中国語の語学検定試験に合格すると「千人クラブ」に加盟できる。

「まるで中国にいるみたいだ」。18年に伊藤忠が「千人」達成を記念して東京・青山の本社で開いた記念式典で、程永華・駐日中国大使（当時）は数百人の中国語を話す伊藤忠社員に囲まれ、上機嫌であいさつした。

「最強の中国商社」を自任する伊藤忠に対し、ロシアと南米に強い商社といえば三井物産だ。第2次世界大戦終結を機に解体される前の旧三井物産は１８９１年から海外派遣制度があった。

現在の三井物産は戦後に発足してから半世紀以上にわたり、約１６００人を世界45カ国に研修で派遣した。語学に精通し、現地人脈を形成。会社の「目と耳」の役割を担う。ロシア語では計約200人を派遣した。「ロシアン・スクール」が官民に食い込んで資源開発などを陰で支える。三井物産首脳がロシア政府首脳と定期的に会えるのも「ロシアン・スクール」の存在があるとされる。

「南米大陸は三井物産に任せたい」。19年、トヨタ自動車の豊田章男社長（当時）が、三井物産の安永竜夫社長（当時）に語りかけた。社内では南米でトヨタ車を拡販するための極秘プロジェクトが検討されている。三井物産はスペイン語とポルトガル語では計約600人を派遣し、南米では一目置かれる存在だ。ブラジルで金属大手ヴァーレや国営石油ペトロブラスと強固な関係を築いている。

各社の女性・外国人の活躍の状況（2020年時点）

		女性管理職の比率	女性管理職の目標	外国人幹部
三菱商事	Mitsubishi Corporation	11%	20年度までに10%以上（達成済み）	14人
伊藤忠商事	ITOCHU	7.7	20年度までに10%以上	8
三井物産	MITSUI&CO.	6.9	24年度までに10%	7
住友商事	Sumitomo Corporation	6.5	19年度までに6%台（達成済み）	13
丸紅	Marubeni	6.0	20年度までに7%以上	非公表
豊田通商		4.8	非公表	4
双日	sojitz	4.4	20年度までに5.1%	非公表

（注）外国人幹部は三菱商事と伊藤忠は海外拠点長級、それ以外は本社部長級以上も合計した人数

アフリカ本部

一歩進んだ方向性を示したのが、豊田通商だ。同社は12年にアフリカ専門の仏商社CFAOを買収し、16年に完全子会社化した。17年に本社に「アフリカ本部」を設置し、トップを外国人が務める。これまでは本社の日本人が「中央集権型」でグローバル戦略を担っ

ていた。ＣＦＡＯ買収により「日本、フランス、アフリカの社員が力を合わせてゴールを目指す形になった」と浜瀬牧子・最高人事責任者は話す。

明治時代から海外に進出してきた「ザ・ショーシャ」が真の意味で国際化と多様化を実現するかは、日本の企業文化の未来も占う。

商社、女性登用に遅れ

総合商社のさらなる進化には、女性の活躍が欠かせない。「商社マン」とかつて呼ばれたように、商社といえば典型的な日本の男社会だったが、この改革が喫緊の課題だ。三井物産は女性幹部の研修プログラムを２０１９年度から開始した。各部門が推薦した女性社員が対象で、これまで12人が受講した。

2カ月半の研修の間に現在の職場の課題を指摘し、その解決策について役員ら約50人を前にプレゼンテーションするという内容だ。研修を受けた務台明子さんは「女性と若者、ベテランの3者の目線を盛り込んだ事業開発が必要だ」とプレゼンで訴えた。

実際、日本の会社はいまだに「男社会」がまかり通っている。03年に入社した谷なつ子さんによると、同期約１２０人のうち女性は24人。いまは8人だけが在職している。「交渉中に『担当者を出して下さい』と取引先に言われたこともある」と語る。

日本で働く女性の立場もここ10年で変化したが、男女雇用機会均等法が施行されたのは86年。総合職で女性が会社に入り始めたのはそのころからで、幹部候補の人数が少ないのが実情だ。

商社業界を見渡すと、女性管理職の比率は10％前後だ。女性管理職の比率が高いほど純利益も多いという傾向もある。国際労働機関（ＩＬＯ）によると、18年の世界の管理職に占める女性の割合は約27％。日本は12％で主要国で最低となっている。厚生労働省による17年の調査では日本の女性管理職の比率は14・3％。商社業界は、日本の平均よりもさらに低い水準といえる。

「商社マン」といえば、体育会系で深夜まで働くモーレツ社員が多かった。だが、均質なメンバーで一つの方向に向かって走る時代は終わった。80年代の日本企業の強さは均質さにあったとの分析もあるが、グローバル化の時代にはそれが弱点になる。多様性を認めることが、ビジネスのイノベーション（革新）にもつながる。

「武者修行」で経営人材育成
若手や中堅、流動性高める、海外・新興で幹部登用

総合商社が相次いで人材育成制度のあり方を変えている。収益の柱がモノを売り買いするトレーディングから事業投資へシフトするなかで、商品を知り尽くす業界のプロだけでなく経営人材も育てる方向へカジを切った。人材の流動性も高め、会社や部門を越えた人事交流を進める。そこで生まれる化学反応が新たなビジネスのアイデアの源泉にもなっている。

「総合商社が求める人材の質が変わってきている」。三菱商事の渡辺恭功・人事企画チームリー

ダー（当時）は強調する。同社は２０１９年４月、入社10年目程度の若手でも幹部に登用できる人事制度を導入した。渡辺氏は背景について「業界ごとの商品を知り尽くす『業界のプロ』になるだけでなく、業界の変革をリードできるような広い視野を持った経営人材を質と量の両面で確保しなければならない」と説明する。

新規事業を創出

これまで子会社のトップや本社で実務を取り仕切る課長級になるには、早くても入社から20年ほどかかっていた。これを早ければ10年目程度でも経営幹部として海外などの子会社トップへ派遣できるように改めた。若手・中堅社員を海外への「武者修行」に送り出し、事業経営を実践しながら学んでもらうためだ。

若手の先陣として白羽の矢が立ったのは05年入社の荒川裕也さん。建設機械や鉱山機械のトレーダーやレンタル子会社の経営企画部を経て16年に、事業投資先であるインドネシアの自動車ディーラーに初の日本人出向者として送り込まれた。

約２０００人のインドネシア人が勤める会社に飛び込んだ日本人に与えられたミッションは、新車販売に偏重するディーラー経営の近代化だ。意識改革の起爆剤として荒川さんが考えたのが、ＩＴ（情報技術）を使って中古車の品質や価格の透明性を高める電子商取引（ＥＣ）事業だった。

そこから「血みどろの闘い」（荒川さん）が始まった。現地社員や幹部は「新車を売っているのに、なぜ中古車を売らなければならないんだ」と新規事業に関心を示さない。構想を練り直し、世界経済の環境変化にも耐えうるディーラーとなる必要性を訴え続けた。

1年間にわたる粘り強い説得が実を結び、新会社を19年夏に立ち上げて荒川さんが社長に就いた。「修羅場を経験すると、自分の頭で考えるようになる。正解がない問題を考え抜き、社会にどう貢献できるかが事業を成功に導く唯一の軸だと気づく」。武者修行を経てたどり着いた境地だ。

マネーコミュニケーションズを実質的に立ち上げた田中営業部長（当時）は社員と膝詰めでビジネスプランを練り上げている（右）

事業会社の経営を担う人材を育てたい思いは商社業界全体で共通する。三井物産は若手に海外の現場を経験させるため、公募型の語学研修制度である「修業生制度」で研修を終えた社員を、すぐに海外の関係会社へ派遣する取り組みを進める。

16年に入社した佐藤千紘さんは東京で2年半ヘルスケア関連の仕事を経験し、18年7月にインドネシアの大学へ留学。19年7月に同国の乳製品販売会社に出向した。「本社にいると関係会社の隅々までは見えない。一般社員と机を並べることで、どんな仕事や議論をできるか分かる。経営人材としてこの国に将来戻ってきたとき必ず役に立つ」と手応えを語る。

修業生制度は財閥解体以前の1898年から始まり、戦後には約1600人の社員を世界45カ国に派遣している。この制度を強化し、語学研修を終えた社員をすぐに関係会社で武者修行させる運用を試行中だ。

修行の地をスタートアップ企業に定めるのは伊藤忠商事だ。情報・金融カンパニーは出資先スタートアップに送るだけでなく、社員が上げたビジネスプランを基に会社を立ち上げ「言い出しっぺ」を経営幹部に据える仕組みを実践している。

伊藤忠の100％子会社で、スマートフォンで申し込める給与前払いサービスのマネーコミュニケーションズ（東京・港）が象徴例だ。企業で働く利用者は、月ごとの給料日を待たずに好きなときに働いた分の給与を受け取ることができる。

このビジネスプランを考案した田中信さんは伊藤忠に04年に入社した。消費者金融に出向後「テクノロジーを活用した金融ビジネスはもうかる」と事業アイデアを幹部にぶつけた。19年4月にマネーコミュを実質的に立ち上げ、経営幹部として事業を取り仕切る。

それより前の段階では若手の主な仕事は出資先企業の損益管理にとどまっていた。現在の仕組みを主導した伊藤忠の加藤修一執行役員は「デジタル対応など商いの次世代化には、若手が外部から学んだビジネスの種を積極的に取り込むことが不可欠。仮に失敗しても、その経験が後々の事業経営に役立つ。伊藤忠の殻に閉じこもってはならない」と狙いを語る。

縦割りを打破

若手や中堅社員の活用には、もう一つ重要なキーワードがある。人材の縦割りの打破だ。商社には特定業界の商品を知り尽くす「業界のプロ」の集団という側面があったが、それが部門間の縦割り意識を強め、垣根を越えた人材活用が進まなかった。しかし部門によっては抱える事業会社が少ない場合もある。優秀な人材がポスト待ちで塩漬けにならないように、各社は流動性を高める。

三菱商事は若手社員を幹部に登用しやすくする制度を導入した

三菱商事は優れた経営能力を持つと判断した人材に「MX」という資格を与え、仕事の難易度や成果に応じ報酬を増減させる制度も導入した。MX人材は全社的な適材適所を進めるため、事業部門ではなく人事部が管理するように改めた。ブラジルの農業資材子会社社長を務めた川俣満郎さんもMX人材の1人だ。

川俣さんは「部門横断での適材適所の制度は、出身母体の部門に限定されないチャンスを社員に与える。中堅層以下にとっては大きなメッセージになっている」と話す。

一方で、人材の適材適所を実現するには誰がどんな能力を持っているか正確に把握する必要がある。三菱商事はMX人材のデータベースをつくり、各人のビジネススキルやキャリア希望を含めて細かく把握している。

双日も全社員を対象に横断的な人材管理のITシステム「タレナビ」を19年2月に導入した。語学力や入社以来の実務経験など、持っているスキルで社員一人ひとりをタグ付けし、求める能力ごとに検索しやすいように工夫したことが特徴だ。

当初は単体社員が対象だったが、船本幸裕・人事企画課長（当時）は「まず個々人のデータ量を充実させ、次に連結社員へ対象を拡大していく」と力を込める。

総合商社は外部での武者修行と人材の流動性確保を通じ、次代を担う経営人材を育てていく。経営環境が大きく変化するなかで、粘り強さと豊かなアイデアを持ち、荒波に対処できる人材をどれだけ育てられるかが今後の競争力を左右する。

ゼロから1を、求む「異能」

社内の創造的な人材発掘

商社が新規事業の創出に向けて、突破力のある「異能人材」の発掘に力を入れ始めた。従来の延長にない新しいビジネスモデルの開発には、高い専門性や旺盛な起業家精神をもつ情熱的な人材の登用がかかせない。社内に眠れる異能人材を解き放ち「出る杭（くい）」が生み出す摩擦を現状打破の原動力に変えようとしている。

千葉県木更津市と君津市にまたがり、ＩＴ（情報技術）やバイオテクノロジーなど先端技術の研究施設が集まる「かずさアカデミアパーク」。ここで将来の食料危機の解決をにらんだ世界初のトラウトサーモンの陸上養殖実験が進んでいる。

プロジェクトを先導するのはＦＲＤジャパン（さいたま市）の十河哲朗最高執行責任者（当時）。三井物産出身の社内起業家だ。ＦＲＤ社は水処理エンジニアリングの大洋水研（さいたま市）と環境技術センター（東京都町田市）との共同出資会社で、三井物産が約8割を出資する。水を全く替えずに魚を養殖できる「閉鎖循環式陸上養殖システム」を開発し、サーモンを養殖する。

FRDジャパンの十河COOは世界初のサーモンの陸上養殖での収益化を目指す（千葉県木更津市）

安価に陸上養殖

陸上養殖は主に水の循環式を採用する。水質を維持するため、一日に約3割の海水を取り換える必要があった。夏場は水温が上昇した海水を冷やす電気代などのコストもかさみ、入れ替えの際に病原菌が水槽に持ち込まれるリスクもあった。閉鎖循環式はミネラル分を加えた水道水を水源として水槽で水を循環するため、水の入れ替えはない。電気代は従来の10分の1以下で済むという。

実証実験の第1段階として30トン（約1万匹）のサーモンを育て、品質と収益性を検証中だ。「鮮度と食感がいい」。千葉県の一部で市場に流通させており、バイヤーからの評価も上々という。9割超の歩留まり目標もメドがついた。量産に向けた次のステップに入る。十河氏は「サーモンの陸上養殖は誰も損益分岐点を超えられなかったが、コストは想定通り。事業化の可能性は見えてきた」と話す。

三井物産にとって十河氏は眠れる異能人材だった。釣り好きが高じ、大学では魚学者を目指して農学部を専攻した。２００８年に三井物産に入社。最初の配属先は金属資源本部だが14年に社内求人制度で手を挙げ、水産事業を手掛けるグループの東邦物産に転じた。

そこで出会ったのがＦＲＤだった。経営トップと食料危機を救う魚の陸上養殖の可能性で意気投合した。三井物産の社内起業制度にサーモンの陸上養殖を提案して約9億円の投資を勝ち取り、十河氏は17年にＦＲＤに移る。「サーモンの陸上養殖に一生かけて取り組む覚悟だ」（十河氏）

新型コロナウイルスの感染拡大で、世界経済は先行きを見通せない事態に陥った。資源価格の急落やデジタル化の進展で商社の伝統的な事業モデルは変革を一段と求められる。成長意欲が高く、創造的な発想をできる人材を活用できるか否かは将来の成長力を左右する。各社は異能人材の発掘や育成に知恵を絞る。

「商社は（新規事業の種の）宝の山。なぜ、使わないの。もっと掛け合わせるべきだ」。シンガポール国際企業庁のチュア・テックヒム元次官の講義に丸紅の社員は聞き入った。同社は世界から20～40代の25人の社員を選抜した人材育成プログラム「丸紅アカデミア」を18年に立ち上げた。

よくある幹部候補生の育成が目的ではない。事務局を担う丸紅デジタル・イノベーション室の上杉理夫室長は「社会課題に当事者意識を持って行動を起こす。変革をけん引するエバンジェリスト（伝道者）を養成する」と話す。期間は1年で受講生は丸紅の経営資源の詳細を学び、ベンチャーキャピタルや起業家などとの対話を通じてビジネスモデルの作り方を教わる。最後には自ら新しいビジネスを提案する。

丸紅の青木氏は新規事業創出プログラムでアイデアを提案

「ゼロから1を生み出し、もうけられるビジネスまで育てる経験のない人材が増えていた」。上杉氏はプログラム発足の背景をこう語る。丸紅は資源価格の急落で20年3月期の連結最終損益が1900億円の赤字（前の期は2308億円の黒字）になるなど、事業モデルの転換期を迎える。細川悟史人事部企画課長（当時）は「従来の商品を軸とした縦割り組織や世代を超えて、異なる価値観を学び、社員の意志を開放したい」とアカデミア発の革新に期待をかける。

環境認証効率化

成果は出始めた。20年半ばにもアカデミア卒業生の考案した新事業が立ち上がる。「創業者」は次世代事業開発本部アジア事業部（当時）の青木沙耶香氏で、環境認証作業を効率化するデジタルツールを考案した。環境に配慮した消費財が増えるなか、非効率だった認証作業の負荷軽減ツールの需要は膨らむと判断した。

例えば森林認証の場合、監査員が内部監査や実監査で認証品取引の書類確認などを担うが、書類処理をデジタルでデータ化し監査負担を軽くする。監査の全体負荷の30～50％削減を目指す。青木氏は「アカデミアを通じ、もともと温めていたアイデアをビジネスに結びつけられた」と話す。

異能人材の活用は新規事業にとどまらない。伊藤忠商事は既存事業の競争力を底上げするため、事業現場で高い実績を上げたグループ会社社員の本社への登用を進めている。グループ会社から本社への転籍は珍しい。

伊藤忠グループの「カカオの第一人者」として活躍するのは食料カンパニー砂糖・製菓原料課（当時）の金田直也氏。子会社の伊藤忠食糧の出身だ。日本向けカカオ豆販売のシェアを3倍以上増やした実績を買われ、本社に転じた。カカオの知見を請われて18年3月にはグループで業務用チョコレート大手の不二製油グループ本社に出向し、買収案件の資産調査を担った。

商社各社は新規事業創出を競う

三井物産	「ムーン・クリエーテイブ・ラボ」を18年に発足。4万2000人の世界中の社員から新規事業のアイデアを募り、外部企業とも連携して事業化を狙う。
住友商事	社内起業制度「0→1（ゼロワン）チャレンジ」を18年に新設。国内外の社員6万人を対象に新規事業案を募り、アイデア披露会を通じて事業化権を付与する。
丸紅	社内公募型の新事業提案・育成制度「ビジコン」を18年に新設。世界から事業案を募り、社内で公開審査し事業化を後押し。
双日	「発想×双日プロジェクト」を19年に発足。30年後の世界のメガトレンドを考え、事業アイデアを募り、コンテスト形式で審査。事業化も検討。

商社では連結経営が重視されるなかで本社の社員はグループ会社の管理に割かれる時間が増え、事業の現場で鍛錬された社員の層が薄くなることに危機感がある。

金田氏は「事業の前線で培ったハングリー精神やフットワークの軽さを生かしたい」という。伊藤忠は金田氏のような特定分野で突き抜けた人材を既存事業の活性化につなげる。

異能を求めた新たな協業の枠組みも動く。住友商事は20年2月、東京芸術大学と人材・事業開発で相互協力を決めた。感性や情熱を基にしたアート思考を人材育成や事業開発に生かす狙いだ。芳賀敏常務執行役員（当時）は「既成概念にとらわれない柔軟な思考で、大胆な構想を描ける次世代のリーダーを育てる」と語る。

不確実性が高まる局面では創造的な発想をできる人材がより必要となる。難局の打破に向け、異能人材の出番が来た。

コロナ後「新常態」にらむ
DX対応カギに

２０２０年に伊藤忠商事の業績が商社業界の盟主・三菱商事に肉薄した。２０２０年５月８日発表した20年３月期の連結純利益は、前の期比微増の５０１３億円と４期連続で過去最高を更新した。三菱商事の純利益は９％減の５３５３億円だった。新型コロナウイルスで一変した経営環境にいち早く順応した商社が、新時代の勝者となる。ウイルス共生時代の業界首位を巡る「令和の陣」の火蓋は切られた。

「新型コロナの問題があっても着実にコミットメント経営を推進した伊藤忠史上、最高最良の決算だった」。伊藤忠の鈴木善久社長ＣＯＯ（当時）は決算会見で力を込めた。

伊藤忠の利益の８割は非資源分野が占める。その中でも中心となる生活消費は新型コロナの影響を比較的受けにくいと説明。「広範囲なビジネス領域を持ち、何かがおかしくなっても大きなへこみは出ない」（鈴木氏）と胸を張った。

攻める伊藤忠に対し、三菱商事は利益首位を守った。業績が低迷する三菱自動車向け投資の減損損失３４０億円などがあったものの、チリ銅事業の子会社を清算したことに伴う一過性利益７６０億円などもあり、減益幅を抑えた。

一過性損益を除いた利益でみると、伊藤忠は4855億円で、4791億円だった三菱商事を2020年に初めて上回った。営業キャッシュフローでも伊藤忠が8781億円で、三菱商事が8497億円と稼ぐ力はほぼ同等になった。

両社は今後、ウイルスと共生する低体温経済というニューノーマル（新常態）に合わせ、ビジネスモデルの進化を狙う。言い換えれば、ここで稼ぐ力をいち早く養えば、令和の商社業界で先頭ランナーになれる。

伊藤忠本社からオンライン決算会見した鈴木社長（当時）は20年3月期決算を「伊藤忠史上、最高最良の決算だった」と胸を張った

ウイルス共生時代に持続的成長を期待できる領域はどこか。注目は「エッセンシャル・ビジネス」だろう。食料や医療、電力、物流など生活や暮らしに欠かせないサービスを提供するビジネスの重要性がコロナ禍で改めて際立った。

実はこれらの領域は商社各社がコロナ禍以前から将来の成長分野として布石を打っていた領域だ。特に首位を競う伊藤忠と三菱商事が注力するのは、食料や日用品などの「生活消費」と「電力」でくしくも重なり合う。

伊藤忠は生活消費などの非資源分野で利益の8割を稼ぐ一方、三菱商事は電力分野の利益額が資

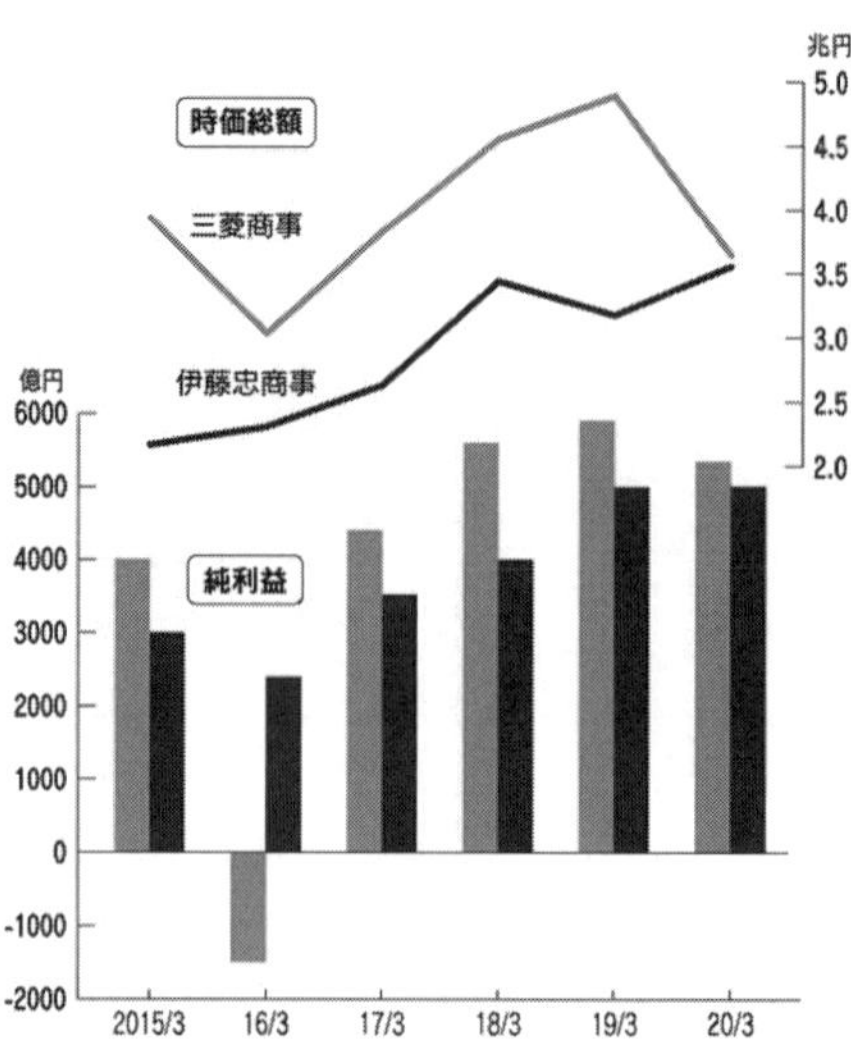

（注）時価総額は各期末時点

源・エネルギーや生活消費に次ぐ新たな収益の柱となりつつある。すでに水面下で新たな成長分野の強化に向けた動きは始まっている。

伊藤忠は20年4月、電力ビジネスの次世代化を狙う戦略組織「電力・環境ソリューション部門」を立ち上げた。蓄電池事業と再生可能エネルギー事業、電力トレーディング事業を１つの部門に束ねた。村上洋一・再生可能エネルギービジネス課長は「家庭用と産業用の電力を一体にして融通しあい、そこに電力以外の経済的なメリットも加えていくビジネスモデルを目指す」と強調する。

三菱商事は電力で巨額買収に打って出た。中部電力と組み、約５０００億円を投じてオランダの電力会社エネコを買収した。エネコは電力・ガスの小売事業でオランダやベルギー、ドイツで６００万件の契約を持つ。将来は小売り・サービス分野と家庭向け電力を融合した新ビジネスの展開も検討する。

角を激しく突き合わせる生活消費分野でカギを握るのがデジタル技術で産業を変革する「ＤＸ

（デジタルトランスフォーメーション）」だ。コロナ禍でデジタル化の重要性が高まるなか、両社はDXで打開を図る。

三菱商事は20年4月、組織の枠を超えた「全社DXタスクフォース」を立ち上げた。垣内氏は「あらゆる産業に接地面を有する三菱商事だからこそ、産業レベルでのDXによる新たなプラットフォームを構築できると確信している」と話す。

産業DXを推進するため、NTTと19年12月に業務提携した。食品流通分野で強固な経営基盤を生かし、まずは同分野での需要予測システムなどを開発する。こうしたシステムは外部企業にも提供し、5年で数千億円規模の事業に育てる考え。

伊藤忠のDXで中核となるのは20年3月に業務提携した米デジタルコンサルティング会社のAKQA（カリフォルニア州）との連携だ。伊藤忠はグループに伊藤忠テクノソリューションズやベルシステム24を抱える。顧客ニーズ発掘からシステム開発、マーケティングやデータ分析などを一貫して提供できる体制が整う。

例えば、小売店の運営効率に課題があった場合、レジの配置や店舗の動線にとどまらず、店舗のデザインそのものまで踏み込んで、顧客ニーズをくみ取りながらDXを探求する。伊藤忠の堀内真人情報・通信部門長代行（当時）は「伊藤忠のDXの強みは内製化できる点だ。実行力と深さで差異化したい」と語る。

電力と生活消費分野ともに顧客を段階的に開拓していく伊藤忠に対し、大型の買収や提携で産業横断のプラットフォーム構築を一気に狙う三菱商事。目指すものは同じだが、財閥系と非財閥系の文化の違いが色濃くにじむ好対照なアプローチで、新たな成長分野で稼ぐ力の確立を模索する。

令和元年は三菱商事が利益首位を守った。続く令和時代の業界リーダーとなるのは、コロナ禍でもしなやかに進化できる経営の実行力を備えた商社となる。

非資源強化の通信簿

2020年の決算「戦後最悪モード突入」

2020年3月期の商社決算では、新型コロナウイルスの影響で丸紅が過去最大の赤字になったほか、三井物産は、最終利益が前期比で半減を見込むなど厳しい。15〜16年に資源価格が急落した際、市況に左右される事業の業績変動を抑えながら新たな収益源を探るという共通課題を各社に突きつけたはずだが、教訓は生きたのだろうか。

「戦後最悪の危機モードに突入した」。2020年3月期に1975億円の最終赤字に転落した丸紅の柿木真澄社長のコメントだ。コロナ対策として手元資金を厚くするため、大幅な減配や自社株買いをしないとした方針が嫌気され、20年5月7日の決算発表直後、同社株は大きく売り込まれた。

赤字転落はコロナの影響ばかりではない。13年に2700億円かけて買収した米穀物大手ガビロンに加え、北海やメキシコ湾での油田・ガス事業でも16年3月期に減損を計上している。住友商事も米国のタイトオイル・シェールガスや北米の鋼管事業などで再び減損を計上した。

15年3月期には住友商事が、翌期には三菱商事と三井物産が赤字に転落して以降、各商社とも「非資源ビジネスの強化」を経営課題としてあげた。創業以来、初の赤字に転落した三菱商事はその後、非資源分野を強化し、資源価格が急落しても補完できる収益構造への転換を急いだ。伊藤忠商事は繊維や小売り、食品などで地道に収益を積みあげ、資源分野に頼らない事業構造の構築に磨きをかけ続けた。

その後、世界経済の成長にのって最高益を更新する商社が相次いだが、ドライバーとなったのも資源・エネルギー分野だった。

主要商社の2020年3月期決算
（連結最終損益）

三菱商事	5,354（▲9.4） 未定
伊藤忠商事	5,013（0.2） 4,000（▲20.2）
三井物産	3,915（▲5.5） 1,800（▲54.0）
住友商事	1,714（▲46.5） 未定
丸紅	▲1,975（－） 1,000（－）

（注）単位億円、カッコ内は増減率%、▲はマイナス。上段は20年3月期、下段は21年3月期見通し

前回の商社業界を襲った激震から、2020年の決算で劣後した商社はそれ以前の最高益に沸くなかで、非資源や個人向け事業などへの事業転換の取り組みをおろそかにしたツケを払わされた。

現在、各社とも若手人材の積極登用や、コロナ災禍でも伸長しているネット系のスタートアップへの投資など「次の一手」の開拓に乗り出したが、競合するのは米アマゾン・ドット・コムや中国アリババ集団だ。資金・人材面から自前で対抗

するには限界がある。

三菱商事はNTTやインドネシアの配車大手、ゴジェックとも組み、デジタルサービスを軸にした新たな事業開拓に踏み出した。伊藤忠も6千億円を投じて組んだ中国中信集団（CITIC）との共同事業もまだ目立った成果を上げていない。ネットによる経済のサービス化が広がるなかで、外部の異業種との提携で既存事業の深掘りや新たなビジネスへのとっかかりを見いだしていく手は必要だろう。

「VUCA」（不安定・不確実・複雑・曖昧）な時代が到来したと言われて久しい。まさにコロナはVUCAの極みだろう。三菱商事は垣内威彦氏（現：会長）が社長に就いてから4年余りで累計で2兆円もの資産を売却、2020年3月末の利益剰余金も4・6兆円にまで積み上がり、三井物産、伊藤忠も利益剰余金はそれぞれ3兆円前後まで積み増した。先が読めないなかでも対応できる余力がないわけではない。

コロナ災禍で優良な資産や企業が売りに出る機会も増えそうだ。「変化に対する耐性はついてきた。財務規律を守りながら、攻めるところは攻める」（三菱商事の垣内氏）。これからの「新常態」にあわせた対応力が問われている。

第4章

コロナ禍に克つ

総合商社のビジネスに新型コロナウイルスの感染拡大による荒波が押し寄せる。資源・エネルギー価格は下落し、自動車や鉄鋼の需要も落ち込む。様々な事業をグローバルに展開している総合商社にとってコロナ禍の影響は多岐にわたる。コロナに揺れる現状と打開策を追った。

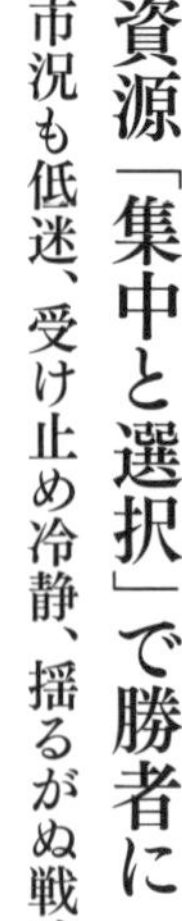

資源「集中と選択」で勝者に
市況も低迷、受け止め冷静、揺るがぬ戦略

住友商事はマダガスカルのアンバトビー鉱山で大規模改修を終えた直後にコロナ禍に直面した

「アンバトビーのニッケル鉱山は稼働再開にまだ数カ月はかかるだろう」。2020年、住友商事の上野真吾・資源化学品事業部門長（当時）は厳しい表情で語る。アンバトビーはマダガスカルで取り組む世界最大級のニッケルプロジェクトだが、コロナ禍で2020年4月から操業を停止している。

アンバトビーは2019年11月に大規模改修を実施し、年4万～5万トンのニッケル生産が期待されていた。実際に1月の生産量は4000トンと成果が出始めた直後に新型コロナに見舞われた。

感染が拡大した20年3月以降、鉱山の操業停止や稼働低下が相次いだ。三井物産など日本勢が100％出資するチリのカセロネス銅山の操業度は7～8割程度に落ち込んだ。

生産への直接的な影響に加え、市況低迷も重くのしかかる。原油は世界経済の停滞を受けて暴落し、20年4月には米国のＷＴＩ（ウエスト・テキサス・インターミディエート）は初めてマイナス価格をつけた。20年7月の段階では1バレル40ドル程度まで回復していたが、20年初めと比べると3割安い。

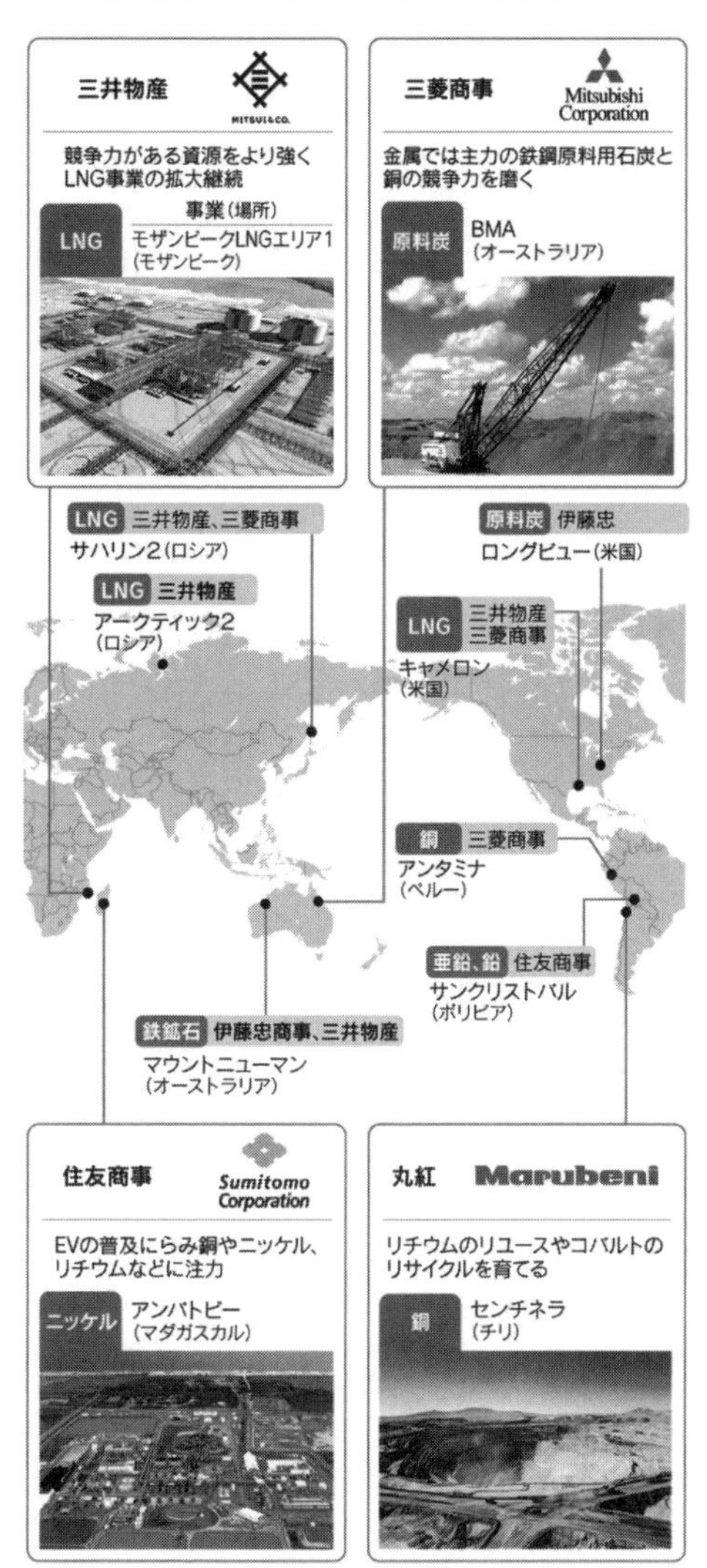

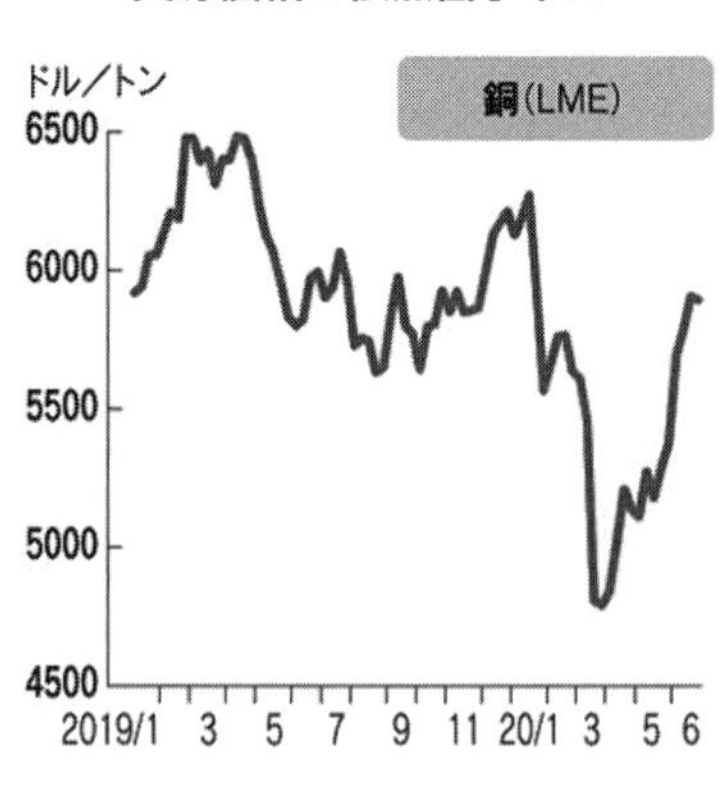

三井物産や三菱商事が事業を拡大している液化天然ガス（ＬＮＧ）価格も電力需要の減少などで低迷。アジア向けスポット価格は20年４月に１００万ＢＴＵ（英国熱量単位）当たり初めて２ドルを割り込み、20年７月は２ドル前後で推移していた。

コスト削減徹底

「１３０億円」と「３１７０億円」。この２つの数字の違いが、資源・エネルギー分野での商社の進化を物語る。三菱商事が20年３月期と16年３月期に計上した金属事業の一過性損失だ。世利耕一・金属資源本部長は「(16年３月期の赤字の原因となった）銅事業は19年度も追加の減損は出していない」と胸を張る。

15年の資源安ショックを受け、各社は競争力のない資産の入れ替えを推し進めた。三菱商事は４つの発電向け一般炭の資産を売却するとともにコスト削減を徹底。オーストラリアの原料炭のＢＭＡでは、１トン当たりの販売コストを10年代初頭と比べて４割削減し、価格下落時の耐性を高めた。

自動化も進む

三菱商事が大きな減損を免れたのは、良質な資源にポートフォリオを入れ替えてきた成果だ。田中格知金属資源グループCEO（当時）は「ポートフォリオ入れ替えの段階から、今後は経営の質を強化していく」と語る。例えば、資源メジャーの豪英BHPグループと三菱商事は運営する鉱山に無人ダンプや通信設備などを入れ、鉱山運営の自動化に着手した。

三菱商事が出資するオーストラリアの原料炭鉱山では無人ダンプの導入など効率運営に力を入れる

コロナ禍で先行きは不透明だが、資源・エネルギーの消費がゼロになるわけではない。各社は長期的な経済のメガトレンドを見据え、競争力を高められる資源へ集中と選択に踏み込む。

三井物産の竹部幸夫副社長（当時）は「強い事業をより強くする。強みのLNGは権益を積み増し、供給基盤を増やす方向にカジをきる」と攻めの姿勢を示す。新規開発では販売の長期契約を結んでから最終投資決断（FID）するのが通例だったが、ロシアのアークティック2では長期契約を結ぶ前にFIDに踏み切った。

売り先が確定しないリスクを抱える半面、スポット市場を活用すれば需給調整をしやすくなる。投資判断のス

三井物産がモザンビークで開発するLNGプラント（写真は完成イメージ）

ピード向上や手掛けられる案件の幅を広げられると見込む。「これから三井物産が自らリスクをとって売買していく例を増やしていく」（竹部氏）という。

金属では電動車の普及をにらみ、銅やレアメタルなど関連資源の開発が進む。丸紅の桑田成一・金属本部長（当時）は「銅需要はハイブリッド車で倍、ＰＨＶでは３倍、ＥＶなら４倍と増えていく。長期的な市況の堅調さは一番強い」とみる。丸紅はリチウムのリユースなど関連事業も強化していく。住商もニッケルに注力する方針に変わりはない。

伊藤忠商事は主に鉄鉱石と石炭に絞る。需給に基づく取引が多く、価格変動が比較的小さいためだ。「安定的な決算に貢献できる」（猪股淳氏）と話す。

ただ、市況は原油や銅が回復に向かうなど一時の暴風は過ぎ去ったようにも映るが、業績影響は小さくない。

資源安の原因はコロナ禍にとどまらない。原油やＬＮＧ価格などの下落は感染拡大前から始まっていた。石油輸出国機構（ＯＰＥＣ）と非ＯＰＥＣ諸国との対立やＬＮＧの供給過剰問題、米中の貿易戦争という火種は、たとえコロナ禍が落ち着いても残ったままだ。

市況変動に耐えながら資源事業を進めるには、手持ち資産の不断の見直しや新たな供給先の開拓が欠かせない。

漫然と車売る時代の終幕

オンライン販売、修理・売却もスマホで、迫られるモデル転換

コロナ禍で商社の自動車ビジネスは転機を迎えた。100年に1度の変革といわれる「CASE」に対応を迫られるなか、ウィズ・コロナ時代で自動車に対する消費者の概念も変わる。自動車メーカーや部材メーカーの間にたち、口銭を得る伝統的なビジネスモデルでは持続的な成長を

望めない。次世代のモビリティービジネスの主導権争いの号砲が鳴った。

「自動車ビジネスの現場が新型コロナで変わりつつある」。三菱商事で自動車・モビリティグループCEOを務める戸出巌常務執行役員（当時）は、米国の自動車販売の変化に着目する。米国の20年5月の新車販売台数は前年同月比30％減だったものの、3カ月ぶりに100万台を回復した。「その一因はオンライン販売の伸長」（戸出氏）という。

三菱商事はインドネシアの配車大手ゴジェックに出資し、モビリティーサービス強化に向けて布石を打つ

米国の消費者は感染リスクを避け、ディーラーの店頭ではなく、オンラインで自動車を購入し始めたのだ。自動車ディーラー向けソフトの米スタートアップ、プロディジーの電子商取引（EC）機能は現地で引き合いが強まっているという。

かつてIT（情報技術）バブル期に米オートバイテルなどが開拓しようとしたが、定着できなかった自動車のネット販売。コロナ禍でマーケティングやローン組成などもオンラインで提供する流れが強まりだした。

「我々としてもデジタルをフル活用した展開は1つの挽回策として位置づけている」（戸出氏）。

三菱商事はコロナを機に米国だけでなくタイやロシアなどでもオンライン販売の強化に動く。

その先に見据えるのは、新たなモビリティーサービスのビジネスモデルだ。車の販売からローン、メンテナンス、中古車の売却までのライフサイクルを全てスマートフォンのアプリ1つで完結できるサービスを目指す。車の世界で顧客を囲い込み、そこに日用品など様々な商品の販促も仕掛ける。非接触が当たり前となる新常態を想定したビジネスモデルづくりのチャンスと捉える。

住友商事は新たなモビリティーサービスの展開に向けて北欧の駐車場事業を買収した（スウェーデン）

所有の動き再び

住友商事の加藤真一自動車モビリティ事業本部長（当時）は「思っていたことがコロナで裏付けられたというのが実感だ」と話す。米ウーバーなど他人と車内空間を共有するライドシェアの需要が減る一方、「中国や東欧などで車を所有しようという動きが広がっている」（加藤氏）と指摘する。

車が安全な移動手段として見直されるなか、モビリティーサービスの付加価値をどれだけ高められるか。「これからの商社の自動車ビジネスの主戦場となる」（加藤氏）

三菱商事の部門別利益

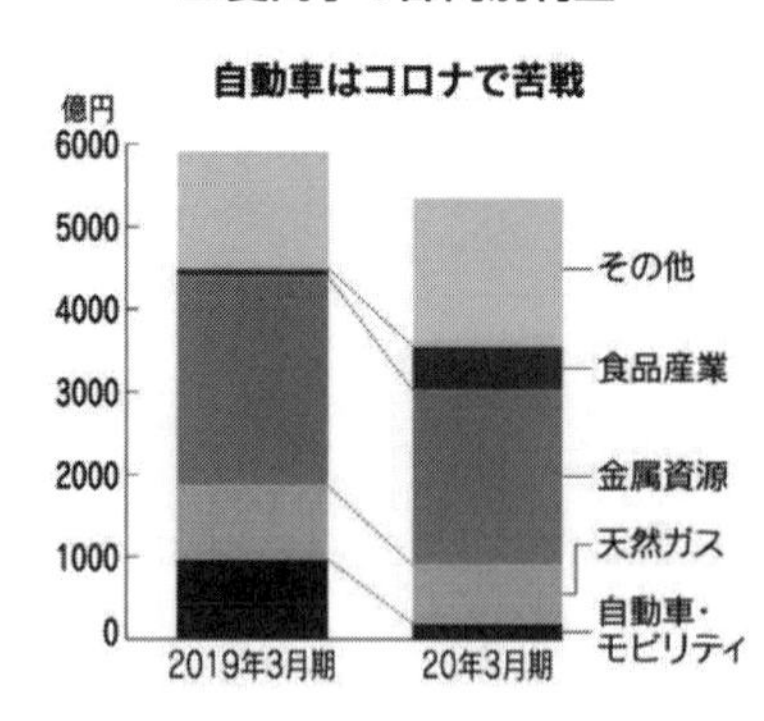

住商はモビリティー分野で布石を打ち始めた。舞台は北欧だ。電気自動車（ＥＶ）のカーシェアと充電スタンド、駐車場などを一体提供する。会社には行かなくなったとしても、車で公園や商業施設に行くニーズはなくならない。ただ車を売るだけでなく、関連需要を掘り起こしてつなげる。

商社がモビリティー分野に一斉に動き出したのは、伝統的な商社の自動車分野のビジネスモデルで持続的な成長を描きにくくなっているためだ。

住商の加藤氏は「自動車を作って売るという従来のビジネスモデルの限界を新型コロナが突きつけた面もある」と話す。同社の主な自動車製造ビジネスは、メキシコで展開するマツダとの合弁工場だが、コロナ禍で20年４月の生産台数はほぼゼロという状況になった。

住商傘下の車向けブレーキ部品メーカーのキリウ（栃木県足利市）。世界の車の10台に１台はキリウ製の部品を使うというニッチトップ企業だが、20年４月はほぼ生産が止まった。メキシコ工場もキリウも足元では生産を戻しつつあるが、世界の自動車生産がコロナ前の水準に戻るのは、「２０２４年や25年とも言われており、長期化を覚悟している」（加藤氏）。

部品供給網寸断

国内自動車大手8社の20年5月の世界生産台数は前年同月と比べ6割減の91万台。グローバルにつながる部品供給網が新型コロナの感染拡大で寸断された。生産や販売のパートナーである商社に打撃となっている。戸出氏は「世界のどこか1カ所でもおかしくなれば、連鎖的に車を作れなくなる。従来の供給網の構造のままでいいのか、という課題をコロナ禍で認識させられた」と語る。

丸紅は米スタートアップのレンチ社と協力し、自動車修理の技術者派遣の全米展開を狙う

影響は関連素材にも波及する。アルミニウムは車のホイールや一部車体に使われているが、「自動車生産の落ち込みもあり、国際的にアルミがだぶついている」（非鉄金属商社）。20年5月の平均価格は1トンあたり1466ドルと、世界的な資源安となった15年を下回る。

商社にとって自動車ビジネスは資源や食品などに次ぐ収益の柱の1つだ。こうした状況下、住商や三菱商事は在庫の圧縮や不要不急な設備投資の延期、宣伝広告費の削減などの止血策に動く。

コロナ禍でこれまで通りの自動車ビジネスを漫然と続

けているだけでは、先細りになる恐れがある。豊田通商の山波正人・自動車本部CEO（当時）は「コロナ拡大以前から自動車業界はCASEの大変革期を迎えており、そこにコロナ禍が重なった」とし、「生き残りには、自動化や省人化、非対面販売への対応がカギを握る」と話す。

スマホアプリを通じた車修理派遣の全米展開を狙う丸紅の近藤一弘産業システム・モビリティ事業部長（当時）も「人の移動が制限されるため、人のいるところにサービスを届ける時代になる」と話す。企業を主な顧客としてきた商社の自動車ビジネスはコロナ禍で一変し、今後は消費者目線が一段と求められる。新常態への適応力が試される。

抜け出す三菱商事・伊藤忠

資産管理力、他の大手と差、「戦略オプション増えた」

「他の商社よりも利益率が低いうえに減損も多い。投資決定プロセスに問題はないのか」。2020年6月19日。小雨が降るなか、都内のホテルで開かれた丸紅の株主総会。新型コロナウイルス感染で空席が目立った会場のなかで、ある株主から鋭い質問が飛んだ。

格付け下落危機

「多少焦って価格が高いときに突入した案件がまだ残っていた。会社全員でどうして減損を出してしまったのか議論している」。議長を務めた柿木真澄社長はこう答え、保有資産の厳格管理の徹底を誓った。

株主が問題にしたのは13年に2700億円を投じて買収した米穀物大手ガビロンだ。2016年3月期に続き、20年3月期も783億円の減損を計上した。このほか、米メキシコ湾石油・ガス事業でも940億円の減損を出した。これも2度目の減損計上だ。

米穀物大手ガビロンなどで巨額の減損を計上し、記者会見する丸紅の柿木真澄社長（右）（2020年3月25日、東京都中央区）

「19年度は3年連続で最高益を達成できる見通しだ」。1年前（注：2019年）の柿木氏の言葉だ。しかし、蓋を開けてみれば20年3月期の最終損益は1975億円の赤字に転落。期初見込みとの落差は4000億円。稼ぐ力が低下し、財務体質の悪化が懸念されると、格付けに響く。格付けが下がれば、社債の償還資金など金融機関からの調達が難しくなる。

出身母体の電力事業のトップをつとめていた時に、強気の投資で同事業を業界トップに引き上げた柿木氏のかつての姿は鳴りを潜めている。

丸紅と対照的に好調だったのが伊藤忠商事。「過去最高の決算を達成できた」と鈴木善久社長（当時）は20年

3月期の決算で胸を張った。純利益では三菱商事にはわずかに及ばなかったが、5013億円となった。新型コロナ対応に奔走する社員に対し、特別慰労金を支給する気配りも見せた。伊藤忠の岡藤正広会長が「追いつけ追い越せ」と発破をかけた対象だった「財閥系」の三井物産や住友商事もさえない。

三井物産は課題だった非資源分野の最終利益は20年3月期で1611億円にとどまった。18年3月期からの3カ年の中期経営計画のなかでは最も高かったが、目標の2000億円には届かなかった。

安永竜夫社長は非資源分野強化の柱としてヘルスケア事業をあげる。18年にアジア最大手の民間病院であるマレーシアのIHHに2300億円を追加出資し、出資比率を32・9％に引き上げて筆頭株主となった。ただ、20年3月期の利益貢献は49億円ほど。その前の期より30億円増えたが、次代の成長エンジンというには迫力不足だ。

一方、三菱商事も資源への過度な傾斜を避け、生活・サービス分野やデジタル化投資にあててきた。今では資源・非資源で利益のバランスがとれた収益構造を築き上げた。

資産売却多く

上位に立つ商社に共通するのが保有資産の損益管理の厳格さだ。三菱商事の垣内威彦氏は社長に就任後4年間での資産売却額は約2兆円にのぼる。伊藤忠も総資産で1兆円上回る三井物産とほぼ同額の1・3兆円を売却してきた。環境変化に合わせて、機をみるに敏にポートフォリオを入れ替えている様子をうかがえる。

「担当者の思いもあり資産売却を社員や役員は嫌がる」（柿木氏）と話すが、グループ会社の黒字率が9割にも及ぶ伊藤忠との「マイクロマネジメント」の徹底度が業績の差となって表れている。

残る財閥系の一つである住商も基礎収益キャッシュフロー（CF）は20年3月期は2390億円と、長く2000億円台が続く。単純比較はできないが、三菱商事や伊藤忠、三井物産などが独自試算する営業CFが6000億円台なのとは見劣りする。

デジタル時代に有効なジュピターテレコム（現：JCOM）やショップチャンネルなど商社業界でも放送通信事業に独自の資産をもっているが、「十分に生かし切れていない。提携するKDDIなどともっと連携してもいいのではないか」との指摘もある。

コロナ禍で各社の収益力とともに財務力の差が浮き彫りになりつつある。止血も必要だが、商社業界は「10年単位で仕事をする」と言われる。次の成長への「種まき」にあてる資金をどう捻出し、どの分野に投じるかという課題もある。

一時的に時価総額で三菱商事を抜き、利益剰余金も約1兆円積み増し、「戦略のオプションが増えた」（伊藤忠）と話す。高い株価は株式交換による有望スタートアップの買収などにも使える。剰余金の増加は自己株式の取得や不良資産の売却に伴う損失の補塡にもあてられる。

純有利子負債が自己資本の何倍あるかを示す「純負債資本倍率（ネットDER）」は、1倍が財務の健全性の目安とされる。20年3月末の同倍率は、伊藤忠が0・75倍、三菱商事が0・83倍なのに対し、丸紅は1・16倍だった。財務体質の差は、攻めに出るときの投資余力に直結する。財務体質が弱い商社は、事業の絞り込みをこれまで以上に迫られる。先の読みづらいVUCA（不安定・不確実・複雑・曖昧）の時代で、打つ手のカードが減ることは先々を見渡すと大きな差となって表れかねない。垣内氏は「有望な資産があれば積極的に買っていく」と語る。コロナ禍で勝ち組と火消しに追われる商社との差は開くかもしれない。

規模の差こそあれ、利益を長く享受してきた商社業界。石油や鉄鋼、自動車など国内メーカーが集約されるなか商社業界にも本格的な「2強」時代は来るのか。この1、2年の経営のかじ取りが将来を決める。

第5章

独創力を極める

著名投資家ウォーレン・バフェット氏率いる米バークシャーハザウェイが2020年の夏、伊藤忠商事や三井物産など総合商社5社に投資し、世界が「商社」に注目した。バフェット銘柄にはならなかったが、輝きを放つ商社も少なくない。独自のビジネスモデルに磨きをかけ、新たな需要を創造し、付加価値を生み出せる独創力ある専門商社などを追った。

ミスミ、DXで「調達革命」

見積もりがAIで数秒

特注品、即日出荷も／取扱品数　1兆の800億倍

「800垓（1垓は1兆の1億倍）」。日常生活でほぼ見聞きすることのない単位だが、この天文学的な数字こそ、機械部品商社を源流とするミスミグループ本社の強みを表す。

ミスミの吉田光伸常務執行役員兼ID企業体（カンパニー）社長は「800垓とは機械部品を中心にミスミが取り扱う製品数で、世界最大級だ」と話す。ネジや金型、切削工具から軍手まで細かなバリエーション違いも含む。

単に取扱製品数が多い点を自負しているのではない。800垓に及ぶ製品を取り扱いながら、顧客であるメーカーに「ジャスト・イン・タイム」で部品を届ける仕組みを進化させ続けている。

ミスミは今、ものづくりの調達におけるデジタルトランスフォーメーション（DX）とも言える特注部品の製造受託サービス「meviy」の普及に挑んでいる。機械メーカーなどの顧客が3次元（3D）の部品設計データを専用サイトにアップロードすると、数秒で見積価格と納期を提示する。図面を立体化した3D模型も同じ画面に表示し、その場で微調整もできる。

顧客に大企業

発注ボタンを押せば、多機能工作機械であるマシニングセンターの動作プログラムを自動で生成。ミスミの自社工場や協力企業の工場の工作機械が直ちに稼働し、最短でその日のうちに完成品を出荷する。顧客にはトヨタ自動車やリコー、パナソニックなど並ぶ。16年にサービスを始めたメビーは次の成長の柱と目されている。

ものづくりの現場から評価の高いメビーの強みは、デジタルを用いて極限まで磨き続けた確実な短納期にある。

ミスミグループ本社は機械部品を中心に800垓もの製品を取り扱う

カタログ販売が可能な規格品と異なり、一から設計する特注部品の受発注には現在でも紙の図面を使うことが多い。設計はCAD（コンピューターによる設計）を用いるが、金属加工の現場は中小零細企業がほとんどで、受注は紙のファクスでしか受け付けていないケースも多いためだ。発注側も相見積もりなどの必要性から、対応できる業者の多い連絡手段を採用する。いわば、紙の図面が部品加工の現場の共通言語となっていた。

CADデータから紙の図面を作成するには1回あたり30分ほどかかる。図面を渡して見積もりの結果が出てくるまでに1週間、発注してから製品が納められるまでに2週間、合計3週間もの時間が必要だった。

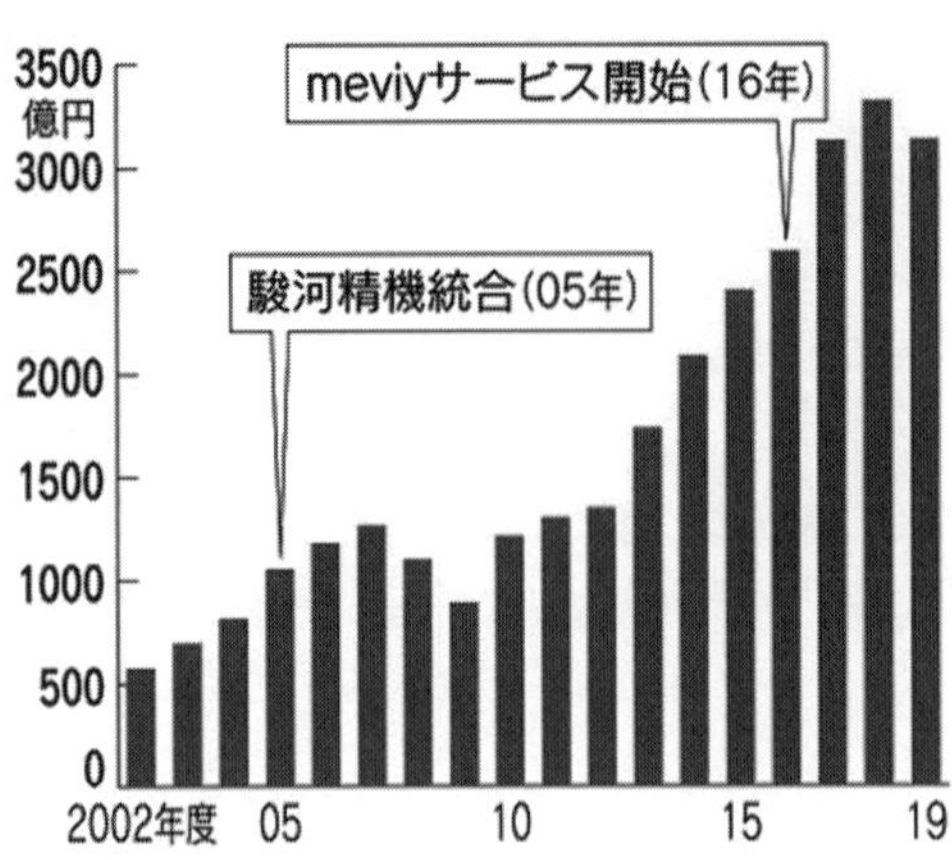

（注）19年度は米中摩擦と新型コロナウイルス流行の影響で減収

その作業をデジタル技術で一気に簡略化した。クラウドサービスのためネット接続できる環境ならばどこでも利用できる。出荷は最短で即日。顧客は部品発注にかかる膨大な時間を圧縮できる。

ものづくりの現場のかゆいところにも手が届く、顧客に寄り添ったビジネスモデルを提供できたのは、ミスミの歴史をひもとくと理解できる。機械部品商社を発祥としながら、産業機械の駿河精機（静岡市、現駿河生産プラットフォーム）を2005年に統合した。

メーカー機能を持つ商社として、企画・開発から供給までを一貫して受注する体制を整えた。2020年の時点で世界に製造拠点は22カ所、営業拠点は64カ所、物流拠点も18カ所展開する。

ミスミのビジネスモデルの原点は「カタログ」だ。創業者の田口弘元社長が1977年に始めた手法で、ある程度の形まで成型した半製品を大量生産しておき、顧客がカタログを元に注文した内容に合わせて仕上げの加工を加える。低コストと短納期を両立する規格品ビジネスを日本にいち早く導入した。その後、事業再生の専門家として知られる三枝匡元社長が、メーカー機能を加え、国際展開を進めた。

13年にトップに就いたミスミプロパーの大野龍隆社長は、先達が築いた基盤をさらに発展させる。掲げたのは「デジタルものづくり」。その象徴がメビーだ。メーカー機能を持つからこそ、顧客の視点に立ったサービス開発が可能だった。

ただ、人工知能（AI）を扱える人材などいなかったミスミにとって、メビーの開発は一筋縄ではいかなかった。開発責任者だった吉田氏ら開発メンバーは世界を駆け巡った。「海外のある顧客から国外の有望な人材の噂を聞けば、すぐにその国に飛んだ」（吉田氏）と振り返る。

「多国籍部隊」に

気づけば、メビー事業を所管するID企業体に欧米諸国やインド、中国など12カ国から人材が集まる「多国籍部隊」となっていた。IDとは、インダストリアル・デジタルマニュファクチャリング（工業的デジタルものづくり）を意味する。

メビーの課題は世界展開だ。サービスメニューも初期は金型部品にのみ対応していたが、試作品や自動生産装置向け部品にも順次拡大した。規格品をカバーするカタログと特注品をターゲットとするメビーを併せ持つことで、全ての機械部品を一貫して受注・供給する体制への進化を目指す。

ミスミはリーマン危機後、18年度まで9年連続で売上高を伸ばしたが、19年度は米中摩擦や新型コロナの影響で減収となった。営業利益も17年度の348億円をピークに19年度は236億円まで下がったが、コロナ禍のほか、グローバルでの短納期体制強化に向け、海外の物流拠点に先行投資を重ねている影響もある。

デジタルものづくりの目標に対する株式市場の期待は大きく、時価総額は大きく膨らんだ。DXはコロナ禍で業績が落ち込んだ商社業界を覚醒させ、世界に一石を投じるプラットフォーマーに化けさせる可能性を秘める。ミスミのデジタルものづくりの挑戦は他の商社にとって学ぶべき知見が多い「カタログ」となる。

神戸物産、自前でPB生産、店舗はFC展開

「スーパーのユニクロ」躍進

冷凍鶏もも肉2キロ648円、冷凍フライドポテト1キロ195円、こんにゃく1・5キロ237円――。2020年11月下旬の夕方、東京都台東区の「業務スーパー」では大容量で安価な食品が並び、客が次々とカゴに入れていく。仕事帰りに立ち寄った60代の女性は「とにかく安さが魅力。他のスーパーから切り替えて週2回は通っている」と満足げだ。

業務スーパーを全国に約900店展開しているのが、兵庫県稲美町に本社を置く神戸物産だ。沼田博和社長が「基本は製造卸売業」と話すように商社としての顔も持つ。

競争が激しい食品スーパー業界にあって、神戸物産はFC展開と自社工場でのPB生産という製販一体の独自のビジネスモデルで急成長している。店舗運営は加盟店に任せ、神戸物産は仕入れの1％をロイヤルティーとして徴収する仕組みだ。

コロナ禍でも巣ごもり需要を受け、業績は好調だ。2020年5～10月の売上高は前年同期比18％増、営業利益も23％増と大きく伸びた。「外食店など業務需要は落ち込んだが、家庭向けが伸びた。一般のお客さんの割合は9割程度になっている。買いだめも増えて客単価も上がった」（沼田社長）。

「ユニクロ」を展開するファーストリテイリングはSPA（製造小売業）のモデルを磨き、世界で躍進を続ける。スーパーにおけるユニクロとも言える神戸物産が築いたビジネスモデルへの株式市場の期待は大きく、コロナ禍でも株価は上昇し、現在は時価総額は1兆円を超えた。

店頭の主力は利益率の高いPBで商品全体の3割を占める。「袋は大きくなってもグラム当たりで安くする」のが開発方針。食品メーカーの多くが世帯人数の減少や高齢化に対応し、小容量や小分けパック商品を増やすのとは正反対の戦略だ。

「小容量のPBも作ったが、大きな方が売れた。業務スーパーのお客は使いやすい量ではなく、安さを求めている」（沼田社長）とみている。

低価格戦略を支えているのが自社グループの工場だ。通常、スーパーのPBはNB（ナショナルブランド）メーカーに生産を委託するケースが多いが、神戸物産は自前の工場で製造している。

「製造卸売業」として業務スーパーの独自モデル構築

積極的なM&A（合併・買収）によって生産体制を拡大し、食肉加工や菓子など23工場を抱える。最近はスイーツを強化しており、20年4月には岡山県内の洋菓子製造・販売会社を買収した。

自社工場なので牛乳パック1リットル分のプリンやコーヒーゼリーといった業務スーパーに特化した商品を大量生産できる。沼田社長は「大手食品メーカーは工場の規模は大きいが、少量多品種の生産が多い。当社は単品大量生産によって価格競争力を高められる」と話す。

岩井コスモ証券の饗場大介シニアアナリストは「PBのために工場を持つのはリスクも高く、他社はなかなかできない。神戸物産は店舗をFC展開することでリスクを抑えている」と指摘する。

業務スーパーは「関東や九州に重点的に出店する」（沼田社長）など、25年までに1000店に拡大する計画だ。スーパーに併設する総菜店「馳走菜」もFC展開しているが、5年で100

店に増やす。唐揚げなどの主力商品を低価格で提供するなど、業務スーパーで培ったビジネスモデルに磨きをかける。

ラクト・ジャパン　乳製品特化で成長

数ある食品商社の中、乳製品に特化して成長をしたのがラクト・ジャパンだ。売上高の7割を乳製品が占め、乳業メーカーから飲料会社まで幅広い取引先を抱える。原料とチーズなど輸入品のシェアは4割に達する。

国内のチーズ消費量は19年度まで5年連続で過去最高を記録する一方、原料の生乳生産は酪農家の廃業などで減少傾向にある。輸入品の市場が拡大する中、同社の乳原料とチーズの輸入取扱量は10年で倍増した。

ラクト・ジャパンは1998年、経営破綻した食品商社の東食の酪農部隊8人によって設立された。乳製品が国産中心で政策により手厚く保護されていた時代から海外に目を向けていた。最大の武器は東食時代から培ってきた調達力だ。米国とオランダ、イタリア、オーストラリアに調達拠点を置き、20カ国以上で200社以上のサプライヤーと取引がある（2020年時点）。「乳製品部門の専属人員では最大の規模」（三浦元久社長）という。

独立系である点も強み。総合商社は系列で原料調達から小売りまで一貫したサプライチェーンを構築する。「全方位外交で、大手乳業メーカー以外の新興勢との取引も増やせた」（三浦社長）。

アジア事業も成長を支える。「食の欧米化は日本や韓国もたどってきた。東南アジアも同じ道

ラクト・ジャパンはアジアでチーズなどの製造販売を強化している（シンガポールの工場）

をたどる」（三浦社長）。インドネシアやタイにチーズ工場を設け、市場を開拓してきた。アジア事業の売上高は193億円（19年11月期）と5年で1・5倍に増えた。

経済連携協定の拡大も追い風になる。環太平洋経済連携協定（TPP）や日欧の経済連携協定（EPA）が発効し、チーズの関税は段階的に引き下げられる。需要拡大を見込んで調達先の多様化に動く。狙いはポーランドなど東欧だ。三浦社長は「小規模酪農が多いが、西欧から資本が入り大型化が進む。世界の酪農乳業は供給が限られ、開拓余地は大きい」とみる。

総合商社が消費者密着のエッセンシャルビジネスに力をいれるなか、中核の食品で独自モデルを極めようとする商社の存在感が高まってきた。

未開拓の地で生活に密着

豊通はアフリカで「MaaS」、双日はミャンマーで通信整備

未開拓のフロンティアで無二の座を目指す商社もある。豊田通商はアフリカで自動車事業の多角化を進める。法人向けの自動車製造や販売に限らず、バスやタクシーなど移動全般を事業対象とする。全土をカバーする事業ネットワークと医薬・消費財分野から得られる生の情報が強みだ。双日はミャンマーでの通信インフラ事業を足がかりに、アジア展開を狙う。

アフリカの赤土の上をピンク色のバイクが駆け抜ける。豊通が20年10月に出資を発表したウガンダの金融スタートアップ「トゥゲンデ」が貸し出すロゴ入りのバイクだ。同社は二輪タクシーを営む個人事業主に対し、契約満了後に所有権が移るリース事業を展開する。小規模事業者向けの金融サービスが脆弱な東アフリカで伸びている。

豊通のアフリカでの自動車事業は従来、政府や企業といった法人向けの自動車販売が中心だったが、現在は次世代モビリティーの発掘にも取り組む。特に次世代移動サービス「MaaS」分野のスタートアップとの提携が目立つ。

対象は公共交通やタクシー、個人配送業など幅広い。ケニアではバスの運行管理システムを開発する「データ・インテグレイテッド」に出資。市民の足である乗り合いバス「マタツ」のスム

ーズな運行を支えている。
多様な移動手段への投資を進めるのはなぜか。アフリカ本部アフリカ企画部の和田明部長（当時）は「（トヨタ自動車グループの中で）豊田通商がアフリカのモビリティー部門の役割を担うためだ。伝統的な自動車産業だけではなく、モビリティーの新しい動きに投資することで生活の利便性向上につなげたい」と説明する。

豊通は２０１９年１月にトヨタからアフリカでの商品企画やアフターサービスを含む営業活動を移管された。自動車業界では車を売るだけではなく、移動全般をターゲットにしたビジネスの構築が急務となっている。豊通も交通サービスに携わり、トヨタ車の販売との相乗効果を狙う。

投資対象の選定は19年に設立した投資会社「モビリティ54」が担う。東京、パリ、ケニアにいる専門チームがアフリカの最新のモビリティー事情に目をこらす。豊通は全54カ国で事業を営み37カ国に事業会社を持つ（２０２０年時点）。アフリカで働く社員数は連結で約2万1千人に達する。ビジネス網からもたらされる情報が生きる。

豊通はアフリカでモビリティーサービスの事業モデルの構築に挑む

特に役立つのは消費財や医薬卸など消費者に近い事業を通じた情報だという。和田氏は「消費者に近い事業を全土で手がけているので現地の生活実態を把握しやすく、モビリティーの情報も集まりやすい」と話す。

豊通はアフリカで生活密着ビジネスに挑む

スーパーマーケット
3カ国11店舗を展開
(C) CFAO - Raymond DJIGLA

薬の配送
24カ国で医薬品卸を営む
(C) CFAO - Thomas RENAUT

CFAO買収で西に事業拡大
コートジボワール
トーゴ
ウガンダ
ケニア

バイクのタクシー
トゥゲンデは安全運転講習を開いている

バス運行管理
マタツは庶民の足

医薬・消費財に強いのはアフリカで同分野を手がける仏商社CFAOを16年に完全子会社化した影響が大きい。自動車代理店で基盤を築いた東南アフリカから、同社が得意とする西アフリカへ地理的にも事業を広げた。

医薬卸は自動車に次ぐアフリカ事業の柱に育った。欧米製の医薬品をトーゴやガーナなど24カ国、6000以上の病院や薬局に毎日配送している。小売りにも進出し、カメルーンなど3カ国でスーパーマーケットの運営や商品の配送を手がける。現地の交通事

双日はミャンマーの寺院でオンライン教育の実証を始める

情が自然と集まってくる。

アフリカに強いとされる豊通だが、鉱山など資源への大規模な投資は他社に比べ目立たない。モビリティーや消費財、医薬品など「アフリカの生活に密着した事業」で差異化を図る狙いだ。コンゴ共和国のビール工場では、アルコール消毒液を作っている。コロナ禍での現地の消毒液不足を見逃さず迅速に事業につなげた。

豊通は17年4月にアフリカ関連ビジネスを統合し、アフリカ本部を立ち上げた。ＣＦＡＯ買収後は、アフリカ関連の事業の執行をＣＦＡＯに委ね、経営の現地化も進めてきた。20年3月期の同本部の純利益は17年3月期の2・5倍となる約１４０億円まで伸びた。連結純利益全体の約1割を占めるなど、収益源に育ってきた。

ミャンマーで新領域に挑戦するのが双日だ。商社としては珍しい携帯電話の通信塔の建設・運営事業に参画し、次世代インフラとして重点事業とする。19年末には現地2位のイードットコーミャンマーに出資した。

鉄塔を建てて複数の通信事業者にリースで貸し出すビジネスモデルは欧米発だ。担当者は「世界的な通信量の増大を受け、業界の成長を安定的に取り込める事業」と期待する。ミャンマーは固定電話より携帯電話やスマホがいち早く普及し、5G移行も控える。運営する通信塔は2100基から10年で5000基に増やす見通し。出資する米スタートアップの技術である炭素繊維製の通信塔も導入する。

ただ、双日が狙うのは通信塔の拡大だけではない。併設するディーゼル発電機や風力・太陽光など再生可能エネルギー設備の余剰電力を周辺地域に供給する電力事業者としても参入する方針だ。電化率が5割にとどまるミャンマーで、農村部などに電波と電気を両方届ける構想をもつ。

すでに現地の寺院では、子供向けに算数のオンライン教育の実証に向けた準備を進める。通信塔の電源を活用し、遠隔医療や養鶏など中小事業者への電力供給に向けてインフラを整備する。21年度以降の事業化も目指す。

ミャンマーでノウハウを蓄積し今後は東南アジアやアフリカにも進出する。通信キャリアが自社で鉄塔を敷設する日本でも、通信コストの抑制を目指してシェアリング事業を持ち込む方針だ。電気やガス、水に次ぐ現代に欠かせないインフラとなった通信塔で、鉄壁の事業モデル構築を狙う。

第6章

リテールの未来

コロナ禍はリテールの環境を変えた。電子商取引（EC）が台頭し、消費者の行動様式も改まり、商社が深く関与するコンビニエンスストアのビジネスモデルは岐路に立つ。商社各社が新たに描き直そうとする「リテールの未来」を読み解く。

伊藤忠、現場×ITで勝負

ファミマのデータから最適解、在庫削減効果100億円

消費者を起点にしたデータ連携でファミマの競争力を底上げしていく

「シミュレーションの通りの成果が出ている。いける」。伊藤忠の次世代ビジネス推進室の関川潔室長（当時）は拳を握りしめた。グループの食品卸、日本アクセスが実験する需要予測人工知能（AI）で欠品の発生を抑えながら、商品在庫を従来よりも1～3割減らせたのだ。

開発したのは次世代ビジネス推進室旗下の「データ活用推進チーム」。伊藤忠に加えてグループのシステム開発会社、伊藤忠テクノソリューションズやデータ分析に強みを持つブレインパッドのメンバーで組んだ混成部隊だ。食品流通業界では過剰在庫を減らすために廃棄ロスを根絶することは、長年の課題だった。

日本アクセスの出荷実績や天候データを使い、需要予測AIの開発に着手したが、当初はなかなか予測精度が

上がらない。「精度向上の決め手は、ファミマの販売データもＡＩに覚えさせたことだった」（関川氏）

食品流通の現場は食品メーカーから卸、小売りに至るまで大小様々なプレーヤーが関わり、それぞれの立場で独自に経営判断する複雑なものだ。そこで需要に大きな影響を与える小売りのデータを加味し、食品流通と小売りの現場を結びつけ、需要予測の精度を高めた。

日本アクセスは全国の配送センターに需要予測AIを導入する

ＡＩを導入した配送センターでは発注業務にかかる時間を半減することにも成功した。日本アクセスの全国の配送センターでこのＡＩを導入し、発注業務を自動化し、１００億円の在庫削減効果を見込む。

分析のプロ登用

伊藤忠は「商品に頼った商売」を脱却し、消費者視点の「マーケットイン」の発想への転換を全社を挙げて進めている。今の伊藤忠の強みは、経営の実行力にある。戦略を現場に落とし込む力は時価総額の評価が示す。データ活用でも異なる事業領域のプロを巻き込んで、素早く実行に移して改善を繰り返す伊藤忠流で「新しいリテール」を追求する。

例えば、データ分析ではその道のプロであるブレインパッドに20年11月に出資した。当初、伊藤忠本社にブレインパッドの社員数名が常駐し、二人三脚でAIを開発していたが、手応えを得ると資本提携に踏み切った。

食品流通の「川中」におけるDXは効果を上げつつある。「川下」でも別のDXが始まってい

消費者を起点としたデータ連携をめざす

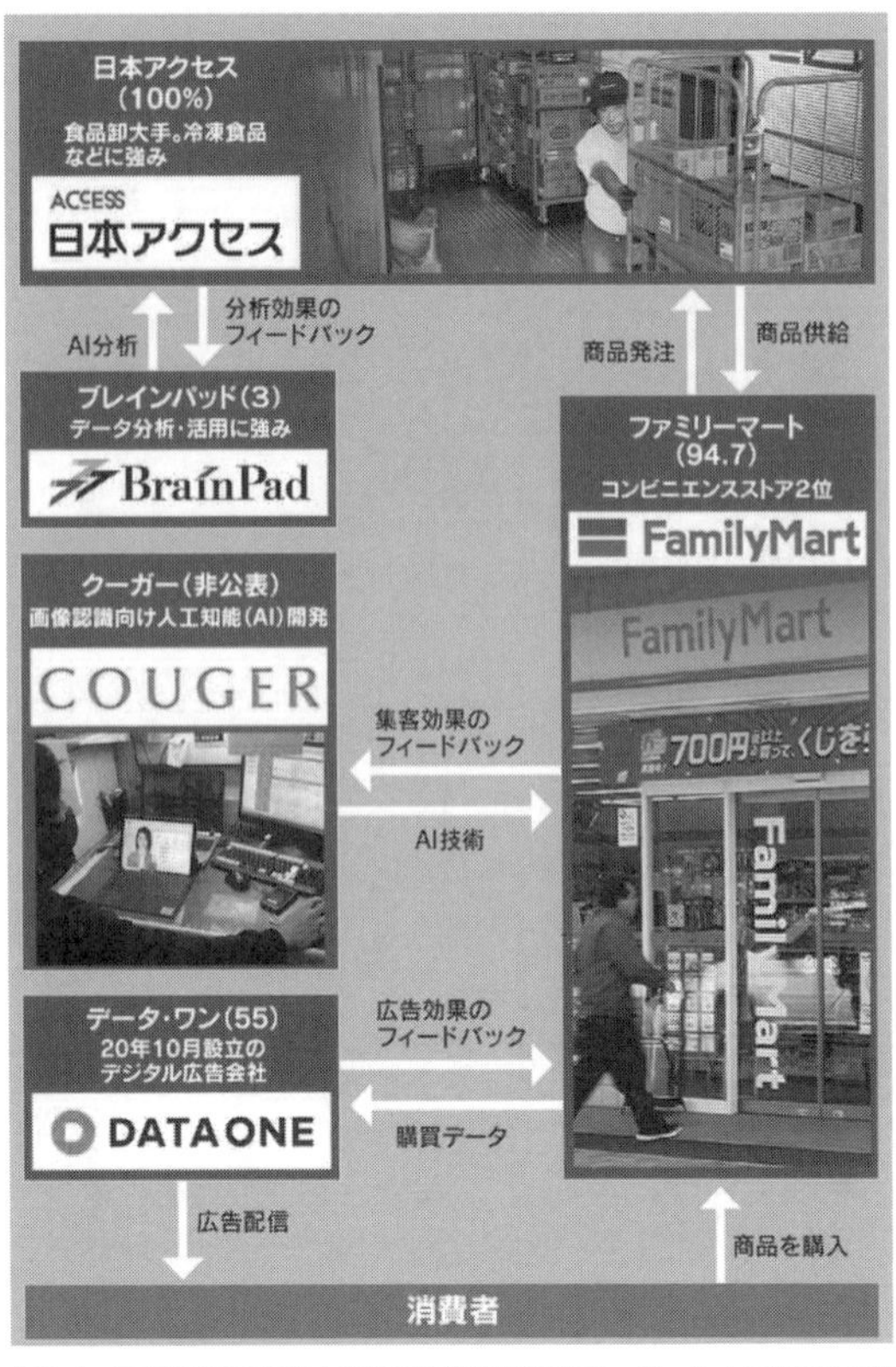

(注) カッコ内は2021年時点の伊藤忠商事の出資比率。データ・ワンは伊藤忠商事とファミマの共同出資会社の比率。ファミマの出資比率はJA全農と農林中央金庫への株式譲渡後を想定

る。その現場は来店客の目には触れないファミマのバックヤードだ。

店長業務を支援

「今日の売り上げ予測はこうなっています」「昨日の売り上げ実績を見せて」――。あるファミマ店舗では毎朝、店長とＡＩキャラクターとの「ミーティング」が開かれる。キャラの名前は「レイチェル」。伊藤忠、ファミマがシステム開発のクーガー（東京・渋谷）と開発した店長業務を支援するシステムだ。

AIキャラクターの助言を受けながら商品の発注量を決める

前日の売り上げ実績などを基に、特定商品の発注量などを助言する。20年9月に実験を始め、足元で数十店舗が使う。導入店舗は日商の伸び率が他店舗よりも平均2％高いことが確認された。開発を主導する第8カンパニーの中元寛ゼネラルマネジャーは「将来は全店舗に導入したい」と話す。

伊藤忠の経営哲学である「か・け・ふ（稼ぐ・削る・防ぐ）」。食品流通分野のDXにおいては在庫圧縮につながる需要予測ＡＩを開発する次世代ビジネス推進室が「削る」を担い、小売り現場の経営改善を促すレイチェルを開発する第8カンパニーが「稼ぐ」力を高めるという構図だ。

関川氏は「まず個々の現場で個別最適を追求する。それが最終的に相互につながればいい」と話す。全体的な枠組みづくりから始めるのではなく、個別最適を積み重ねることで結果としてＤＸのプラットフォームが構築されればいいという考え方を伊藤忠は持つ。

個別最適のもう一つの事例がデジタル広告だ。伊藤忠やファミマ、ＮＴＴドコモ、サイバーエージェントの4社が出資する新会社データ・ワンはファミマの決済アプリ「ファミペイ」などで蓄積した購買データを使い、消費者の好みにあった広告配信を1月に始めた。

データ・ワンの太田英利社長は「デジタル広告は米アマゾン・ドット・コムや米ウォルマートが先行する。日本勢も対抗していかなくてはならない」と話す。アマゾンは今、リアル店舗を構え、オンラインとオフラインの融合を急いでいる。

伊藤忠など商社は、川上から川中、川下まですべての商流の現場をもつのが強みだ。「黒船」の来襲を跳ね返すにはデジタル化のスピードがカギを握る。うんちくを並べるのではなく、まずは現場で実行して改善を積み重ねて結果を出すという伊藤忠流の真価が試される。

伊藤忠商事の岡藤正広会長CEOはコミットメント経営を掲げ、伊藤忠グループを実行力の高い企業集団に脱皮させた

三菱商事、消費者の「執事」に

食品・電力・介護からデータ把握

「コンビニエンスストアは値引きしないイメージがあった。値引き情報が事前にわかれば店に行くきっかけになる」。ローソンとＫＤＤＩ、さらに「ポンタカード」を運営するロイヤリティマーケティング（東京・渋谷）が２０２０年10月から始めた実証実験。参加した埼玉県川越市にあるローソン近くに住む男性社員（20）は満足げだ。

実証実験はＫＤＤＩのスマートフォンの「ａｕＰＡＹアプリ」のユーザーとポンタの会員を対象に、位置情報と購買データを掛け合わせてユーザーごとのニーズに合った情報をスマートフォンに配信する。

例えば、東京・丸の内周辺のローソンで弁当をよく買う消費者には昼時にお弁当や総菜、飲み物などの「お買い得情報」をスマホに送る。夕方になると賞味期限間近や売れ残りそうな商品などの値引き情報も送信するといった具合だ。

この配信サービスの対象となるのは1億人にのぼる。21年度に全国の約1万４０００店のローソン全店で実施する。過去10年間のポンタでの購買履歴と位置情報を効果的に使うことで、ローソンへの誘客や食品ロスの削減につなげる。

記者会見で記念写真に納まる三菱商事の京谷裕コンシューマー産業グループCEO（当時、右）、KDDIの高橋誠社長（当時、右から2人目）とローソンの竹増貞信社長（当時、同3人目）ら＝19年

さらに蓄積されたデータを基に店舗ごとに品ぞろえを変えたり、「ナチュラルローソン」や「ローソンストア100」などの立地戦略にも生かす。「ローソン以外でも傘下の高級スーパーの成城石井や、三菱商事が提携する無印良品などへの誘客にもつながる」（ローソンの向山貴史データ戦略部長（当時））考えだ。

三菱商事の京谷裕コンシューマー産業グループCEO（当時）は「いかに消費者との接点を増やすか」と話す。三菱商事はここ数年、異業種との提携を相次いで進めてきた。

16年には三菱UFJ銀行と組んで「ローソン」銀行を設立。同じ時期にコンビニ業界で初めて電力小売りに参入し、ローソンとMCリテールエナジーを設立した。「まちエネ」と称して、16年度には1億8578万キロワット時だった販売電力量は19年度には11億1125万キロワット時にまで増えた。

デジタルトランスフォーメーション（DX）分野で提携するNTTとは再生エネルギーの分野でも手を握る。NTTの局舎などに設置した太陽光パネルから発電した電力を各家庭に送る。20

年には警備大手のＡＬＳＯＫと提携し、各家庭への介護・見守りサービスを近く始める。

「金融」「電力」「警備・介護」などの分野は、ネットなどを通じて常に顧客の行動をリアルに把握できる。生活インフラのあらゆる分野で接点を増やし、各分野の大手企業と手を結んで顧客を囲い込んでいく。

グループ企業と深く連携する「ヨコ」展開と、購買データをもとに商品ごとに原料の改良を施しニーズに合った商材を素早く市場投入する「タテ」の深掘りを組み合わせ、商品力を底上げする改革も急いでいる。

第1弾が「物流プラットフォーム」計画だ。ローソンなどの購買データを食品卸の三菱食品や食品メーカーと共有する。新商品開発に役立てるほか、商品の在庫状況も把握する。欠品や売れ残りを防ぐ以外に、最適な物流ルートを割り出し、店舗に常に適切な量の商品が並ぶようにする。ビッグデータ分析の専門子会社「ＭＣデジタル」がシステム開発を担う。

三菱商事は提携を通じてあらゆる消費ニーズに対応する

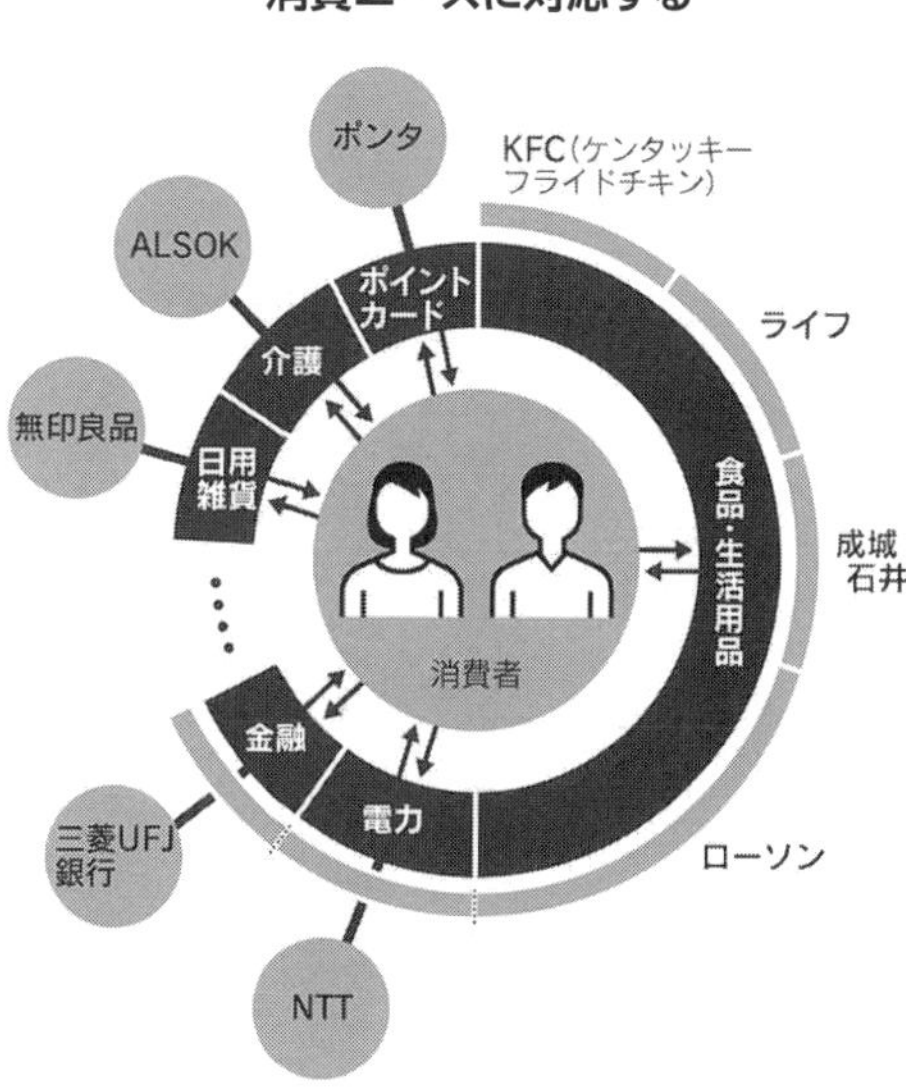

最適な物流ルートの割り出しには19年に出資した欧州ヒアテクノロジーズの地図情報システムやNTTのノウハウを取り込む。各店舗への効率的な配送でトラックなどが排出する排ガスを削減、環境面でも貢献する。

三菱商事はグループにスーパー大手のライフや高級スーパーの成城石井を抱える。三菱商事はこの物流プラットフォームをグループ小売り各社にも導入する。三菱商事の垣内威彦社長（当時）は「倉庫を含めた物流など非競争分野はグループ内で共通化してコストを減らす」と語り、「そこで浮いた経営資源を商品開発といった競争分野に割くことで各社の競争力の底上げを目指す」という。

物流プラットフォームが象徴するのは、グループ各社に横串を通してコスト削減につなげる取り組みだ。店頭に並ぶ食品原料の改良といった川上部門の変革といった「タテ」の施策も強化する。

ローソンのヒット商品であるおにぎりの「焼さけハラミ」。このハラミは三菱商事が14年に買収したノルウェーのサケ養殖大手セルマックから仕入れたものだ。ナッツなどもシンガポールの穀物商社であるオラムから調達する。セルマックで養殖するおにぎりや弁当に使うサケは各国の好みに合うように餌の配合なども変えている。

ローソンで扱う電子レンジで温めてすぐに食べられる常温からあげなど、グループのフードリンク（東京・港）がコロナ禍で持ち帰りが増えるのを見越して商品を開発する。ころもの材料を供給する日東富士製粉との連携では、自宅などで冷えてもおいしく味わえる食品を開発する。

リテール分野でオンラインとオフラインの融合を進める米アマゾン・ドット・コムは冷蔵庫の開発にも着手している。冷蔵庫の内部にセンサーを内蔵して、何を好んで食べているか各家庭の嗜好を把握し、足りない食材やお薦めの料理などを推奨して材料を宅配するサービスを計画する。

グループ傘下のノルウェーのサケ養殖大手セルマックは餌の配合を調整し、消費者の好みに合うサケを養殖する

三菱商事はサプライチェーンの上流の原料や電源から下流の店頭まで手掛けるのが強みだ。その範囲も食を中心に、電気や通信、介護といったインフラからヘルスケアまで網羅できる。三菱商事の他のグループ企業が手掛けるサービスをさらに組み合わせることで、新たなリテール像も描ける立場にある。

三菱商事は日本の近代化を支え、企業向け（ＢｔｏＢ）のビジネスを得意としてきた。ネットとスマホの普及で消費者優位の時代が到来するなか、消費者のそばに常に寄り添い、お伺いを受ける「執事」への変身を目指す。三菱商事グループのリテール分野のエコシステム作りが始まった。

三井物産、ECと一心同体
サイト開設から販促・配送まで請け負い

三井物産がEC（電子商取引）を支えるプラットフォームづくりに挑戦している。デジタルの世界で消費者接点を増やし、運営から配送まで一貫で手掛ける体制を作り始めた。実店舗が少ない同社ならではの戦略で、リテールの裏方ビジネスを強化する。土台にあるのはセブン&アイ・ホールディングスに40年近く提供してきた強いサプライチェーン機能だ。

「米粒大の野菜と肉ですき焼きを作っていきます」。マンションの一室にあるスタジオで、ミニチュアサイズの料理を作る動画の撮影がすすむ。制作を手掛けるテイストメイド日本法人（東京・港）は料理や旅行の動画をSNS（交流サイト）で配信し、日本ではユーチューブやTikTok（ティックトック）などで多数のフォロワーをもつ。人気の「ちびめし」シリーズなどエンターテインメント性の高い動画が特徴だ。

三井物産はテイストメイドを消費者接点を増やす窓口の一つにすえる。米国本社との資本提携から踏み込み、2020年末に日本法人に51%を出資してかじ取りを決めた。視聴者の大半を占めるミレニアル世代の消費動向を探るのが狙いだ。

取引先の食品メーカーや外食、小売りなどからスポンサーを募り、動画を通じて個人に特化したデジタル広告などでマーケティングを支援する。21年4月からは動画視聴から直接テイストメイドが企画する雑貨を販売するEC事業も始めた。

三井物産は急拡大するネット通販に成長を見いだす。商社の小売り事業は消費者の購買データをいかに収集して活用するかを巡って各社が競うが、リテール事業を統括する平林義規・流通事業本部長（当時）は「個のデータは実店舗ではなく最初からオンライン上にある」と断言する。他の商社と異なりコンビニやスーパーへのメジャー出資はないが、「幸か不幸か、最初から店舗を持っていない」（同）という境遇を逆転の発想につなげる。

具体的に狙うのはEC事業の後方支援だ。ネット通販で販路を増やしたいアパレルや食品メーカー、小売りなどに対してEC事業立ち上げや運営を代行する。20年7月に設立した新会社「リテールデジタルソリューションズ」は、食品のEC事業支援に特化する。サイトの開設から販促、配送までを丸ごと請け負う体制を整える。

若者に人気の動画制作会社に出資（テイストメイド・ジャパンでの「ちびめし」撮影風景）

ネット通販市場では米アマゾン・ドット・コムのような巨大プラットフォーマーが存在する一方で、メーカーや小売業も自らサイトを開設してブランドの訴求につなげる動きが加速している。消費者の好みの多様化に対応した世界的な流れで、日本でも家具や食材などに特化したECサイトが続々登場する。

「裏方」ビジネス強化へ体制を整える

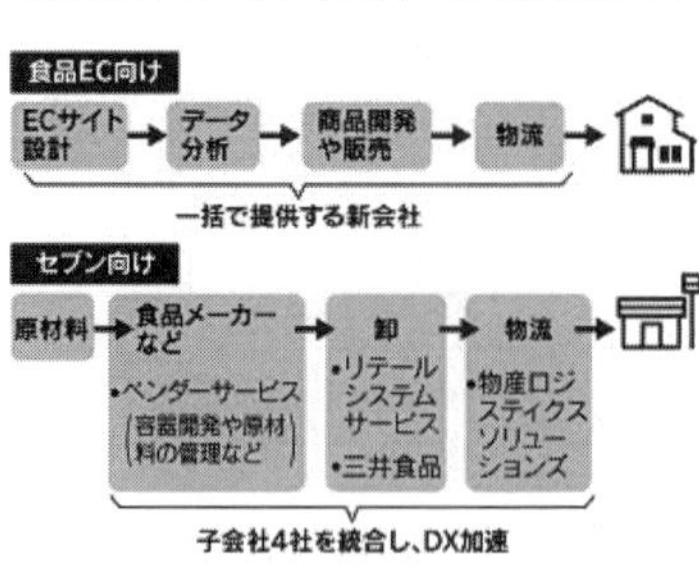

三井物産はこの流れに着目し、顧客企業との「伴走型」で収益を分ける方式を拡大する。アマゾンや米マイクロソフトはウェブ事業者にクラウドサービスを提供し、ネットのインフラ分野で稼ぐ仕組みを作り上げた。三井物産はＥＣ分野で巨大ＩＴと同じ土俵で戦うのではなく、伝統的な強みとするサプライチェーン機能を生かしたＥＣインフラで共存共栄のビジネスモデルを創出する。

新会社では大手食品メーカーなどとの新規案件も出てきた。07年から出資するＥＣサイト構築のビービーエフ（東京・千代田）を通じ、すでにファッション分野では消費者が利用しやすいサイト作りやデータ分析、販促のノウハウを蓄積してきた。コロナ禍でネット通販が急伸するなか、幅広い業界のＥＣ需要を取り込む。

得意とする後方支援は、セブンのサプライチェーンを支えるなかで鍛えられてきた。三井物産とセブンの関係は１９８３年に出店増を受けて弁当容器を集約・一元管理する需要に応じたことに端を発する。専用の金型開発に始まり、現在は三井物産子会社が弁当や総菜のパッケージを一括で開発する。

三井物産はセブン＆アイＨＤへの出資を維持し、食品流通の「川中」部分を担う。セブン専用の子会社３社が中心となり、弁当容器や原料調達、物流サービスを提供してきた。食品卸の三井食品を含めた4社の売り上げ規模は1・4兆円を超え、最重要顧客であるセブン向けビジネスがリテール事業の収益を支える。

特に注力するコンビニ配送では、日立製作所と数年前から配送ルートを最適化する人工知能（AI）を開発し、関西エリアで活用を始めるなど実用化のめどがたってきた。「AIの予測と実績の誤差は5％以下を達成した」（三井物産流通ホールディングスの植田勲社長）。熟練者の勘に頼って作成していた日々の配送計画を自動化し、物流コストを下げる。

AIは上流の原料調達にも生かす。管理コストが高い調味料などの需要予測に役立つため、実験的にAIも取り入れた。

20年6月には食品流通4社を統合してIT部門を一本化した。効率的に技術開発できる体制を整えてデジタルトランスフォーメーション（DX）を加速させる。リテール事業全体では外食向けの卸や傘下アパレルが新型コロナの打撃を受ける一方、EC関連は急成長している。裏方で磨いた経験を進化させてECインフラで稼ぐ仕組みを築けるか。体制を整えた後の推進力が問われている。

住商、健康×食品軸に攻勢

首都圏でコンパクトに囲い込み、購買データを横断的に活用

住友商事は「コンパクトリテール」の構築に挑む。スーパーのサミットやドラッグストアのトモズなどリテール事業で、4000万人が暮らす世界一の都市圏の日本の首都圏に経営資源を集中する。全国的に人口が減少していく中でも成長が見込まれる巨大市場だ。住商が主導してデジタル化を進めるなど連携を深め、食品×健康を軸に顧客囲い込みを狙う。

東京都千代田区のオフィスビルの一画に2020年7月にオープンしたサミット神田スクエア店。売り場面積は100坪（330平方メートル）と小型ながらも、野菜や魚などの生鮮食品から お酒や総菜まで豊富にそろう。21年2月の緊急事態宣言下でも客足は途切れず、セルフレジに並んだお客が手慣れた様子で会計を済ませていく。

通常の5分の1程度に面積を抑えた都市型の実験店で、セルフレジの導入によりレジスペースを小さくした。バックヤードの店内厨房を確保し、人気の総菜も供給できるようにした。

住商のライフスタイル事業本部長でサミット会長を兼務する竹野浩樹氏は「小型でも6000品そろえている。年商も8億円と同規模の競合店より4億円程度上回る見込みだ」と胸を張る。サミットは需要が旺盛なＪＲ山手線の内側を中心に出店を拡大させる方針だ。

住商は「首都圏リテール経済圏」を掲げる。首都圏は人口が集中しているうえ、所得も高い優良市場だ。売り場面積が小さくても顧客一人あたりの売上高を高めて補える。店舗エリアが限定されるため、物流網も効率にできる。消費者ニーズも近いため、品ぞろえも無駄を減らせる。経営資源を全国に分散せず、優良市場に集中して、高収益なコンパクトリテールの事業モデルを狙う。

住商はサミットとトモズなどグループ間の連携を強化する

中核となるのがサミットだ。生活・不動産事業部門長の安藤伸樹常務執行役員（当時）は「100％出資子会社であり人材交流も盛んだ。戦略立案やデジタルトランスフォーメーション（DX）推進などは住商と同じ目線でやっている」と話す。

神田スクエアも住商が開発したオフィスビルで、新型店舗の誕生には本社の後押しがあった。住商は商業モールの開発など不動産事業に強みを持っており、共同で戦略を練っている。

住商は首都圏にリテール事業の経営資源を集中させる。首都圏を軸にサミットが120店、トモズが208店あるほか、住商が20％出資するスーパーのマミーマートも76店展開する（いずれも21年2月16日時点）。KDDIと折半出資するジュピターテレコム（現：ＪＣＯＭ）傘下で通販のジュピターショップチャンネルも首都圏で多くの客を抱える。

今後はグループ各社の連携を強化する。21年3月にはサミットとトモズが共同で健康診断サービスを実証実験する。両店が入居する施設の中に血圧や栄養素の補給状況を調べる装置を設置し、栄養士と薬剤師を常駐させる。

客の健康状態を分析し、「緑黄色野菜をもっと取った方が良いですね」など食と健康に関してアドバイスする。客は自分に適した健康関連の商品をすぐに両店で買える。最初は来客者に紙で健康診断結果を渡すが、将来はスマートフォンのアプリなどで通知を届ける。

住商のリテールは首都圏が中心だ

スーパーのサミット（100%出資）120店
ドラッグストアのトモズ（100%出資）208店
スーパーのマミーマート（20%出資）76店

（注）店舗数は21年2月16日時点

首都圏で出店コストがかさむのが土地代だ。必然的に小型の店舗が多くなり、利益を生むには店舗オペレーションの改善など生産性の向上が欠かせない。スーパーはコンビニと比べて商品数が多く、生鮮食品も多数扱っているので運営は複雑になりやすい。

そこで、住商がＤＸなどでサポートする。傘下のシステム会社のＳＣＳＫも協力するなどグループとしての強みを生かす。

住商は18年に各部門や社外から人材を募り、横断的な組織としてＤＸセンターを立ち上げた。買収した北欧の駐車場管理会社のデジタル化やベトナムのハノイのスマートシティ事業で成果を挙げている。

リテールでも人工知能（AI）やビッグデータの活用などでデジタル化を推し進める。サミットなどで成功事例のノウハウを蓄積し、他のグループ会社にも応用する。

顧客データも横断的に活用する。サミットの年間来客数は延べ1億4500万人、トモズが同4600万人、マミーマートは同5500万人と購買データは豊富だ（2021年時点）。特に注目するのがトモズのデータだ。「医療関連のデータは貴重だ。マスキングするなど法律やプライバシーに配慮しながら、活用法を検討する」（竹野氏）という。

関連各社のデータを照らし合わせて調べることで購買行動をより深く分析し、今何が求められているかを突き止める。通販のショップチャンネルとも連携し、個人に特化したセールなどが実施できるようになる。竹野氏は「21年度にデジタル投資を拡大し、22年度には数字に見える形で収益に貢献したい」と話す。

住商は国内のリテール事業は底堅く、コンパクトリテールの行方が業績のカギを握りそうだ。

丸紅、SDGsで独自色

メーカー・小売りと新市場開拓、古着再生やサーモン養殖

丸紅はメーカーと小売りが一体となったビジネスモデルを構築する。かつてダイエーを支援

し、総合スーパー（ＧＭＳ）という王道で勝負を挑んだが、経営を立て直せなかった苦い経験がある。新たに挑戦するのは、ＳＤＧｓ（持続可能な開発目標）にも貢献できる商材開発だ。売り場を持たずとも普遍性のある商材をそろえ、リテール環境の変化に負けない稼ぐ仕組みを整える。

丸紅の祖業である繊維事業では、ＳＰＡ（製造小売り）などと組んでリサイクル衣料の販売事業を展開する。アパレル業界では短いサイクルで大量に販売するファストファッションが普及し、衣料品の廃棄が社会問題にもなっている。

「欧州の若者を中心にサステナビリティーに対応した衣料品を買い求める動きが出ており、将来は世界的な成長が見込める」（ライフスタイル本部の稲冨治郎副本部長（当時））と判断した。

事業の核となるのが２０１９年に出資した米サーク社（旧タイトン社）だ。同社は古着を生地の原料に戻す技術を持つ。

細かく粉砕した古着を高温・高圧の水に入れて溶かす「加水分解」と呼ばれる技術に優れ、素材ごとに分解される圧力や温度が違い、条件を調整することが可能だ。

混合素材の服からポリエステル原料と、綿の主成分であるセルロース素材をそれぞれ取り出せる。

「リサイクル衣料の原料を作って売るだけではなく、回収まで手がける」（稲冨氏）のも特徴だ。古着や店舗の在庫を回収したり、工場の端材を集めたりしてサークに戻し、リサイクルのサプライチェーンを構築する。

これまで繊維事業のOEM（相手先ブランドによる生産）などで培ってきたノウハウを生かし、大手SPAやアパレルメーカーと組んで進める計画だ。21年度中にまず米国で商業化し、将来はアジアや欧州での展開を目指す。

食品関連でも消費者のサステナビリティー志向をとらえる。商社が伝統的に強みを持つ養殖事業では、サーモンの陸上養殖に参入した。

丸紅は20年4月、複数の欧州企業との競り合いを制し、デンマークの陸上養殖会社であるダニッシュ・サーモン（DS）を日本水産と共同で買収した。DSはデンマークで年間1200トンのサーモンを養殖で生産しており、陸上養殖では世界有数の規模だ。

サーモンはアジアで人気が急増するなど世界的に消費が伸びている。一方、供給はサーモンを含めたサケ・マス類は8割を養殖に頼っている。主力の海上養殖では海上での餌や排せつ物による汚染が問題になっている。ノルウェーやチリなどの主要産地では、水産資源管理の観点から養殖場所や生産量が制限される。

そこで丸紅が注目したのが陸上養殖だ。特にDS社は「閉鎖循環式」と呼ばれる養殖技術のノウハウが豊富だ。人工海水をろ過して循環することで、海上養殖に比べて水温や水質の管理がしやすくなるほか、餌や排せつ物による海への環境負荷も抑えられるという。

生産体制の拡大に向け新工場の建設に着手した。2〜3年後には生産量を2700トンに引き上げ、将来は5500トンを目指す。中村一成水産部長（当時）は「世界的な人口増でたんぱく質の確保が課題になる。サステナブルな生産体制を整え、環境意識の高い消費者に供給できるよ

環境負荷が少ない陸上養殖サーモン市場を開拓する（デンマークのダニッシュ・サーモン）

うにする」と話す。

当面は欧州向けが中心になるが、日本では電子商取引（ＥＣ）で、消費者に直接販売する。

水産コンサルタントのさかなファームと組んで、サーモンの加工品を売り出す。ＤＳ社が養殖したサーモンを輸入して日本の工場で加工し、スモークサーモンを製造する。フレーク、ソーセージやハムなどの製品も検討する。

米国などで盛り上がっている代替たんぱく市場にも着目している。20年12月に植物肉原料の開発・生産を手がけるスタートアップのＤＡＩＺ（ダイズ、熊本市）に出資した。ダイズ社は大豆を使い植物肉の原料を生産している。大豆が発芽する際に酸素や二酸化炭素などを調整することでうまみや食物繊維を増やし、大豆特有の風味を減らす独自製法が特徴だ。

丸紅は原料となる大豆供給を担うとともに、米国でのマーケティングに取り組む。丸紅は米国の食品事業に大きな強みを持つ。米国で植物肉を手がけるインポッシブル・フーズやタイソン・フーズなどに売り込みを図る。

日本でも大手スーパーなどと共同で商品開発に取り組むとみられる。丸紅は「単なるベンチャー投資にとどまらず、食品事業の大きな柱に育てる」(高祖敬典氏)方針だ。

丸紅が狙う新市場はまだ小さく、他の総合商社が手がけるコンビニエンスストアやスーパー事業のようにすぐに大きな収益を生むのは難しい。それでもあえて競合相手の土俵には乗らず、培ったノウハウが生かせる独自の戦いに勝機を見いだす。

第7章

新興企業と駆ける

総合商社がスタートアップとの協業を急いでいる。新型コロナウイルス禍ではビジネスの前提が変貌し新しい技術や発想が一段と求められる。商社各社がスタートアップと新ビジネスに挑む姿からコロナ後の世界を読み解く。

伊藤忠、家庭に照準

脱炭素、スタートアップ連携

「一般家庭でもそんなことができるのか」。2021年3月、伊藤忠商事の発表に電力業界は騒然とした。伊藤忠が一般家庭も参加できる二酸化炭素（CO_2）の排出枠取引の仕組みを構築すると明らかにしたのだ。

人工知能（AI）で管理する蓄電池を21年5月から家庭に販売する。太陽光パネルで発電し自家消費した分をCO_2の排出削減分とみなし、排出枠が必要な企業に提供する。

太陽光パネルを設置する家庭は多いが、大半の企業は家庭が生み出す環境価値を数値で可視化することができなかった。電気に色はなく、家庭が使った電気を屋根の太陽光発電由来のものと、電力会社から供給されるものを明確に区分けすることが困難だった。伊藤忠は蓄電池とAIでその問題を解決した。

種まきは18年から始まっていた。AI開発スタートアップ、英モイクサと資本・業務提携を結んだ。伊藤忠が販売する新型蓄電池にはモイクサのAIが搭載され、電池の充放電状況を把握し、太陽光由来の電気をどの程度使ったかを把握することができる。

この「頭脳」を押さえたことが排出枠取引の新モデルへの道を開いた。20年6月には電力小売りのスタートアップ、トレンディ（東京・千代田）とも資本提携し、家庭間で余剰電力を融通する事業の研究を進めている。

「当初は社内でも肩身の狭い思いをした」。次世代エネルギービジネス部の村瀬博章部長（当時）は蓄電池事業の不遇の時代を思い出す。15年に販売した自社ブランドの蓄電池「スマートスターシリーズ」は当初はなかなか売れなかったが、スタートアップへの出資を通じて技術を集めそれらを掛け合わせた。

今では再生可能エネルギーのコアとなる蓄電池は、伊藤忠が成長分野として注力する事業だ。21年4月に社長COO（最高執行責任者）に就任した石井敬太氏は蓄電池事業を率いていた。伊藤忠が世界的な脱炭素の動きを捉えようという意思の表れだ。

充放電管理の人工知能（AI）や電池リサイクル、電力の個人間取引などの企業に出資し、それらの技術を束ねて伊藤忠独自の仮想発電所（VPP）を構築する――。一連の蓄電池関連事業は次世代の柱と期待される。

伊藤忠の事業モデルは時代とともに変化してきた。江戸時代から始まる商品売買の仲介手数料（口銭ビジネス）に加えて70年代から資源開発に着手。バブルが崩壊した90年代はメーカーが商社を介さず製品を取引する「商社冬の時代」に直面した。生き残りのため事業や企業に投資する事業投資・経営にシフトした。

00年代以降はファミリーマートや中国中信集団（CITIC）など国内外の企業への出資を加速した。非資源分野の成長を追い風に20年には株価と時価総額で業界の盟主、三菱商事を飛び越

伊藤忠は時代に合わせて連携先を変えてきた

1960〜1970年代

資源開発・日中貿易時代
- BHPと鉄鉱石プロジェクトを開発・運営
- 瀬島龍三氏のもと日本の商社で初めて中国から「友好商社」の認可を得る

1990〜2010年代

生活関連拡大時代
- ファミリーマートに資本参画
- 中国CITIC、タイCPグループと資本業務提携し、アジアで食品や金融事業拡大

えた。

それでも伊藤忠の岡藤正広会長ＣＥＯ（最高経営責任者）は「商社の仕事の仕方をプロダクトアウト（供給者優位）から、市場のニーズに即した商品やサービスを提供するマーケットインに変えなければいけない」と強調する。出資した企業を経営し投資利益を得る商社の事業モデルから一歩先に踏み出す必要に商社は迫られている。祖業の繊維部門は今後大きな成長は見込めず、新たな事業モデルの創出が懸案になっていた。

目を付けたのが、新しい発想や技術を持ったスタートアップだ。18年度に従来の投資基準を緩和する制度を新設し、スタートアップへの出資がしやすい環境を整えた。19年度までの投資額は2年間で30件で計３００億円に達した。投資先の約30件のうち5件が蓄電池・再生エネ関連だ。

同制度で一定の成果が出たことから、20年度に投資権限を各カンパニーに移して投資判断のスピードを速めている。スタートアップとの協業は新ビジネスを生み出す事業モデルへの転換を意味する。

足元では00年に自社傘下のベンチャーキャピタルとして設立した伊藤忠テクノロジーベンチャ

ーズ（ＩＴＶ）が、伊藤忠が新たな事業モデルの情報を広く集めるアンテナの役割を担う。ＩＴＶはドローンを使った設備点検サービスを手掛けるセンシンロボティクスに17年に出資したが、伊藤忠が20年に業務提携し、インフラ点検の事業を拡大している。

伊藤忠が20年に出資したＡＩ開発のクーガーとの協業は成果が出始めている。伊藤忠とクーガー、伊藤忠子会社のファミリーマートが共同で開発したＡＩキャラクター「レイチェル」は、ファミマの店長らと会話する。前日の売上実績などを基に特定商品の発注量などを助言する機能を持つ。

20年9月に実験を始め現在、数十店舗で導入している。導入店舗は日商の伸び率が他店舗よりも平均2％高くなった。開発を主導する第8カンパニーの中元寛ゼネラルマネジャーは「将来は全店舗に導入したい」と意気込む。

新型コロナで先行きへの不透明感が増す中、蓄電システムやＡＩキャラクターは家庭の家計や企業のコスト削減の効率化を後押しできる。

コロナ禍でも大企業のスタートアップ投資は衰えていない。コロナ禍でアナログ作業のデジタル化に踏み切る企業が増えるなど、新たなビジネスチャンスが生まれている。こうした技術を持つスタートアップを、欧米だけでなく中国やインドなどの先端企業が囲い込もうとしている。

仲介や事業投資が中心だった商社が、これらの競合に伍していくのは一筋縄ではない。業績を含め総合商社「3冠」を目指す伊藤忠がスピード感のある協業を生み出せるか。覇権争いで手綱を緩める時間はない。

三井物産、「自社発」で速攻

物流ロボ、サブスクで提供

三井物産が物流ロボットを月額利用で提供するスタートアップを自社主導で立ち上げた。産業界の課題を解決するデジタルトランスフォーメーション（ＤＸ）を物流業界で広げるためには、自ら起業し主体的に経営しなければ業界の変化に対応できないためだ。少額出資や社内起業など黒子に徹していた商社の従来モデルを改め、前面に出る。

２０２１年4月上旬、東京都品川区の大型倉庫の一角。お掃除ロボットのような黄色い機械が10台ほど縦横無尽に動いていた。商品を載せると配送先ごとに区分けした場所まで走り箱に投入する。物流倉庫の「仕分け」と呼ばれる業務を人の代わりにロボットが担う。

ここは物流ロボットを定額課金（サブスクリプション）で提供するプラスオートメーションのＲ＆Ｄ施設で、国内外から物流に特化したロボットを集め、企業との導入実証も実施する。

同社は２０１９年6月に三井物産と物流不動産大手の日本ＧＬＰが共同出資して設立したスタートアップだ。20年には豊田自動織機が出資し加わった。豊田自動織機はフォークリフトの世界シェアがトップで物流自動化などの実績がある。物産も自社倉庫の自動化を検討しており協業に至った。業界共通の課題である人手不足やデジタル対応の解決を目指す。

物産が目を付けたのは「ＲａａＳ（ロボット・アズ・ア・サービス、ラース）」と呼ばれるブルーオーシャンだ。

物流施設にロボットを貸し出し、導入から運営、保守までを提供し、クラウド上でロボットを管理する。

三井物産はスタートアップ運営の中核を担う

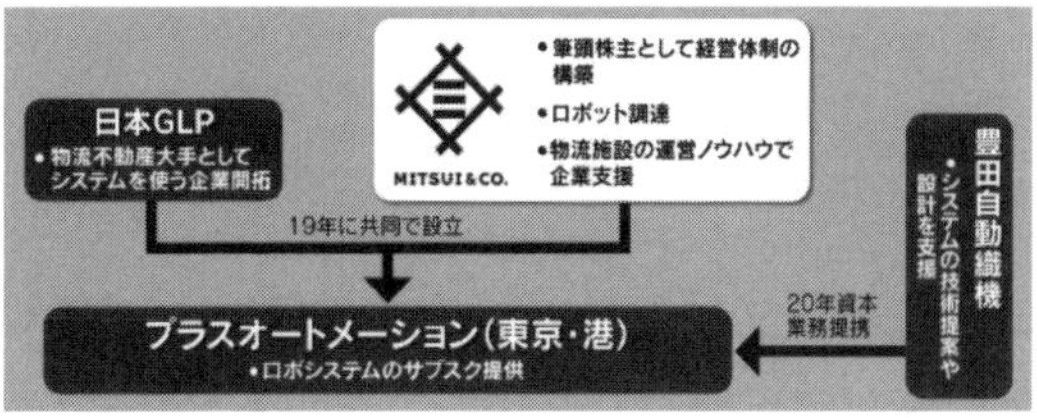

物流施設やメーカーなど顧客企業は必要な台数を使い料金を支払う。ロボットそのものの開発を手掛ける新興企業は世界中にあるが、ラースを提供する企業は珍しい。

物産は旧三井物産の創業から１４５年たつが長年、三菱商事と共に「資源商社」と呼ばれる。エネルギーや資源に偏る事業モデルからの転換を目指し、ＩＴやヘルスケア関連企業の経営に深く関与する志向を強めている。

１つの武器がＤＸだ。物流のように課題を解決したいが、技術やノウハウを持たない企業も多い。こうした企業をＤＸで支援する。物産は自社で物流倉庫を保有しており、ＤＸと自社の資産をまとめて提供するといったビジネスの広がりが期待できる。

一から起業したのは「ラースを本格的に展開している企業が日本にはなかった」（三井物産の菊地原伸一・コーポレートディベロップメント本部長（当時））ためだ。物流施設にとっては、ベルトコンベヤーなど大型の自動化設備を入れるより資産効率が上がる。配置や走行ルートを柔軟に変更したり、繁閑に応じてロボット数を調整できるのも利点だ。

プラスオート社の主力製品の仕分けロボットは、中国のリービャオ・ロボット(浙江省)の製品だ。ぶつからず正確に走行する頭脳部分はリービャオの技術だが、約1000台のロボットをクラウド上で管理し、多様な現場に応じて制御するシステムはプラスオート社が自社で開発した。

導入は徐々に広がっている。埼玉県川越市の物流センター。20年末の実証では書籍の仕分けをリービャオ製のロボットが担った。走行する土台の配置は1日で終わり、運用を即座に開始。短期間の訓練を受ければ直感的なパソコン操作でシステムを動かすことができる。想定外の故障などトラブルがある場合はプラスオート社が遠隔で対応する。

ロボット導入で1人あたりの生産性は1時間351冊と従来の2倍に向上し仕分けミスもゼロになった。これまでは人が動いて配送先ごとの段ボールに分けていたが、本をロボットの受け皿に載せるだけですむため、大幅な省力化にもつながる。別拠点では保管場所からの商品運搬などでも自動化を検討する。

仕分けロボットはコンサル料を含めて1台月5万~10万円程度で導入できる。会社設立から1年半で20カ所の物流センターで採用され、最大300台を導入する例もある。

サブスクは音楽や動画、服や家具などに広がっている。一方で、ソフトとハード両方が必要になる法人向けロボットは難易度が高い。物流施設によってレイアウトや導線、扱う商品など事情は大きく異なるためだ。特に日本の物流業界は荷主の要望をきめ細かく反映させた個別最適化がすすんでいることもあり、デジタル化が遅れがちだった。

サブスク用の大量のロボットを管理するには、コストや運営ノウハウが必要だ。物産はそこでスタートアップにはない資本力を生かせるとみる。ロボット技術を国内外で発掘した上で持ち込み、運用管理する商社機能を発揮する。物流施設に入居する顧客の開拓は日本GLPが、エンジニアリングは豊田織機が担う。

プラスオート社は、物産という大企業が設立した会社だがスタートアップの形をとり、成長段階に応じて資金調達してきた。現在は成長初期から中期にあたる「シリーズB」の調達を終えたところで、規模拡大の段階に入る。

導入する施設数を倍増させ、将来的には海外展開も視野に入れる。通常の共同出資会社や緩やかな提携とは異なり、「株主3社のリソースを最大限に活用できる枠組み」(飯間卓・プラスオートメーション社長(当時))で新領域を開拓する。クラウドにつながるロボットが増えるなかで、効率良く貸し出して運用できるようにするためのデータ活用が今後の課題だ。

物産は新ビジネスを見つけるため、国内外のスタートアップとの連携を広げている。18年にはイスラエルに独自技術を持つ企業を発掘する拠点を設けた。自動車の運転支援システムを手掛ける新興企業に出資し、日本企業との協業を仲介するほか、最先端の技術を早い段階で掘り起こす。

ヘルスケアやデジタル化への対応など成長領域に注力し、純利益に占める非資源事業の割合を

6割に高める方針だ。市況や景気に左右されやすい資源の浮き沈みに絶えず悩まされてきた時代と決別するためには、「自社起業」の種まきを絶えず続けるしかない。

住商、CVCで投資加速

IT・通信、自社の知見と融合

住友商事がCVC（コーポレートベンチャーキャピタル）によるスタートアップ投資を加速している。住商が強みを持つ通信やIT（情報技術）の運営力と企業の技術を組み合わせ、ヘルスケアなど新事業を育成する。創業の支援事業との両輪で、デジタルトランスフォーメーション（DX）を中心に技術と知恵を結集させる。

住商のCVCが2017年に出資した米スタートアップ、プルーム。自宅のWi-Fiを自動で最適化するアンテナの開発を手掛ける。つながりやすくなると好評で、事業会社経由で販売して利益を上げていた。

そこに住商が19年に出資した米オリジンワイヤレスの技術を組み合わせる。Wi-Fi電波を利用することでカメラやセンサーを使わずに屋内の居住者の様子を把握するほか、睡眠時の呼吸などをモニタリングできる。プルームの技術で電波を安定させれば、リモートで健康データを入手可能になる。見据えるのはオンライン診療への活用だ。

住商は米国と欧州、中国、日本、イスラエルにCVCの拠点を持つ。現地パートナーに加え、住商からは50~60人を派遣。各部門のエース級を選抜している。

CVCの投資額は1件当たり5000万円から1億~2億円程度と少額だが、その分機動的に動ける。提案から決定まで早くて3カ月程度、イスラエルでは1カ月で決まるケースもあるという。住商は投資の決裁権の一部を現地のCVCに持たせることでスピードを確保している。

住商はスタートアップ企業からの技術取り込みを加速させている

デジタル事業本部長の芳賀敏常務執行役員（現在J：COM会長）は「CVCは業界別の組織が多い商社では、部門を超えた事業展開に貢献できる」とCVCの役割を語る。商社の事業投資は主に資源やデジタル、インフラなど各事業部門が担う。業界に精通した現場の判断が反映される一方、業界を超えた事業展開や会社の統一された戦略が浸透しにくい面もある。

CVCはIT・通信を中心に幅広い企業に出資しており、様々な分野の技術を蓄積している。CVCは日本でも大企業が技術連携に向けて積極的に展開している。その中でも総合商社は世界で様々な事業を展開し、取引先も多岐にわたるため応用できる範囲が広い。芳賀氏は「開発から

住友商事のCVC投資分野（金額ベース）

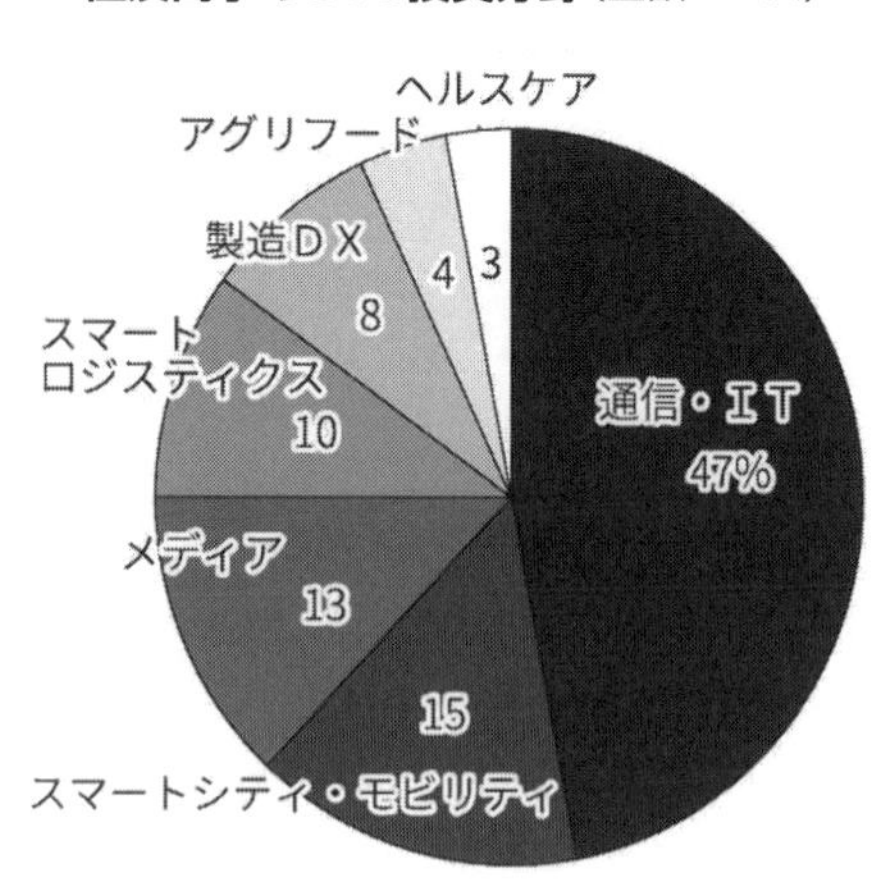

現場への技術の実装まで、成長を直接サポートできるのも商社の強み」と強調する。

スタートアップとの協業におけるもう一つの柱がアクセラレーターだ。新事業投資部の橋本英梨加部長代理（当時）は、「CVCで有望な技術を持つ企業を一本釣りする一方で、スタートアップが集う場所を作り成長を支援する」と話す。

住商は19年に子会社のSCSKと米VCのSOSVインベストメンツと組みアクセラレーター「HAX東京」を立ち上げた。

SOSVが米国や中国で運営する「HAX」はハードウエアのアクセラレーター大手として知られており、日本発のグローバルなスタートアップを育成する。

これまで住商のスタートアップとの協業はデジタルやメディアなどソフトが中心だった。ただ、幅広い分野でDXを展開するにはハードの技術も欠かせないと判断し、SOSVと手を組んだ。

住商の各部門が抱える課題を洗い出し、スタートアップの技術を使って解決する役割も担う。各部門にHAX東京のサポーターを置き、現場の課題を常に聞き取っている。例えば、食料部門から「作物を収穫する人材の確保が難航している。優れた自動収穫機はないか」との声が上がると、技術を持つ企業を紹介する。

ＨＡＸ東京は毎年国内で参加する企業を募り選考して3カ月のプログラムを実施する。住商や取引先企業とのマッチングの場を設けるほか、インターネットの父と呼ばれる村井純氏など外部有識者から助言を受けられる。ＨＡＸで有望と認められれば、中国の深センで試作機の生産に取りかかる。これまでに3社が確定したが深セン行きが決まった企業は住商が原則出資する。

企業ごとに担当者がつき、現場のニーズを吸い上げてフィードバックする。ＨＡＸ東京で議論を重ねた結果、企業が当初想定していなかった製品も誕生している。

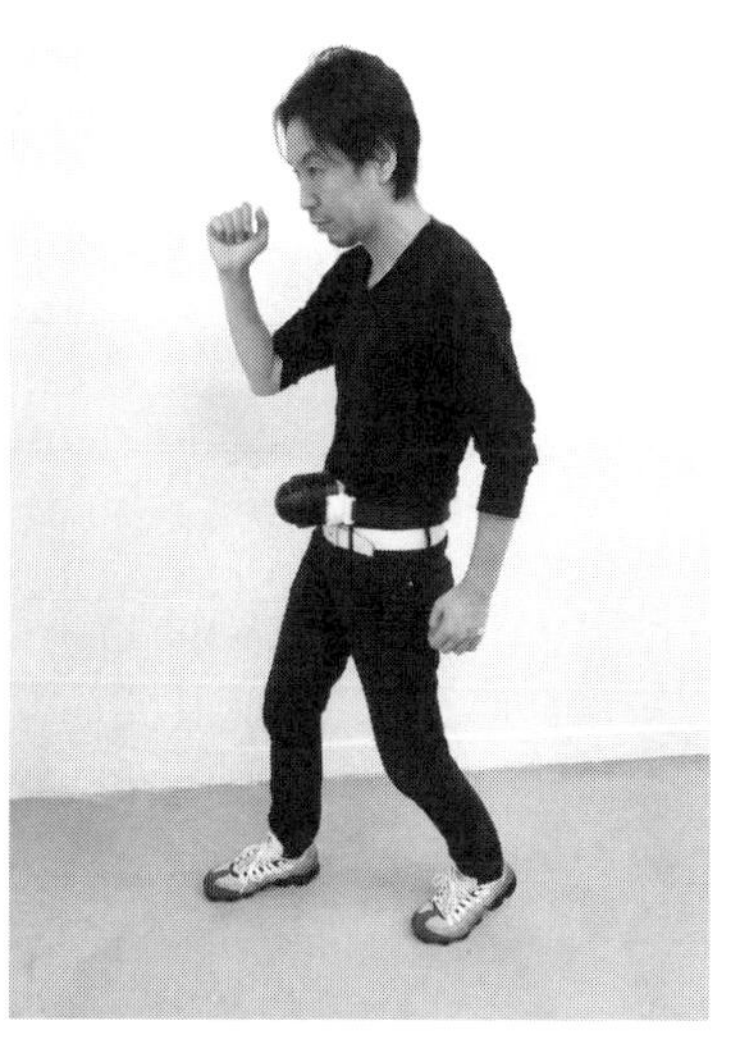
住商が運営するHAX東京での議論を経て開発されたハロワールドの3D測量装置

災害現場で自律走行する建築ロボットを開発していたハロワールド（福島県いわき市）。ＨＡＸ東京で建設業者など20社の意見を聞いたところ、ロボに搭載された３Ｄ空間のデータ分析装置に注目が集まった。

ロボが自律走行する際は進路の壁や棚にぶつからないよう空間を把握する必要がある。同社の装置では誤差が1～2センチメートル程度の精緻な３Ｄ地図を作製することができる。そこでロボに搭載するだけではなく、人が身につけるタイプの製品を開発。鉱山事業などの測量を熟練者の目算に頼るケースも多く、同社の製品の活用が期待されている。

スタートアップ投資は新型コロナウイルス禍にあっても衰えを見せず、金融緩和を背景にマネーの流入は続くとみられる。DX関連など有望なスタートアップの争奪戦が激しくなる中、住商が培った目利きの腕が試される。

三菱商事、LNG供給進化

発生CO_2コンクリ材料に、食品も配送ルート最適化

三菱商事が脱炭素関連事業を本格化している。同社は世界中に液化天然ガス（LNG）の供給網を張り巡らすが、石炭火力発電所が世界的な脱炭素の流れを受けて撤退に追い込まれる中、二酸化炭素（CO_2）の排出量が少ないLNG火力は日本の電力供給を支えている。だが、LNG火力を見る目も厳しさを増す。こうした課題を克服するため同社が組んだのが海外のスタートアップだ。

「この技術は世界の脱炭素、さらには気候変動問題解決へのゲームチェンジを引き起こす」。優れた技術で様々な社会問題を解決する企業の競技会「Xプライズ」。21年4月19日、CO_2の有効活用の分野で三菱商事が21年1月に出資したカーボンキュア（カナダ）が大賞に選ばれた。

カーボンキュアはセメントを生産する際に発生するCO_2を回収して注入するノウハウを持つ。このセメントに骨材を混ぜてつくるコンクリートは通常のものに比べ強度は高まりCO_2排出量も約5％減らせる。

セメントの使用量を抑えられるほか、単位あたりのコストも変わらない。同社には米アマゾン・ドット・コムやマイクロソフトも出資している。次回の大会では米テスラ創業者のイーロン・マスク氏が環境関連の別の分野で協賛し、賞金として1億ドル（約107億円）を拠出することを表明するなど巨大ITが軒並み関心を寄せている。

三菱商事が出資したカーボンキュアはセメント製造時に発生したCO_2を回収して生コンに再利用する独自技術を持つ

三菱商事は米ブルー・プラネット・システムズ（カリフォルニア州）とも提携した。ブルー・プラネットは廃棄されたコンクリートを材料に再生し、そのなかにCO_2を封じ込める技術を持っている。

未使用のまま固化したり廃棄されるコンクリートからカルシウム成分を抽出する。それにCO_2を吹き付けて炭酸カルシウムに反応させ小石状に成形して骨材に再生する世界的に珍しい技術だ。通常のコンクリートを製造する場合と比べ、1トンあたり約100キログラムのC

スタートアップとの提携で
LNG供給網の脱炭素化を進める

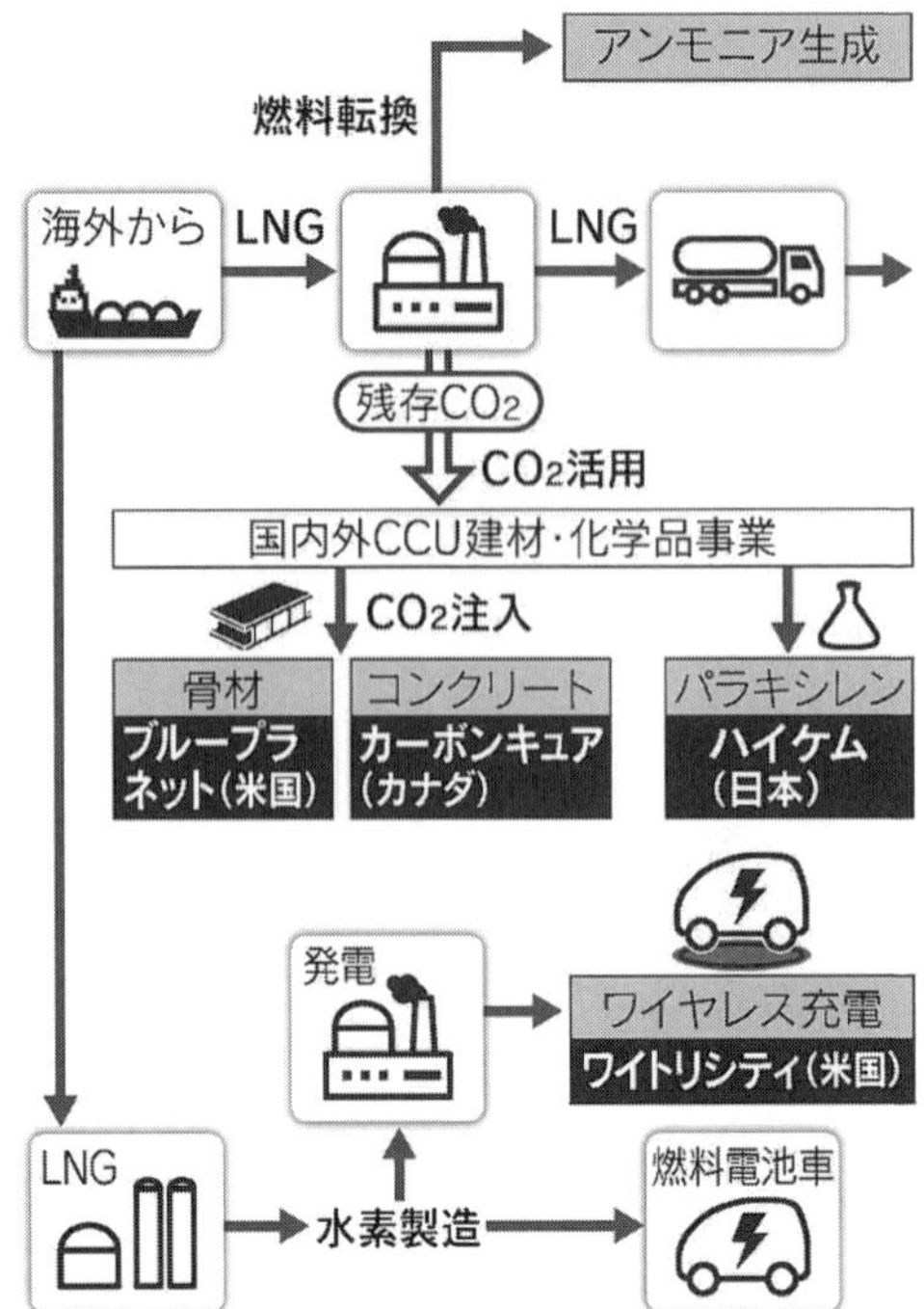

O_2を削減できる。

セメントは1立方メートル製造するのに約300キログラムのCO_2が発生する。世界各地で都市開発を手掛ける三菱商事にとって、建設部門のCO_2排出削減は大きな課題だった。三菱商事は発電所やLNGプラントなどから出るCO_2を回収して活用するなど、エネルギー部門への導入も目指す。

海外に多くのLNG権益を持つ三菱商事はガス田の地下にCO_2を貯留するCCSの技術を持つ。CO_2を埋めるだけではなく回収し、セメント材料や化学品の原料として使えば、LNG生産で生じるCO_2排出量を相殺できる。

化学品の分野でもハイケム（東京・港）などと提携し、衣料や再生ペットボトルの材料となるパラキシレンを生成するなど、CO_2を「資源」として活用している。

三菱商事は自社がカバーしていない事業領域に参入することを目的とした「0→1」型のスタートアップ投資は多くはない。一方で既存の事業を補強するために、スタートアップの力を借りる投資に比重を置く。その姿勢は米アマゾンが自動運転技術関連、米フェイスブックが拡張現実（AR）関連のスタートアップを相次いで買収し、自社が手掛けるサービスを深化させているGAFAの姿と重なる。

LNG供給網の脱炭素化をスタートアップと組んで強化する
（米キャメロンLNG・ルイジアナ州）

カーボンキュアやブルー・プラネットなどスタートアップとの提携は、同社の柱の1つのLNG事業で「2社への出資・協業を通じて低炭素化を進め、既存のバリューチェーンを強化する」（宮本直人・天然ガスグループカーボンリサイクルユニットマネージャー（当時））と位置づけている。

スタートアップへの投資はエネルギー分野だけにとどまらない。食品・リテール分野の供給網を強化する狙いから欧州ヒアテクノロジーズにも出資した。ヒアの持つ地図情報を使って無駄のない配送ルートを瞬時に割り出すことで配車や在庫を減らし、CO_2や食品ロスを削減する。

配送トラックや利用する倉庫など事業者ごとに手配していたのを共用化できれば「無駄なコストを削ることができ、メーカーは商品開発など競争分野に経営資源を多く割くことができる」(三菱商事の垣内威彦氏)。

物流面でのシナジーも生かすために、出資するいすゞ自動車や三菱自動車への展開も視野に入る。ワイヤレス充電の分野で20年10月、米スタートアップのワイトリシティに出資したが、いすゞや三菱自動車の電気自動車(EV)への採用にも生かせる。世界各地で手掛けるスマートシティー内のマンションなどに設置することで物件の資産価値向上にも貢献できる。

三菱商事が抱えるグループ会社は約1700社。日本の産業のあらゆる分野に根を張り、グループ各社ともそれぞれの業界に深い知見を持つ。

だが、エネルギー部門ではCO_2の処理や回収、再利用でもLNG、電力、化学と多くの事業部門が携わる。LNG供給網には水素製造も加わり、水素混焼の発電所や燃料電池車用の水素スタンドのほか、ローソンで始めたクリーン電力の小売事業にも領域は広がっている。

スタートアップの技術を活用することで、各事業で足りないピースを補いながら、時代の流れに合わせた強靭なサプライチェーンを再構築できるか。三菱商事のグループ力底上げのカギとなる。

丸紅、宇宙開拓に挑む

既存事業離れ「空白地帯」投資

丸紅が小型衛星などの宇宙事業を開拓する。小型観測ロケットなどを開発するスタートアップに出資し、丸紅が開発から打ち上げまでの運営を支援する。地球観測データの民間利用が広がり小型衛星の打ち上げが急増しており宇宙分野の本格的な事業化を目指す。他社に先行するため、10年先を見据えた未踏の分野にも挑戦する。

「宇宙事業は見極めが難しいが、将来化けることにかけた」。丸紅の航空宇宙・防衛事業部の清水崇部長代理（当時）はこう振り返る。丸紅は、次世代事業の1つと位置付ける宇宙事業でスタートアップとの連携に乗り出した。丸紅は1990年代から大型衛星向けの高機能カメラや姿勢制御装置の販売代理店を手掛けており、小型衛星でその経験を生かせると判断した。

目を付けたのが宇宙スタートアップの草分けの一つ、インターステラテクノロジズ（北海道大樹町）だ。16年に業務提携し民間が手掛ける小型人工衛星に本格参入した。

インターステラは小型観測ロケット「MOMO」と、超小型人工衛星を搭載できる「ZERO」の開発・製造を手掛けている。19年5月に民間単独開発としては初めて宇宙空間にロケットの打ち上げに成功した。丸紅は同年11月に資本提携に踏み切った。丸紅は海外の衛星事業者へ売り込みをかける。

衛星が宇宙空間で機能するための周辺事業にも目を配る。20年5月に出資した米フェイズ・フォーは、衛星に搭載する推進機器のスラスターを開発する。衛星の軌道投入技術を持つイタリアのディーオービットや、高精度な船舶位置データを提供するフランスのアンシーンラボとも次々と代理店契約を結んだ。

宇宙空間での活動が増えるのを見込み、宇宙ごみの回収や燃料補給といった事業にも可能性を見いだす。打ち上げから軌道投入、データ活用に加え領域を広げる。

次世代事業開発本部の福村俊宏・副本部長（当時）は「丸紅がやっていなかったホワイトスペース（空白地帯）に挑戦する」と意気込む。ヘルスケアやスマートシティー開発など重点領域を定め、縦割りの組織を超えた事業創出に取り組んでいる。新興企業への出資を通じ、ブロックチェーンやeスポーツなどの新分野で協業を広げてきた。

種まきを担うのがスタートアップ投資を担う丸紅ベンチャーズだ。同社社長も兼ねていた福村氏は「5～10年後に向けてアンテナを張るのが目的」と説明。社外からプロのキャピタリストを

丸紅が出資したインターステラ社は衛星搭載ロケット「ZERO」を開発中（写真はイメージ）

採用し、東京や米シリコンバレー、ニューヨーク、イスラエルに人員を派遣。東南アジアや欧州の駐在員と情報交換を密にする。

小型衛星の軌道投入を行うディーオービット社のシステム（写真はイメージ）

各本部が進めるスタートアップとの協業は、既存事業の延長線上が多い。こうした相乗効果を狙う協業とはあえて距離をとり、丸紅ベンチャーズでは革新的なビジネスモデルの掘り起こしを狙う。設立から1年半で10件弱の国内外のスタートアップに出資した。化粧品の通販サイトや食品配送サービス、フラッシュメモリー開発などいずれも丸紅にとっての新分野だ。

そのうちの一つが、イスラエルのD－ID（ディーアイディー）社だ。人工知能（ＡＩ）を使い、顔写真から個人を特定できる情報を削除する高度な技術をもつ。イスラエル軍のエリート特殊部隊出身者らが17年に創業した。

顔認証の利用が広がる中、欧州を中心にプライバシー保護の流れが加速している。動画のぼかしや顔認証データの活用など用途は広い。20年8月に出資した丸紅は、ＩＴセキュリティーやプライバシー保護の領域に踏み込む。

投資スピードを早めるため、丸紅ベンチャーズには独自の裁量権をもたせた。一定の額以下であれば、本社の投融資を審議するプロセスとは別に、投資判断ができるようにした。キャピタリストが上げた出資先の候補をもとに、事業計画や収益性について審査を素早く繰り返し、最長でも1週間～10日で判断を下す。

丸紅ベンチャーズが作成した四半期報告書は経営陣を含め、国内外の拠点で共有されている。世界各地のスタートアップの生の情報や市場動向を共有し、新たな発想や協業につなげる。全体の出資枠は50億円から始めており、今後さらに拡大させる計画だ。福村氏は「実際に投資益を生みだせるのは全体の案件の3分の1程度」とリスクの高さを指摘しつつ、チャレンジが欠かせないとみる。

丸紅ベンチャーズが出資した主な企業

社名	事業内容
Iris Nova（米）	テキストチャットを通じてD2C販売
NOIN（日）	化粧品のECやウェブメディア運営
Grub Market（米）	食品の配送サービス
D-ID（イスラエル）	AIで画像から個人情報を削除
フローディア（日）	フラッシュメモリーの開発・販売

丸紅の近年のキーワードは「チャレンジ」だ。柿木真澄社長は挑戦を重要視し、「既存のやり方にとらわれずに自由に考え、高い利益を目指してほしい」と社員に説く。20年度には大幅な人事制度改革に踏み切り、管理職を対象にミッションを設定して役割と給与をひもづける制度を採用した。1年ごとに目標設定をして失敗しても再挑戦できる体制を整える。

総合商社は部門ごとの縦割りが根強く残る。スタートアップとの連携は長年続く商社のこうし

丸紅の柿木真澄社長はチャレンジの重要性を説く

た文化を打破できるかという意味でも重要な役割を担う。

第8章

主役は若手

総合商社が経営人材の育成対象を大幅に若返らせる。総合商社は事業投資から事業経営への転換を目指すが、従来の人事制度では世界のトップ企業に伍していけない。入社年次を優先し重要な役割に就くまでに時間がかかるため若手が離職することもある。こうした風習を改め、20代や30代の若手に子会社社長などの仕事を与えて経験や発想を育む。

三菱商事、30代で「社長」修行

入社年次の壁取り払う

「コンビニに箱を新設した店舗で取引量が多い。何が共通点だろう」。三菱商事で小売りや食品流通を手掛ける部門に所属する橘香乃さんは、毎週、報告されるデータに目を光らせて改善を考える。

橘さんは三菱商事子会社のコンビニエンスストア「ローソン」で展開する配送サービス「SMARI（スマリ）」のチームリーダーだ。同部門が次世代の新規事業として注力する。

スマリはローソンの店内に専用箱を設置し、レンタルやネット通販事業者などと契約し、ローソンの物流機能を使って契約先の事業者に荷物を配送する事業で2019年に立ち上げた。消費者は箱に荷物を入れるだけで返品や出品ができ、自宅やレジでの配送の手間を減らせる。

橘さんは10人のチームを率いてスマリの事業規模の拡大を担う。実績の分析と対策を回すサイクルを早めるため、リーダー就任後はデータの共有を月1回から毎週に変えるなど自己流の手法を導入した。設置店舗は2年で3000店まで広がった。

規模拡大に応じた分業やパートナーとの提携など課題は多い。部下との対話や事業を左右する判断をする場面もある。橘さんは「すぐ利益が出なくても5年後に向けた仕組みをつくる」と話す。

三菱商事は橘さんのように若手に大きな役割を与えるため19年4月、20年ぶりに人事制度を刷新した。入社年次を軸に昇格する「MⅠ」「M2」といった役職とは別に、経営の難易度に応じた職務（グレード）を導入した。

経営人材として期待する社員を5段階の「G」で分類し、1～2は子会社のトップや役員、本社のチームリーダーを任す。1～2には入社8～10年目以降の30代社員も対象にする。新人事制度の導入から2年で、橘さんのような30代の経営者候補は導入時より5割多い260人に増え

橘香乃さん（37）

現在の役職　ローソンの配送サービスチームリーダー

コンビニの専用箱から手軽に荷物を配送できるサービスの拡大を統括

■部下は10人、2年で3000店で採用

データを駆使して5年後の仕組みをつくります

転機は30歳　香港食品子会社の社長に

社員30人を束ね合弁会社設立に奔走

本社の伝達役ではなく成長への責任を痛感しました

（注）2021年10月時点

た。

G3以上は経営人材として、重要な子会社トップや本社の部長などに就く。管理職約3800人のうち約700人が対象で、固定給とは別に責任の重さや成果に応じた報酬を与える。下村大介・人事部長代行（当時）は「昔は40代後半が多かったポストに30代も就けるようになった」と強調する。

橘さんは制度導入前からこうした役割を経験していた。30歳で子会社の社長を務めた経験が今につながる。香港の食品卸売り会社に出向し約30人の社員を束ねた。「自分の担当範囲を極める仕事から、部下や全体を把握して会社を成長させる立場になった」。

4年間の在任中には、日系食品メーカーとの合弁会社の設立に関わった。主導するのは東京の本社だが、現地の責任者として説明や準備に奔走した。合弁先の商圏も活用できるようになり、会社の売り上げは倍増した。他社との合弁は「コストダウンや規模を買う点で即効性がある」ことを身をもって経験した。

総合商社では新人は資源エネルギーや自動車などの各部門に配属され、通常は8～10年ほどトレーディングや交渉の現場で足腰を鍛える。

特定の商材や業界に詳しいプロは育つが、事業そのものを成長させられる経営力が育ちにくい。三菱商事では下積みの次のステップとして、30代のうちから優秀な社員に子会社の社長や重点領域を任せる事例を増やしてきた。

商社の事業構造は商品のトレードから事業投資に一段とシフトしている。出資先が増えたことで、三菱商事では社員の3分の1が国内外のグループ会社や出資先に出向している。特に海外への出向者は20年間で2倍に増えた。投資先の支援が中心だった商社は経営の表舞台に立たされる。

三菱商事は「事業経営」を一段と重視している。出資するだけでなくグループの経営資源を連携して成長させるのが狙いだが、ローソンなど大型投資後の成長策はまだ軌道にのっていない。

三菱商事の垣内威彦氏は「経営人材を輩出するため、社員の成長と会社の発展が一体となるようにする」と強調する。日本の商社をけん引してきた「王者」でも、長年の働き方を変えなければ生き残れない。

デジタルトランスフォーメーション（DX）や脱炭素で経営環境が激変するなか、経営者には成長の芽を発掘する構想力も必須だ。三菱商事は21年10月18日、２０３０年度までに脱炭素関連で２兆円を投資すると発表した。再生可能エネルギーや水素などを重点分野と位置付けており、世界中で手掛ける電力ビジネスは脱炭素戦略のカギを握る。

電力部門に所属する高納規彰さんは、「南米チリでの

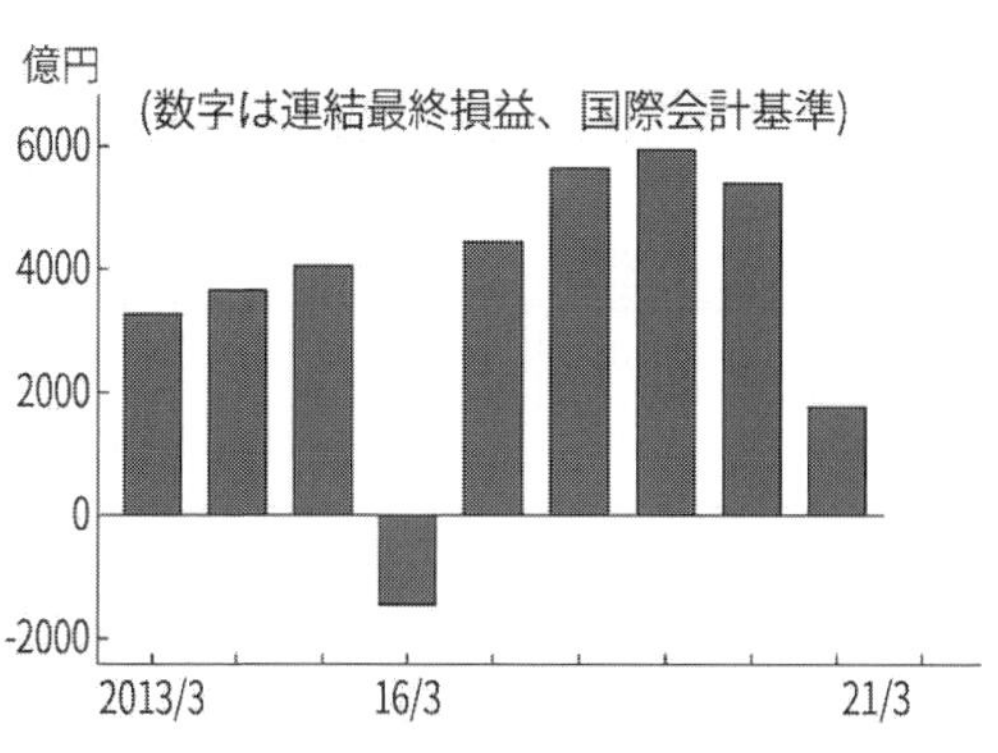

駐在中に重責を担った経験が成長につながった」と話す。入社8年目で現地の火力発電所の建設管理を手掛ける事務所長として赴任した。

発電用設備の船積みが遅れたり傷がついたり、想定外のトラブルが起きるたびに納期やコストの交渉を行い、「苦労の方が多かった」という。

建設会社も含めると現地の従業員は200人超で、「彼らの生活とインフラを輸出する日本の看板も背負っている」と日々感じた。機器のトレードから発電所の建設、長期売電まで一通り手掛けたことで、各国のエネルギー事情を踏まえた電力事業全体をみる視点も養った。

若手に重要な職務を与え5段階で評価

G1　G2　｜　G3　G4　G5

- G1・G2
  - 子会社社長や本社のチームリーダー
  - 30代は2年で1.5倍の260人
- G3・G4・G5
  - 重要な子会社社長や本社の部長
  - 30代は累計10人

↓

経営人材を蓄積（現在700人）

G1〜G2は入社8〜10年目以降が対象（写真は入社式）

傘下の米ネグザンプが手掛ける太陽光発電事業

（注）2021年10月時点

米国の電力子会社で新規事業の開発も担当した。同社はガス火力発電所や風力発電所の運営のほか、太陽光発電の開発や電力トレーディングなど複数事業を抱える。

電力自由化や環境規制の強化がいち早く進んだ米国で、既存事業を生かした新ビジネスの創出を担うチームを率いる。脱炭素の流れのなかで、再エネや電力トレードのノウハウを生かしたサービスを考案する。

世界中で手掛ける電力ビジネスは脱炭素戦略のカギを握る

社員一人ひとりは電力のプロで知識も豊富なため、「日本人の駐在員がいきなり画期的なアイデアを出せるわけではない」。会議の出席者の国籍が10カ国を超えることもある環境のなかで、「いかにワクワクするような長期的な展望を示して、面白いと思わせるか」とやる気を引き出す統率力の必要性を痛感する。利害関係の調整など今まで培った経験を生かし、組織全体のモチベーションを引き出す。

適性なければ「降格」も

新人事制度を機能させるには、評価手法が理解を得られるかが課題だ。評価は単年ごとの成果に応じて柔軟に変更する。適性が合っていなければ、経営ポジションの「G」の水準を下げる「降格」や、通常の昇格制度に戻ったりすることもある。実績評価に加え、将来的な能力開発に特化した面談も新たに加えた。

特に経営の「G」保持者に対しては求められる行動要件に対してどこまで達しているか、上司・同僚・部下から匿名のフィードバックを入れる仕組みを取り入れた。若手登用のため会社が積極的に社員を育成する姿勢を示すのが狙いで、適切な評価や配置が今後の課題になる。

新卒一括採用など日本型の雇用制度のなかで、実力主義や適材適所を徹底するには適切な評価軸など様々な工夫が必要になる。若手社員の自主性を引き出しつつ成長戦略に合わせた経営人材に育てられるかが問われている。

三井物産、20代に成長託す

中核事業任せ昇格に道

三井物産が20代の社員でも重要な役割に抜てきする人事制度改革に踏み切った。入社4年目以上の若手に管理職が担ってきた重要な事業を任せ、実力次第では関連会社のトップ級にも就く。三井物産はエネルギー関連が主力で資源価格の動向に左右される事業モデルからの脱却が積年の課題だ。若手が早い時間軸で自身の成長を実感することで、新たな成長の種を作り出しやすい組織作りを目指す。

「モビリティー（移動手段）の脱炭素でお困りではありませんか」。三井物産エネルギーソリューション本部（当時）の上原慎太郎さんは東京・大手町の本社から欧州の各国にメールや会議システムで顧客対応する。上原さんは欧州の公共インフラの電動化を広げるための仲間作りを担う。

蓄電池を保有し、サブスクリプション（定額制）でエネルギーマネジメントに活用する総合電池サービス事業「ＢａａＳ（バッテリー・アズ・ア・サービス＝バース）」。日本ではまだ聞き慣れない言葉だが、三井物産がモビリティー分野の中核に掲げる。

いわば電池を「保有」して「使い倒す」ビジネスモデルで、新品を電気自動車（ＥＶ）向けに

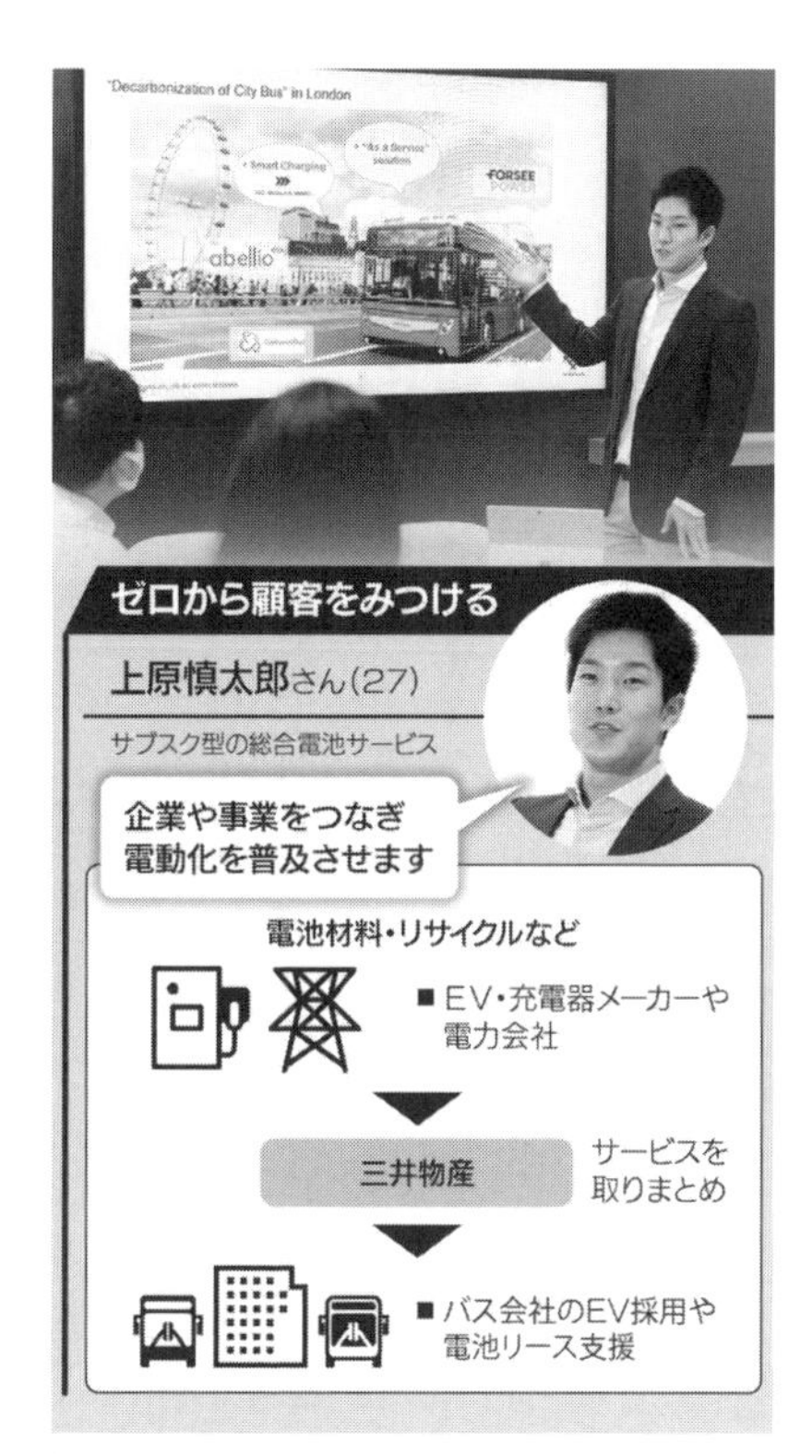

（注）2021年10月時点

リースし、劣化した電池を定置型蓄電池に再利用した上で劣化した電池は回収後に電池材料として再資源化する。このモデルを進化させ、車両リースや充電インフラの整備など交通事業者の需要に合わせてワンストップで提供する仕組みを作る。

上原さんはこの事業の構築と顧客開拓を任されている。「バスは毎日目にする公共インフラ。自分がゼロから客を見つけ、電動化が広がっていく様子を実感できるのは面白い」と説明する。

三井物産は21年4月、上原さんのように若手が早期に活躍の場を与えられる新たな人事制度を導入した。4年目以上の社員を対象にした「キャリアチャレンジ制度」で、管理職が担ってきたような大きな事業を20代で任される道を開いた。

2年間で実績を出せば、最短30歳で本社の部長級まで昇格できる。初期の教育の期間も内容を充実させて短縮し、若い時から責任ある仕事に就けるようにする。

商社は「背番号」と呼ばれ入社してから同じ部門に長く所属することが多い。三井物産を出て起業した30代の元社員は「若い頃は雑用が多く、重要な仕事を任されたり希望の部門に移ったりするまで時間がかかる」と説明する。

若手社員をつなぎとめるために、できるだけ早い段階で「実戦」に送り込む。三井物産の堀健一社長は「自ら主導してビジネスを動かす人材の育成が必要だ」と強調する。

上原さんも競合が多い欧州を中心に、ディーゼル燃料からＥＶへの転換を検討するバス運行会社への営業支援を任されている。

日々やりとりするのは、バス運行会社だけではない。公共交通であるバスに蓄電池を使ってもらうためにはバスの運行計画を踏まえ、充電場所や電気系統の整備が不可欠で、「充電池メーカーや送配電会社と調整する必要がある」（上原さん）からだ。

上原さんは入社2年目で英国に駐在して旅客鉄道案件に携わった。語学力や鉄道会社との人脈を生かし契約実現のための交渉を重ねる毎日だ。

最近では欧州に限らず、三井物産がネットワークを持つアジアや南米での顧客開拓にも取り組む。欧州と違って政府の補助金がない国も多く、「初期コストが多くかかるなかでバスの電動化による利点を訴えるのが大変だが、やりがいも大きい」という。

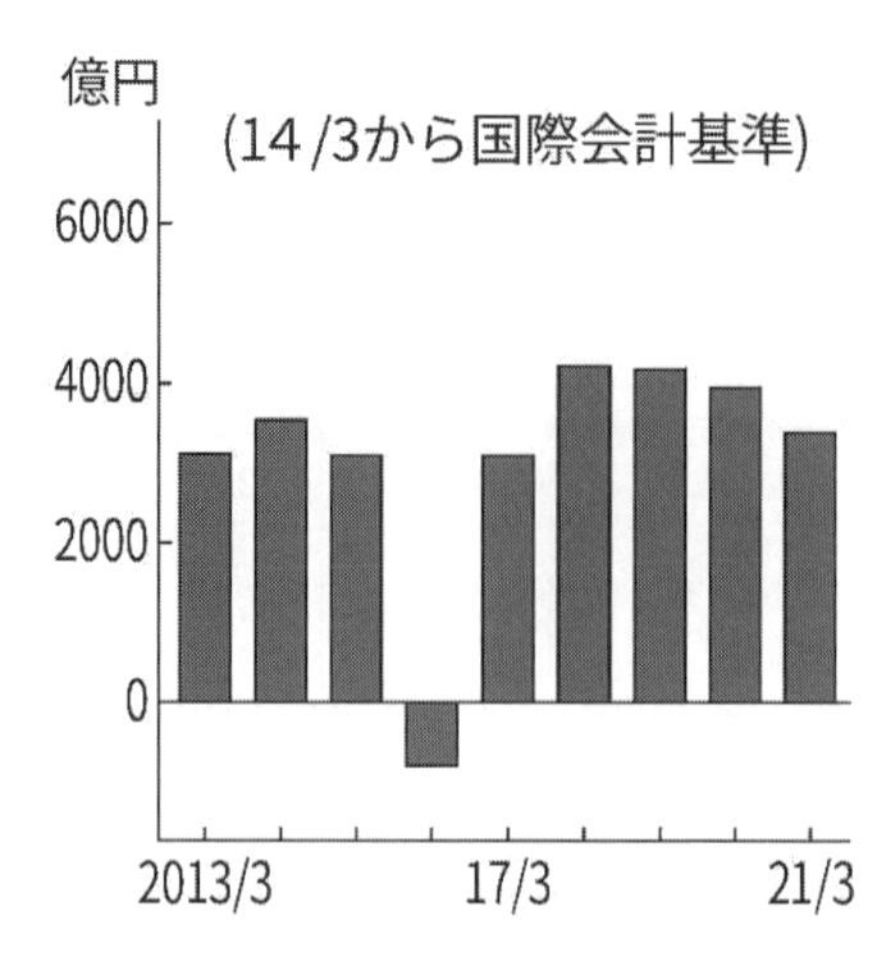

三井物産は仏の電池メーカーのほか、電気バスメーカーや充電インフラ会社にも出資し、街全体を電動化するといったプラットフォームの構築を目指す。上原さんは「脱炭素時代の新たなビジネスモデルを自ら考えて投資決定し、新事業の立ち上げに貢献していきたい」と意気込む。

人事制度改革で新分野の開拓を急ぐのは、三井物産が鉄鉱石や石油、液化天然ガス（LNG）など利益の過半を市況に左右される収益モデルに依存しているためだ。

事業を推進できる人材がいなければ課題は解消されない。新人事制度については上原さんも「非常にモチベーティングな制度」と今後の活用を模索する。堀健一社長は「高度専門人材のキャリアパス新設などを加速させる」と意気込む。「人の三井」は、新事業を創出する人材づくりへの転換を迫られている。

若手が水素・ウエルネス開拓

三井物産は従来のエネルギー事業に依存せず、脱炭素社会で需要が高まる新エネルギーのインフラ分野でも若手を育成する。プロジェクト本部の原一由さんはブラジルやアルゼンチンなどで、プロジェクトマネージャーとして水素や二酸化炭素の回収・貯留（ＣＣＳ）などの新規インフラ事業開発の戦略立案に取り組む。国営石油企業のトップや欧州のコンサルと議論して、約50案件の中からビジネスの種を探し出す。

水素プロジェクトは、中南米ではまだ例のない案件だ。南米と日本は仕事に対する価値観も文化も異なる。どの国で何に注目して開発するのか、自分で仮説を立ててアプローチし、解のない解をゼロから探していく仕事だ。新型コロナウイルス禍で現地への出張ができないなか、早朝や夜のリモート会議で海外の担当者らと密に情報交換する。

（注）2021年10月時点

そこで生きるのが2年前の経験だ。原さんは入社3年目でメキシコに語学留学した。２０１８年から現場で新規のオイル・ガスインフラ開発の仕事を任せられた。

19年に、あるプラントの建設中に主力の設計・調達・建設（ＥＰＣ）の建設会社（コントラクター）が倒産し、80社のサブコントラクターのまとめ役がいなくなった。案件が全く動かなくなり、メールを送っても返信がない日々が続いた。

情報も錯綜（さくそう）するなか、現地のパートナーや、影響力を持つサブコントラクターの事務所に毎日通い続け、解決法を探った。手探りで人間関係を地道に築き上げた結果、メインのEPCコントラクターの倒産後わずか数カ月で再開し、完工にたどり着けた。

原さんは「入社から10年たってない年次で、主体的にやれる領域や権限がどんどん広がっている。中南米の脱炭素領域の新規案件を横展開し、脱炭素化戦略の中核を担っていきたい」と意気込む。

三井物産がエネルギー分野と並んで成長分野と位置づけるのが、施設管理・運営関連の「複合型ホスピタリティサービス事業」だ。その1つとして21年6月、オフィス向けの複合型サービス「Work－X＋」を始めた。新型コロナ禍を契機に企業のオフィス改革が求められるなか、サイネージ管理や社員食堂などを提供する。

新規事業の開発や顧客開拓を任せられているのが、ウェルネス事業本部の多和田容子さんだ。企業の業務効率化や社員の満足度向上に向けて抱える課題を分析し、サービスを提供する。21年夏にはある化学品メーカーに対して、対話などを重ねて契約を獲得した。多和田さんは「企業が困っているけどどうしたらいいかわからないということに対し、データを分析し課題を明確にして解決する」と語る。

多和田さんは、入社3年目で社食やスタジアムでの飲食事業などを手掛けるグループ会社のエームサービスに出向し、オフィスサービスや社食・カフェ運営などを経験した。「社食1つをとっても、ものすごく小さな算数が積み重なっており、現場オペレーションの難しさと楽しさを実感した」という。

三井物産は1976年に社食などを手掛ける米アラマークと合弁会社を設立し、スタジアムの飲食サービス運営などを手掛けてきた。

これらのノウハウを生かしてオフィス向けを開拓することで、21年3月期に2000億円だった複合型ホスピタリティサービス事業の売上高を5年後に倍増させる計画だ。多和田さんは「オフィスの困り事を解決する、（旅行予約サイトの）トリップアドバイザーのような総合サイトをつくりたい」と意欲を示す。

多和田さん㊧はグループのノウハウを結集してどう付加価値の高いサービスを提供できるか議論する

堀健一社長は「ウエルネス分野も成長のエンジンで、将来のポートフォリオの重要な一角を占めてほしい」と説明する。その上で「新しいビジネスモデルを創っていくためには、自前でのデジタル人材育成を含めた人材確保が必要だ」と強調する。

デジタル人材など新技術を担う人材は他業種も含めた争奪戦になっている。新卒学生の就職先として人気の総合商社だが、入社後のキャリアパスを若手にとって魅力的なものにしなければ、人材獲得競争で後れを取りかねない。

伊藤忠、若手だけで社内起業

小所帯で革新生む、社員の挑戦・自主性引き出す

伊藤忠商事の若手社員が、社内でスタートアップを立ち上げている。大手総合商社の中で従業員数が最も少ない同社は、社員それぞれの裁量や活躍の場を広げて能力を底上げする手法を重視する。コンビニエンスストアなど生活産業関連の事業を広げてきたが、消費者の需要を取り込んで新事業に生かす「マーケットイン」を今後の戦略の軸に据える。若手が立ち上げたスタートアップが新事業を広げる足がかりとなるか。

「小売業界はゲームチェンジが起きている。デジタル技術で革新する」。システム開発会社のD&Sソリューションズ(東京・品川)の岩崎隼弥社長(当時)はこう意気込む。

D&Sは伊藤忠傘下の食品卸大手、日本アクセスの子会社で、本社(東京・品川)の一室を間借りし、30~40代のエンジニアら14人が集まるスタートアップとして2019年に始動した。

データ使った「情報卸」

D&Sは中堅中小スーパーなど小売りに特化したデジタルサービスを提供する。データ蓄積やクーポン配信、販売動向の分析など小売事業者が必要な機能を簡単に導入できる。

スーパーの販売情報を束ね、食品メーカーの販促支援にも活用する。メーカーと小売りの間に立つ立場を生かし、データも仲介する「情報卸」の構想をすすめる。

岩崎氏は08年に伊藤忠に入社後、食品流通に10年以上関わるが、転機となったのが大手スーパーへの出向経験だ。

岩崎氏（左から2人目）とD&Sのメンバー

伊藤忠の取引先の一つであるヤオコーでは、バイヤー業務と店舗開発を担当した。加工食品や調味料のバイヤーとして、実際に仕入れや催事の企画を手掛けた。
プライベートブランド（PB）で鶏ガラスープを企画した際には無添加、減塩、国産を兼ね備えた製品を考案し、アンケートで消費者が何を求めて買うのか生の声を聞いた。3年間の出向で「どんなITベンチャーよりも小売業界の考え方を知っている」という自信がついた。
一方、デジタル化の遅れも痛感した。大手を除けば多くが地域に根付いたチェーンで、自社でデジタル投資をできるだけの資本力を持った事業者は少ない。D&Sのシステムは初期投資ゼロ、1店舗あたり月1万円程度に抑える。サービス開始から1年弱で、阪急オアシス（大阪市）など9社に導入が決まった。

総合商社はM&A（合併・買収）や出資を通じて事業を広げてきた。一方、「急速なデジタル化について行くには、既存事業を取り込むだけでは成長に限りがある」（岩崎氏）。商社もゼロから事業を創出する必要がある。伊藤忠では社内起業に対応した特別な基準を設けていない。人事担当者は「制度先行ではなく、自然とチャレンジする文化を重視している」と強調する。

岩崎氏は大手スーパーへの出向経験がキャリアの転機となった

最少人員で探る能力発揮術

伊藤忠は単体の従業員数が約4000人と大手商社の中で最も少ない。岡藤正広会長CEOが「厳しくとも働きがいのある職場」を掲げ、能力を最大限発揮する体制を目指してきた。一人が担う裁量や業務量を多くして、社員の挑戦や自主性を引き出す。

19年に新設した、小売りなど生活関連事業をまとめる新組織「第8カンパニー」も、新規事業の受け皿だ。大組織の縦割りをやめ、プロジェクトごとにグループが存在する。D&Sも第8カンパニーに一部所属し、デジタル分野で連携する。

デジタルトランスフォーメーション（DX）を支えてきたのが、情報・金融カンパニーだ。従来型のシステム開発からの脱却を図るためデータ分析やフィンテック企業などへの出資をすすめる。

「起業へのあこがれを抱いて入社した」と語るのは、情報・金融カンパニーから出向した井上大輔氏だ。中古スマートフォンのオンライン販売を手掛けるビロングを19年に社内スタートアップとして立ち上げて社長に就任した。

米国駐在時の14年、中古スマホが急速に普及している様子を見た。後輩らとウェブサイトを作り構想を温めていたところ、チャンスは帰国後に巡ってきた。上司らの協力を得てつくった事業計画が経営会議で承認され、社内ベンチャーとして始動した。

井上氏は中古スマホの販売事業を手掛ける（神奈川県の検品センターで）

ビロングは、香港やドバイの中古市場からスマホを仕入れ、オンラインで個人向けに販売する。伊藤忠の世界拠点や情報網を活用して、端末の仕入れや目利きができる。独自の品質基準やコールセンター対応を設けたことで、これまで中古品を買ったことがない消費者にも訴求する。

2人で手作業で検品

日本では中古スマホの比率は数％にとどまるが、回線契約の乗り換えがしやすくスマホの高性能化で数世代前

利益の推移

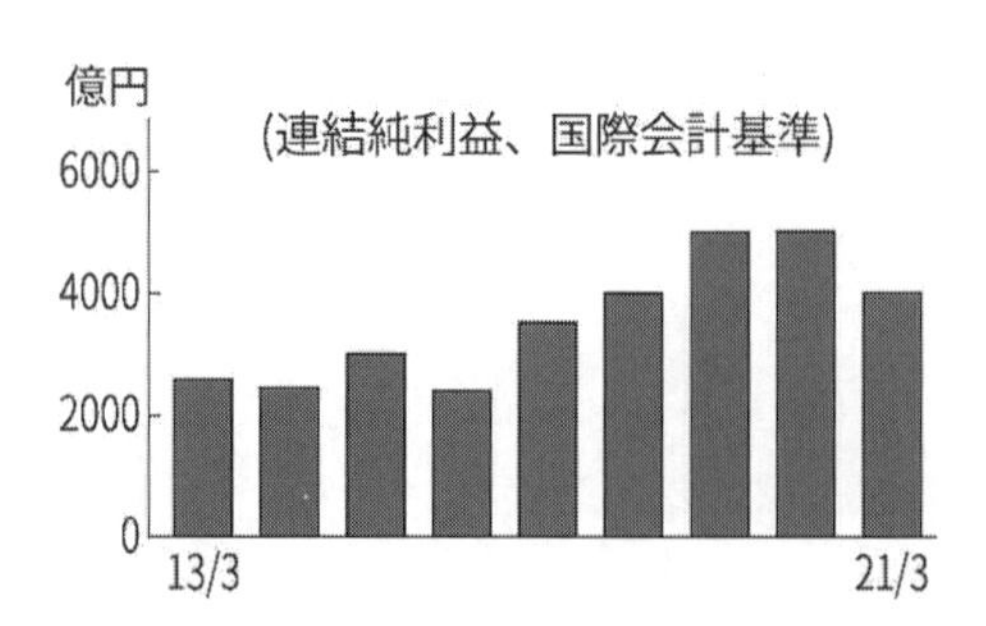

の機種でも満足する人が増えた。神奈川県の検品センターでは当初、後輩と2人で手作業で検品に追われた。設立から約3年で取り扱い数が急増し、スタッフ数は２００人まで拡大した。

井上氏は「株主である経営会議に説明して資金を調達し、結果が残せなければ交代するのは通常のスタートアップと同じ」と強調する。

伊藤忠は生活産業関連の事業を広げてきたが、消費者により近い川下の需要を取り込んで事業に生かす「マーケットイン」の強化が課題だ。

20年に完全子会社化したコンビニのファミリーマートを通じて、消費者のデータを活用した事業創出を目指す。デジタル化を主導するのは第8カンパニーだが、実現には社員の構想力が欠かせない。

新型コロナウイルス禍からの回復で金属資源や輸入車販売、建材、食料、ＩＴなど多くの事業が上向いた。ただ、デジタルを軸にした異業種との競争においては、人材の育成は道半ばだ。

商社では連結経営が広がり、本社の社員はグループ会社の管理に割かれる時間が増えている。強みとしてきた事業の現場を経験することが減ることに対する危機感は強い。創造力をもつ人材を発掘して成長する場を与えられるか、試行錯誤が続く。

住商、農業版ウーバーで物流改革
ビッグデータで効率化、トラックと荷物マッチング

住友商事が年功序列的な人事制度を刷新する。職務に応じて報酬と評価が決まる職務等級制度を導入し、入社6年目の20代でも従来の管理職相当の役割を担えるようにした。関連会社の社長に就ける機会も与え、適所適材で人材を配置する。社内起業制度で農業に人工知能（ＡＩ）やビッグデータで物流を改革する事業が生まれるなど、若手の発想力や専門性で新しい領域を切り開く。

21年10月中旬の午前、都内のレストランに新鮮な白菜や大根など約40キログラムの野菜が運ばれてきた。朝、トラックが農家を回って集荷した。宅配便では翌日配送になるが、住友商事が実証実験を行うＡＩを使った農業物流マッチングサービス「ＣＬＯＷ（クロウ）」を使って効率的に運ぶことで、とれたての野菜を安く届けられる。

ＡＩが集荷ルート算定

「農業はアナログな作業が多い。ビッグデータを使って農業物流を効率化する『農業版Ｕｂｅ

仲村さん㊨らは農業物流マッチングサービスを立ち上げた

r』を実現させたい」。ＣＬＯＷを立ち上げた物流業務部の仲村将太朗さんはこう力を込める。

ＣＬＯＷは、農産物の集出荷時に農家と物流会社をつなぐサービスだ。農家はアプリで集荷を依頼し、物流会社は稼働できるトラックの登録を行う。ＡＩを活用して最適な集荷ルートを算定し、トラックと荷物をマッチングさせてドライバーに指示を出す。

２０１９年度の社内起業制度「０→１チャレンジ」で同期入社の榎本太一さんと提案し、21年5月から事業化に向けて本格的に動き出した。起業制度では18年度以降に世界で約９５０件の応募があり、２０２１年時点で約15案件が事業化に向けて取り組み中だ。

住商の経営企画の担当者は「収益面で貢献するにはもう少し時間がかかるが、個々人の自由な発想から新たな事業にチャレンジする入り口として認知度は高まっている」と説明する。

こうした若手の挑戦を後押しするため21年4月には人事制度を改正した。管理職を「アドバンスト・プロフェッショナル」と名付けた。従来は入社後、管理職になるまで8年はかかったが、5年程度に短縮した。

制度上は入社6年目で従来の管理職相当の役割を担えるようにした。関連会社や出資するスタートアップの社長に就ける可能性もあり、「社歴などにかかわらず、『適所適材』で人材を配置する」（人事担当者）方針だ。

社内起業制度で年次や所属部署にかかわらず新事業を立ち上げられる仕組みを設けていたが、さらに若手でも早期に活躍できるようにした。

仲村さんが社内起業を志すきっかけになったのが、入社4年目でバイオマス原燃料部配属で赴任したブラジルだ。製糖から出る搾りかすをバイオマス燃料として加工・販売するビジネスを担当した。

約90万ヘクタールという大規模農場では、中央のデータセンターでトラックや運転手の情報を集約し、同センターが全ての情報を管理してトラックの最適配置を実現させていた。

クラウド上に農家と物流会社の情報が集約される「疑似データセンター」をつくり、このコンセプトを日本にもってこれないか。日本の農業物流では、農家が電話やＦＡＸなどで宅配便を手配したり、トラックで集荷場や小売店舗に運んだりしている。

「毎日3～4時間直売所を回る農家もいて、作付面積の拡大や畑の管理、高く販売するための営業などに回す時間が十分に取れていない」（仲村さん）。ＣＬＯＷを使うことで安く早く鮮度を保って配送できる。仲村さんは「日本の農業はＡＩで効率化された世界の農業と戦っていかなければならない」と指摘する。

その上で「マッチングサービスを切り口に農業や農業物流のビッグデータを収集することで、

沢村さん㊨は福島県で水素ステーションの整備に携わる

自動運転時代の効率輸送や収量予測につなげたい」と展望を語る。

「夢の燃料」整備担う

商社業界にとって喫緊の課題である脱炭素でも、20代社員が奔走している。住友商事水素事業部の沢村なつみさんは21年5月から福島県浪江町に駐在し、水素ステーションの整備への需要調査や運営事業者探しに奔走する。

住商は21年1月、福島県浪江町と水素の利活用やまちづくりに関する連携協定を締結した。自動車やバス、農機などに水素エネルギーを供給する「マルチステーション」を町内に設置し普及を促す。

同年4月には脱炭素関連で次世代事業を創出する営業組織「エネルギーイノベーション・イニシアチブ（ＥＩＩ）」を新設した。１００人程度で構成し、循環型エネルギーシステムの構築に組織横断で取り組む。沢村さんはそのＥＩＩの浪江町プロジェクトチームのメンバーだ。

「夢の燃料」と期待される水素だが、水から作ることができ燃やしても二酸化炭素（CO_2）を出さないため、脱炭素時代の切り札ともいわれる。だが、全国１５０カ所以上ある水素ステーションで採算を取れているものはない。

沢村さんは「もうからないのに取り組む必要があるという、プロジェクトの位置づけ自体が非常に難しい仕事」としたうえで、「環境価値や社会価値の創出が経済価値につながることを証明していくのは面白い」と話す。

若手が非資源強化のカギに

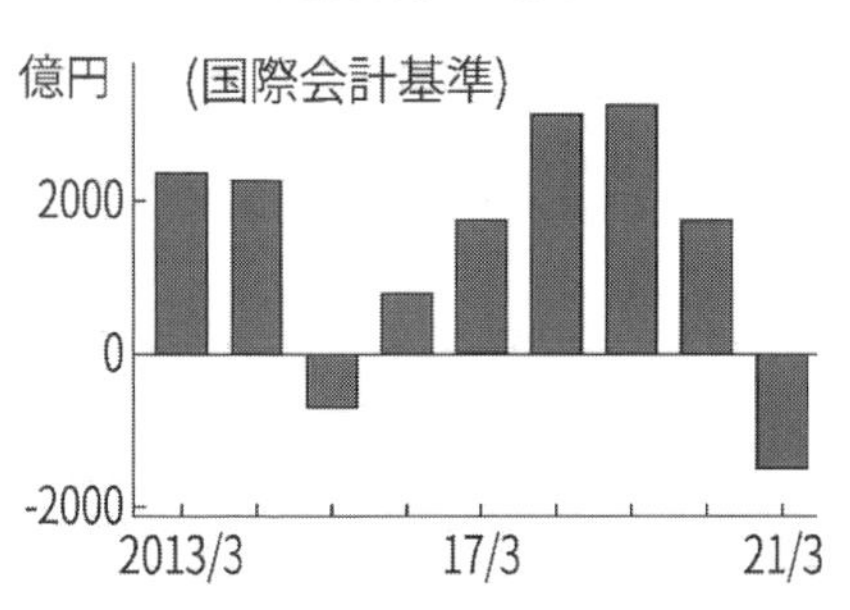

住商は21年3月期にマダガスカルのニッケル鉱山などで一過性損失が発生し、過去最大の最終赤字に沈んだ。もともと非資源分野に強い住商だが、21年5月に発表した24年3月期までの新たな中期経営計画では、事業撤退などの構造改革に加え、再生可能エネルギーや国内不動産、メディア、食品スーパーなどの非資源分野に投資全体の約9割となる1兆円を充てる方針を示した。非資源事業の強化やDXの推進が当面の経営課題だ。
兵頭誠之社長は「DXを活用し、次世代エネルギーや農業などに戦略的に経営資源を配分していく」と力を込める。24年3月期に過去最高水準となる純利益3000億円以上を目指す。
若手には経験の蓄積に加え、結果への期待も大きい。経営層は、若手の経営力向上を会社の成長につなげる戦略が求められている。

丸紅、新事業に挑む土壌育む

基本給や目標は上司と決める

丸紅は、社員が「ミッション」を設定し、実力本位で評価する風土の浸透を目指している。社内で新規事業のアイデアを応募できるコンテストを通じて若手の自主性を促すほか、管理職は上司と話し合ってミッションや基本給（報酬）を決めるなど評価基準も明確にした。グループの資産やノウハウを生かし、途上国の課題解決を通じて新たな事業の創出を目指す。

魚粉の代替飼料を生産

インドネシア・スマトラ島。丸紅の捧元則さんは、現地の主力産業である魚介類の養殖場をかけ回り、現場の顧客ニーズを深掘りしようと日々奮闘している。

人口が急増するインドネシアでは魚介類の消費量が増え、養殖への依存度が高まっている。だが、飼料原料となる魚粉の価格が過去20年で3倍に高騰し、養殖する農家で餌不足が深刻化している。

原料の大半を輸入に頼るインドネシアの養殖業界の競争力が脅かされている。魚の病死による売り上げ減少も課題だ。捧さんは「インドネシアの養殖産業を持続可能なものにする」と意気込む。

捧さんらが目をつけたのが「ブラック・ソルジャー・フライ（ＢＳＦ）」と呼ばれるアメリカミズアブの幼虫だ。たんぱく質などが豊富で、生ごみを食べて育つため環境への負荷も小さい。

丸紅はインドネシアの南スマトラ州に紙パルプの製造販売会社と同社向けの植林会社の子会社を持ち、捧さんらは両子会社の業務管理などを任されている。子会社が保有する植林地内に生産設備を導入してＢＳＦを生産し、魚粉の代替飼料とする事業を立ち上げた。

インドネシア・スマトラ島で代替飼料生産・販売事業に取り組むチームメンバー（左から福岡さん、捧さん、荒井さん）

この事業は２０２０年度の新規ビジネスプランを公募するコンテスト「ビジネスプランコンテスト（ビジコン）」で、捧さんがスマトラ島で一緒に駐在する荒井勇樹さんと福岡輝倫さんの３人で提案し、事業化挑戦権を獲得した案件だ。

ビジコンは丸紅グループの社員が新規ビジネスアイデアを応募できる仕組みで、入社年次を問わず新たな事業アイデアを募ることを目的に18年度から始めた。

書類やインタビューなどの選考を経て、コンテストを通過したアイデアは事業化挑戦権を獲得し、次年度

現地の養殖場を視察する捧さん（右端）と福岡さん（右から2人目）

以降に事業化に挑戦できる。これまで約350件の提案があり、うち10件が事業化挑戦権を獲得した。

事務局を務めるデジタル・イノベーション室の早坂和樹氏は「毎年案件（提案）の質が高まっている」と手応えを感じる。

捧さんらは事業化に向けて実証実験を進めている。養殖農家への聞き取りでは、病死の減少や餌コストの低減によって収益が2割改善したという。今後は保存可能な乾燥状態にしたBSFを生産し、世界の水産飼料メーカーに販売網を広げていく計画だ。

ガーナでゴミ回収網を整備

アフリカでも、ビジコンで事業化挑戦権を獲得した案件が動く。南アフリカに駐在する村杉元規さん、広瀬太智さんと坂崎広大さんは、ガーナでゴミを回収する人と家庭をつなぐプラットフォームをつくり、効率的なゴミ回収とリサイクルを促す取り組みを始めた。

普段スマートフォンやパソコンなど電子廃棄物の回収・リサイクル事業を担当するなかで、現地のゴミ事情の課題を痛感したのがきっかけだ。

ガーナでゴミ回収・リサイクル促進事業に取り組む村杉さん（右から2人目）

ガーナでは公共のゴミ回収業者がなく、住民が「ウェストピッカー」と呼ばれるゴミ回収人にお金を払ってゴミを捨てている。だが、ウェストピッカーはあてもなく家庭を回っているため、住民はゴミを出したい時に出せない。人口増加と都市化により、ゴミ問題が深刻になっている。

そこで、村杉さんらが進めるのが、アプリ上でゴミ出しの予約ができるマッチングプラットフォームを提供し、回収人に予約に基づく最適な回収ルートを提案する事業だ。ペットボトルやプラスチックを分別してくれた家庭には回収料を割引して回収し、リサイクル可能なゴミをリサイクル会社に販売する。

丸紅はマッチング手数料を得るほか、リサイクル品の販売収益を稼ぐ。村杉さんは「その土地の習慣や文化を変えられ、貧困国が多いアフリカの課題を解決する」と話す。

1年ごとに成果評価

丸紅は人事制度を刷新し、年次や年齢にかかわらず実力に応じてミッションを課し、高い目標を掲げ挑戦する人材

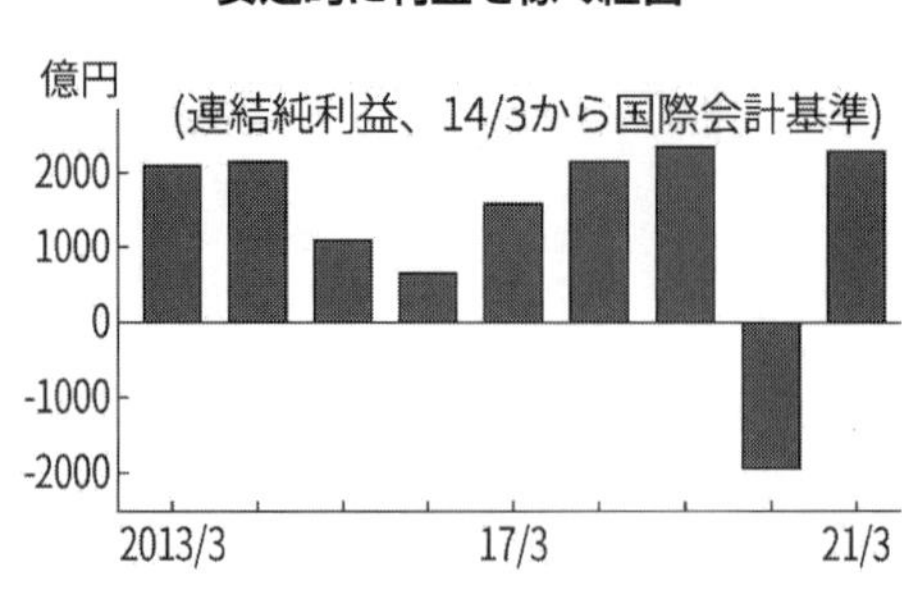

を育成する「ミッションを核とする新人事制度」を21年7月に本格導入した。早ければ入社4年目で管理職になり、管理職は処遇にも影響を与える。上司と基本給（報酬）をきめて1年ごとに成果を評価する。

ミッションを上回る成果が出れば、その分は翌年度のボーナスに反映される。社内アンケートなどによると、「組織戦略と個人ミッションの関係性への理解」や「ミッション達成に向けたモチベーション」に関する設問はポジティブな回答が8〜9割に達している。

「成長戦略に連動した形で、社員一人ひとりが自らのミッション達成にチャレンジする推進力を生み出している」（丸紅）。採用でも新卒や既卒の若年層を対象に部署別に募集するジョブ型採用を始めた。一方で、上司が部下に納得してもらいながら評価に差をつけるという難しい判断も迫られる。

丸紅は20年3月期に過去最大となる1974億円の最終赤字に陥った。巨額の減損損失を計上した反省から投資規律を徹底し「大きな投資から小粒でも確実な厳選投資」（柿木真澄社長）に切り替えた。

一方で、アグリ事業や食料事業など非資源でも市況に左右されやすい事業が少なくない。19年には次世代事業開発本部を立ち上げ、ｅスポーツを起点としたメディアプラットフォーム事業などの開拓も進める。市況に左右されず、安定収益を生み出す新事業の発掘が求められている。

第9章

バフェットを超えて

三菱商事など日本の商社は米著名投資家ウォーレン・バフェットによる「買い」で注目を集めてきた。しかし、好業績を支えた資源高が一服し、ロシアをはじめとする地政学的リスクが高まるなど予断を許さない。バフェット・プレミアムに頼らない自律的な成長をどう描くのか。「バークシャー・ハザウェイを超えるコングロマリット」を目指す各社の戦略を検証する。

※本章は文中を敬称略としました。

三菱商事、ゲイツ氏と脱炭素

事業投資で「産業」創出

アジア・パシフィックでもやっていきましょう――。2022年8月、三菱商事社長の中西勝也は米IT（情報技術）業界の超大物と都内で会った。米マイクロソフトの創業者ビル・ゲイツだ。

環境問題にも積極的に取り組むゲイツは21年、官民からの支援をつなぎ脱炭素に貢献する革新的な技術を社会実装していくプログラム、ブレークスルー・エナジー・カタリスト（BEC、ワシントン州）を創設した。

BECには米ゼネラル・モーターズや欧州鉄鋼大手アルセロール・ミタルなど世界を代表する企業が参画している。三菱商事はBECに1億ドルの出資で合意、アジアの企業として初めて参加した。ゲイツは同地域の代表としての三菱商事に期待を寄せ、分刻みのスケジュールのなかをかいくぐって、中西と会い、今後の方策を話し合った。

260人集め新部門

三菱商事とゲイツとの環境事業での関係はさらに遡る。「当時はシリコンバレーでもブロックチェーンやIoTなどのソフトウエア分野にしか目が行かなかった」。18年からシリコンバレーに駐在し、BECの会議に参加する北米三菱商事アップストリーム&カーボンマネジメント部門長の奥村龍介（現在はヒューストン駐在）はこう振り返る。シリコンバレーでは「00年代の環境テックの失敗に懲りていて投資に慎重だった」

この状況を打破しようと動いたのがゲイツだ。パリ協定採択後、10億ドルで環境問題に取り組むスタートアップに投資するブレークスルー・エナジー・ベンチャーズ（BEV）を16年に設立。気候テックへの投資にいち早く乗りこみ、道を付けていった。2年後には10億ドルを使い果

新部門を担う斉藤常務執行役員

脱炭素に力を入れる商船三井などが参画

たし、2号目となる10億ドルのファンドを立ち上げていった。

奥村らも乗り遅れまいと20年に二酸化炭素（CO_2）を使ってコンクリートを生成するスタートアップのカーボンキュア（カナダ）に出資したが、そこで出会ったのがＢＥＶだった。同社にＢＥＶも出資して、取締役を送り込んでいた。

ゲイツはＢＥＶの活動をさらに進めるべく、ＢＥＣの立ち上げを計画していた。ＢＥＣは脱炭素を社会実装するために投資するのが目的だ。「同じ投資でもプロジェクト投資はまさに商社の我々が手掛ける本丸の分野だ」と感じた奥村らは本社にＢＥＣへの出資を申請し、アジアで初の参画企業となった。

ＢＥＣへの参画からの中西の動きは速かった。矢継ぎ早に「ＥＸ＝エネルギートランスフォーメーション」戦略の布石を打つ。「規模感のある投資を通じて次世代を担う収益の柱にしたい」と中西はＥＸにかける思いを語る。

23年4月に「次世代エネルギー部門」を設けた。天然ガスや金属資源、産業インフラ、石油化学などの各事業部から約２６０人を集めて立ち上げた。「部門ごとに縦割りになっていた環境対応の仕事のやり方をかえた」（中西）。担当の副社長も置いた。副社長職の復活は5年ぶりだ。「組織に横串を通す。過去からの課題だ」と中西は話す。

クレジット仲介も

同じ4月にはカーボンクレジットの開発、普及を手掛ける最大手のサウス・ポール（スイス）

とネクストジェンの設立を発表した。大気中のCO_2を除去する技術（CDR）をもとにカーボンクレジットを発行し、ネクストジェンが買い手と売り手をつなぐ。最先端の環境テック企業とパイプを築くほか、買い手のニーズも探ることが狙いだ。

同年5月には環境系テック企業に投資する「丸の内クライメート・テック・グロース・ファンド」も独自に設立した。脱炭素の技術開発を手掛けるスタートアップを資金面で支援する。

同じコングロマリットとされるバフェット率いるバークシャーは成長株に投資してその値上がり益を狙う「純投資」の手法をとる。一方、商社はプロジェクトに投資してその事業から収益を得る「事業投資」が主体だ。買収先の経営にも参画してエネルギーや環境問題など社会的な課題も解決する「バークシャーを超える」コングロマリットだ。

初代の次世代エネルギー部門長となった斉藤勝は「未来を想定して脱炭素への取り組みを半歩、一歩と進め、新しい産業を創出する」と意気込む。挑戦の幕は切って落とされた。

コンサルからCO_2の貯留まで

ビル・ゲイツが率いるBECへの参画や、脱炭素に資する技術を持つ環境テックへの出資などを通じてノウハウの蓄積を進める三菱商事。これらを生かして最終的に取り組むのは顧客企業への「脱炭素ソリューション・サービス」の提供だ。

「どのような対策を打っておけばいいのか」。次世代エネルギー部門のもとに相談を寄せてきたのはサントリーホールディングス（HD）だ。

同部門は取引先の脱炭素に関する課題を解決する「クライメート・ジャーニー・ナビゲーター」事業の実働部隊だ。エネルギーや金属資源、リテール、食糧など各事業部から取引先の情報があがってくる。アプローチした企業数は100社以上、すでに5社にサービスを提供している。その1つがサントリーHDだ。

サントリーHDは使用済みペットボトルのリサイクルを早くから始めるなど、もともと環境意識の高い企業だ。しかし、パリ協定で定められた温暖化ガス削減のガイドライン改定で取り組む対象範囲が広がった。改定でビールなどの原料やその原料を作る土地をどう開拓・利用しているかにまで監視の目が入ることになった。

そこで次世代エネルギー部門は麦やカカオ、さらには畜産など農家とも接点がある食糧部門の担当スタッフとともにコンサルティングを開始した。改定ルールは温暖化ガスの算定や補足の仕方など、最終的にまだ決まっていない。最新の動向を含めてどのような規制になりそうか、どう対策を打てばいいのか、共同で取り組んでいる。

また、北陸地方に60を超える店舗を構える中堅スーパーのアルビスも顧客の1社だ。エコバッグの活用やリサイクルに加え、脱炭素の取り組みを始めたいとの要望があり、取引がある三菱商事に声がかかってきた。

三菱商事はグループにローソンを抱えていることもあり、すでに同社を通じてリサイクルやフードロスへの対応や配送の効率化、太陽光発電など再生エネルギーの活用など脱炭素の取り組みを幅広く進めている。こうした知見やノウハウをアルビスにも提供し、同社の事業価値の向上につなげていく考えだ。

「これまで各事業部が日ごろからのつきあいのなかで、脱炭素対策の要望が取引先からあがってきてもなかなか対応できなかったが、次世代エネルギー部門ができたことでこうしたニーズに対応できるようになった」と同部門のカーボンマネジメント室担当課長の遠藤圭はいう。

米著名投資家であるウォーレン・バフェットが率いる投資会社、バークシャー・ハザウェイが三菱商事をはじめとする5大商社の株を取得したことで、商社株の評価が一気に上がった。バークシャーもエネルギーや通信、金融など様々な業種の企業に投資して傘下に入れるコング

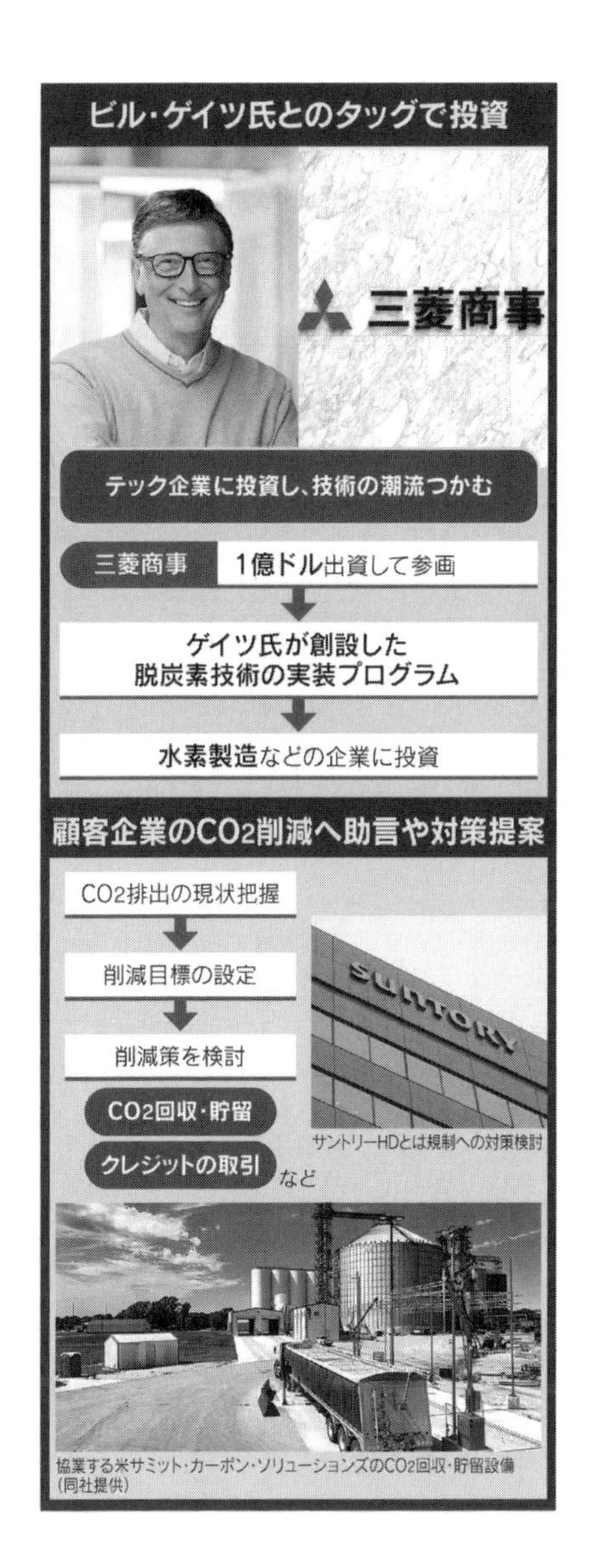

サントリーHDとは規制への対策検討
協業する米サミット・カーボン・ソリューションズのCO2回収・貯留設備（同社提供）

北陸の中堅スーパー、アルビスも顧客の1社だ

ロマリットだ。このため、日本の商社の株価低迷の1つの要因だった「コングロマリット・ディスカウント」に対する市場の見方も変わってきている。

バークシャーが成長株に投資してリターンを得る純投資とは違って、三菱商事は具体的に進行しているプロジェクト案件に投資して収益を上げる「事業投資」に軸足を置いている。株の売買によって利益を出す単純な純投資と違い、事業投資は資金を投じた案件が収益を生むまで時間がかかる。

バフェットの投資まで三菱商事も株価純資産倍率（PBR）が1をなかなか超えなかったが、社長の中西勝也はコングロマリットの利点を生かし、各事業部に横串を刺して顧客企業の課題を解決するビジネスの立ち上げを早くから目指していた。

中西が部門トップであった電力部門は、様々な業種と密接な関係を築いている。中部電力と組んで保険や見守りサービスを一般家庭に提供したり、新電力の一大勢力としてNTTとの提携を進めたりした。

同じコングロマリットであるバークシャーは、投資した企業の技術・ノウハウを使って新たな事業やサービスを手掛けるビジネスモデルは築いていない。純投資ビジネスに比べて投資回収に時間のかかる事業投資やＥＳＧ（環境・社会・企業統治）への関心は薄いとの指摘もある。

しかし、そのバフェットが自ら日本を訪れ、三菱商事をはじめとする商社首脳と会談した。バフェットが持つ成長企業に対する「目利き力」と、三菱商事が培った事業投資の手法を補完し合って新たなプロジェクトや企業再編が起きる期待も高まる。新たなコングロマリット像を追求する三菱商事の試みはこれからも続く。

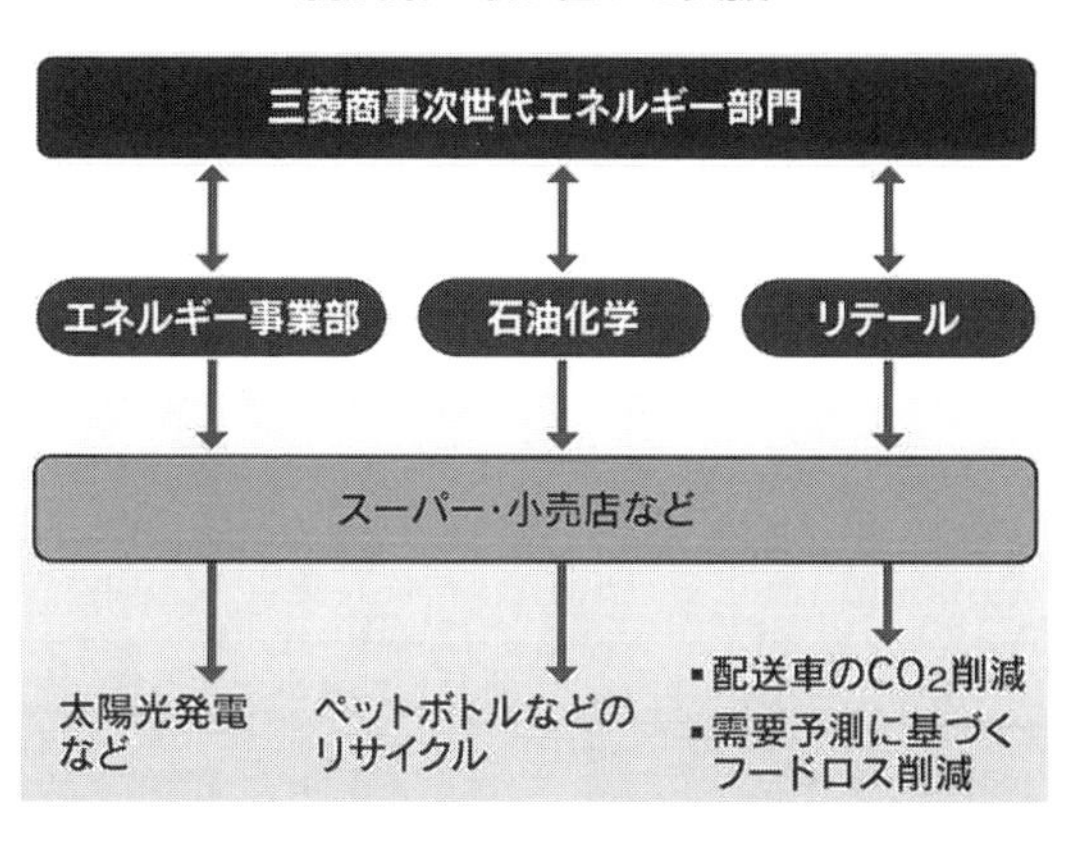

企業価値、5年で大幅に向上

２０２３年４月、来日したウォーレン・バフェットは商社首脳に「非常に満足している」と語った。バフェットが5大商社の株を保有していることが分かったのは２０２０年８月。その時点と比べ、業績や企業価値を大幅に向上させているからだ。

実際に過去5年でどれだけ変化したのか、純利益や時価総額など6つの視点で比較した。

23年3月期は資源高などで4社の純利益が過去最高となった。同じく資源高の恩恵を受けた18年3月期に比べ5社の純利益は1・8～2・7倍になっている。

各社とも、資源事業では自動化などで生産性を向上させたほか、権益の選択と集中で競争力のある良質な資産への入れ替えを進め、資源高の追い風を捉えやすくなった。IT（情報技術）やヘルスケアなど非資源分野の強化も進めた。

運転資本の増減などの影響を除いた基礎営業キャッシュ・フローは5～9割増えた。企業の稼ぐ力を示す数字だ。利益とキャッシュ・フローは三菱商事と三井物産が1兆円を超え、頭1つ抜けている。

一方、投資家の成長期待を示す株価純資産倍率（PBR）は伊藤忠が1・6倍前後と最も高く、ライバルと差をつけている。23年3月期の純利益に対する非資源事業の比率が7割超と高く、特定分野に依存しない「平均点経営」の優位性が背景にあるとみられる。

PBRは東証も重視する指標だ。5年前は伊藤忠を除く4社が解散価値を表す1倍を下回っていたが、23年6月9日時点では伊藤忠に加え三菱商事や三井物産、丸紅が1倍を超えた。

機関投資家などが重視する資本効率も高まっており、自己資本利益率（ROE）は全社上昇した。丸紅が22・4％と最も高く、18年3月期と比べ8・4ポイント改善した。三井物産も18・9％に8ポイント、住友商事は16・2％に3・7ポイント上昇した。

潤沢になったキャッシュ・フローを生かし、株主還元を拡充している。年間配当額は、三菱商事が6割強増え180円に、三井物産と伊藤忠は2倍の140円となった。23年6月9日時点の配当利回りは住友商事が4・18％と最も高い。

大手商社の財務は5年前から大幅に改善

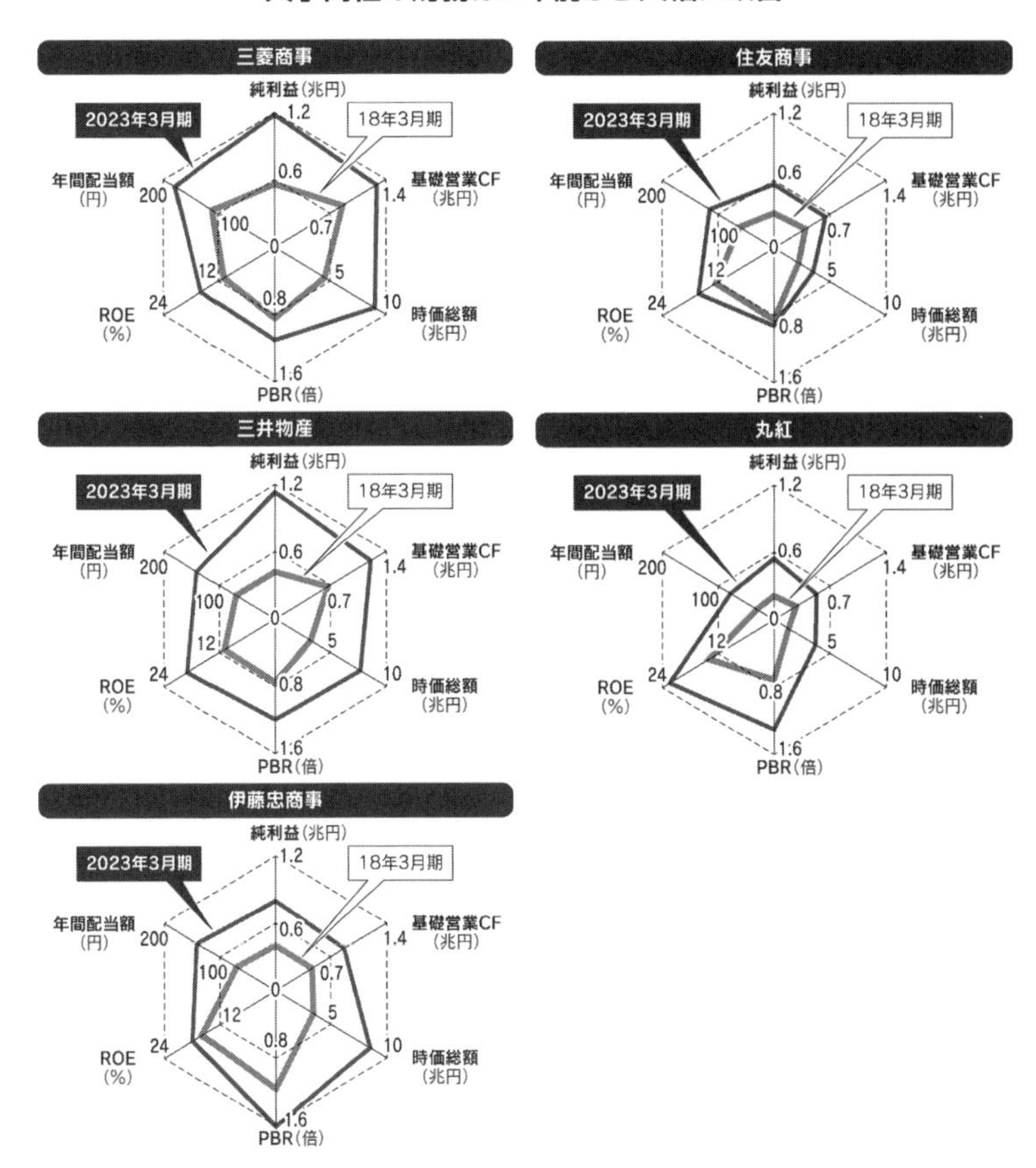

（注）基礎営業CFは運転資本の増減などの影響を除いた営業FC。時価総額とPBRは18年3月期は期末時点、2023年3月期は6月9日時点

ウォーレン・バフェット氏が株の保有を明らかにしてから商社株は大幅に上昇した

商社は安定配当で株主に報いるほか、市況要因による余力を自社株買いで機動的に還元することも多い。三菱商事は23年3月期に3700億円の自社株買いを実施した。配当と自社株買いを合わせた総還元額は6293億円となり、純利益に対する総還元性向は53％に達した。

三井物産も23年3月期末取得分までで2700億円の自社株を取得し、総還元性向は5社とも3割以上と高水準だ。24年3月期は資源高の一服などで全社減益を見込むが、5社とも株主還元の拡充に踏み切った。

時価総額は三菱商事と伊藤忠が競っている。20年後半から21年後半までは伊藤忠がトップだったが、22年はデッドヒートを繰り広げ、23年は三菱商事が9兆円を超えて首位を走る。

バフェットが保有を公表した時から株価は丸紅が4倍近くになり、他4社も2・1〜2・8倍と急騰した。

商社株は従来、「市況に連動し、中長期的な成長が見込みにくい」（海外運用会社）との見方などから投資家に敬遠されてきた。だが、最近の商社は事業投資や海外企業への経営参画を通じてインカムゲイン（配当による利益）やキャピタルゲイン（資産価値上昇による売却益）を狙う事業モデルが主力となり、資産入れ替えも積極的に行う。

バフェットによる投資は、その業態にお墨付きを与えた格好となり、海外マネーが流入した。野村証券の成田康浩リサーチアナリストは23年5月下旬、目標株価の算出に使う適正ＰＢＲの水準を修正し、全社の目標株価を引き上げた。成田氏は「新規投資で中長期的に利益を成長させられるかが（今後の）業界のテーマになる」とみる。

バークシャー・ハザウェイにとって商社はいまや、米国株以外での最大の投資先となっている。ただ、長期保有を基本とするバフェットであっても、事業の将来性について判断が変われば、その限りではない。

バフェット氏の投資後、商社株は急騰

2023年6月9日時点

企業名	株価上昇率	配当利回り
三菱商事	2.7倍	3.18%
三井物産	2.8	2.98
伊藤忠商事	2.1	2.98
住友商事	2.3	4.18
丸紅	3.8	3.51

（注）株価上昇率は2020年8月28日比

実際、00年代に中国石油天然気（ペトロチャイナ）株を一時10％超まで買い進めたが、07年に全て売却した。22年に大量保有が明らかになった台湾積体電路製造（ＴＳＭＣ）株も、わずか３カ月で約９割減らすなど引き際も早い。

バフェットの投資判断基準は将来の成長性と、それを実現できる経営陣がいるかどうかだ。丸紅の柿木真澄社長は23年３月期の決算発表会見で「現時点では合格点をもらえていると自負している」と述べた。市況の追い風が弱まるなかでもバフェットを含めた投資家の期待に応えられるか、世界に類をみない商社の事業モデルの真価が試される。

三井物産、「金属」磨き再成長

生み出す利益を新分野に

三井物産が鉄鉱石や銅など主力の金属資源事業を磨き直している。資源高の恩恵を受けて会社全体の純利益の4割を握るが、いずれ反動に見舞われそうだ。加えて、製鉄業界などで強まる脱炭素の潮流は同社が関わる上流にも押し寄せている。英国からオマーンまで世界各地でグリーンな採掘・原料作りの技術を実用化し、その利益をアジアのヘルスケア事業など新たな市場開拓に投じる循環を築く。

世の中を変えるかもしれない——。三井物産鉄鉱石部の児島徹は2022年1月、かつて鉄産業の集積地として栄えた英ティーズサイドで、ある企業が作った製鉄原料のペレットを手にこう思った。

ペレットは化学品会社、英バインディング・ソリューションズが研究中の製品だ。19年5月に経営破綻した英鉄鋼大手、ブリティッシュ・スチール出身の技術者などがバインディングを立ち上げた。児島がペレットを手にして1カ月後の22年2月、三井物産は約4%を出資した。今後さらに買い増す可能性がある。

CO_2排出9割削減

バインディングは特殊な接着剤を使って鉄鉱石をペレット状に成形する技術を持つ。ペレット1トンの製造で発生するCO_2は40キログラムと一般的な1300度に熱した高炉で焼き固める方式と比べて排出量を9割以上抑えられる。

鉄鋼大手から物産に転職してきた担当者によると「通常焼き固めていないペレットは高炉の高温に耐えられず砕けてしまう」。バインディングは接着剤の配合方法などを工夫して、高温でも耐えられるようにした。熱処理を加えない分、冷却設備なども不要で初期投資が小さくて済む。

必要なのは原料を混ぜるミキサーと、押し固めるロータープレス機のみで、初期投資は数千万ドルと従来の10分の1程度になる。

三井物産はこの技術を自社が権益を持つ鉱山から取れる鉄鉱石の加工に使うほか、鉄鋼メーカーにも技術を提供し、製鉄業界のグリーン化をけん引する。24年中の商業化を目指しており、国内外の製鉄大手が関心を示している。

中東オマーンでも、製鉄プロセスのグリーン化に関わる取り組みが進む。

「三井が本気なら協力する」。神戸製鋼所との画期的な鉄原料の生産計画に、エネルギー鉱物資源大臣のウーフィーはこう語った。

計画ではオマーンで、鉄鉱石から酸素を取り除くため天然ガスや水素と化学反応させ、還元鉄をつくる。この還元鉄を使用することで、製鉄所は従来の製鉄プロセスと比較して二酸化炭素排出量を抑えられる。三井物産はこれを各国の製鉄所に販売する。

23年4月、この「直接還元鉄」製造の具体的な検討に入り、27年にもオマーンで世界最大規模の年間500万トンの製造を想定している。物産は長年、オマーンでLNGを取引しており日常的に大臣たちとやりとりする関係にある。

将来、酸素を取り除く原料を再生可能エネルギー由来のグリーン水素に置き換える計画もある。三井物産がサプライチェーン（供給網）の要の役割を果たす。

オマーンから北米に目を移すと、銅の分野で採掘時のCO_2排出量が従来より8割少ないという技術の実験が進んでいる。三井物産がグリーン銅と呼んでいるものだ。

地中の銅を溶かす

カナダ鉱山会社タセコマインズと、採掘機械や大型トラックを使わない銅の採掘を25年ごろから始める。鉱山にパイプを埋め、希釈した硫酸をポンプで地中に注入し、銅を溶かしてくみ上げる。世界でも数件しか例がない取り組みだ。重機の燃料が不要な分、CO_2排出量が少ない。

低炭素な銅生産の試みはまだ少ない。今から着手することで需要拡大期に先行者利益を享受できる可能性が高い。

銅鉱山では重機を使わず採掘

米アリゾナ州で新採掘法を実験中

銅

銅の採掘ではCO_2を8割削減

カナダ鉱山運営タセコマインズと協業

- 地下にパイプを通して希硫酸を入れ、銅を溶かして汲み上げる
- ショベルカーやブルドーザー使わず

グリーン銅は三井物産全体の脱炭素を推し進める可能性もある。特に電気ケーブルを多く使うことなどからガソリン車の約4倍の銅を使うEVの関連事業部と連携できる。完成車メーカーから製造段階のCO_2排出削減を求められている部品メーカーに対し、競争力を高められる。三井物産が成長戦略として掲げるグループの産業横断的な提案力を高めることと合致する。

資源を供給してきた三井物産は、脱炭素の潮流を好機にいち早く付加価値を付けたビジネスへと変革を目指す。同時に、金属で稼いだ資金を資源以外で活用することも

考え続けており、一つの有望分野となるのが東南アジアを中心としたヘルスケア事業だ。

11年に出資したマレーシアの病院グループIHHヘルスケアが持つ患者データを活用し、医療プラットフォームの構築を進める。データが「資源」といわれて10年以上がたち、その活用を海外で形にしようとしている。三井物産の複合経営の実力を図る試金石になる。

東南アジアで先進医療

三井物産がヘルスケアなど非資源分野を育てている。2026年3月期には、連結純利益に占める非資源比率を現在の4割から5割まで高める。東南アジアの病院グループで先進医療を進めるなど、資源に左右されにくい収益構造をつくる。

26年3月期までの中期経営計画ではヘルスケアや食、ニュートリション（栄養）関連事業への投下資本を3500億円増やす計画だ。

けん引役はヘルスケアだ。マレーシアの病院グループIHHヘルスケアの収益力を伸ばすなどし、23年3月期の生活産業部門の純利益は21年3月期比で4倍の548億円に増えている。

26年3月期にはさらに1000億円まで増やす計画だ。医療機関を受診する前の予診や治療後の経過観察、健康食品による予防など、患者の健康に関するあらゆる局面で接点を持てる体制をつくる。

子会社のMBKヘルスケアマネジメント（MHM、シンガポール）が実動部隊となる。ヘルスケア関連のスタートアップや案件を発掘し、三井物産グループからの出資や協業につなげる役割を担う。

直近では23年3月、診断サポートの人工知能（AI）を開発した米デコーデッド・ヘルスに出資した。チャットボット形式で、患者の回答に応じて質問を変えながら患者の健康状態を把握し、電子カルテに自動入力する。

こうした受診前検査は研修医が担うことが多いが、医師は世界的に不足している。AIが代替できれば医師の負担が減り、患者の病院での待ち時間を減らすこともできる。

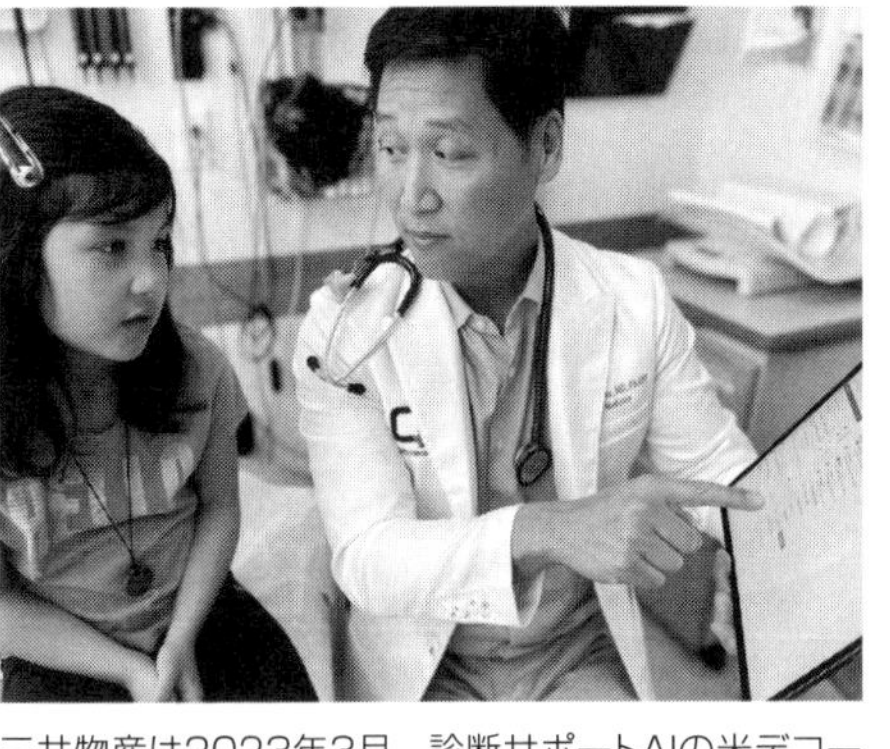
三井物産は2023年3月、診断サポートAIの米デコーデッドに出資した

デコーデッドのAIは患者の状態を診断ガイドラインなどの根拠と共に示すため、医師はAI診断の信頼性を判断しやすい。また、患者の「疲労を感じる」「吐き気がする」といった表現を医療用語に自動変換する機能も優れているという。
MHMはこのほか、乳がんなどの画像診断支援AIを開発した米キーオス・メディカルや、医師のリモート診断を効率化するモニタリング機器の販売会社を発掘してきた。こうしたAIの技術はIHHなどにも応用できる。
ヘルスケアと親和性の高い化学品事業も有望視している。なかでも、世界的な人口増加や動物愛護意識の高ま

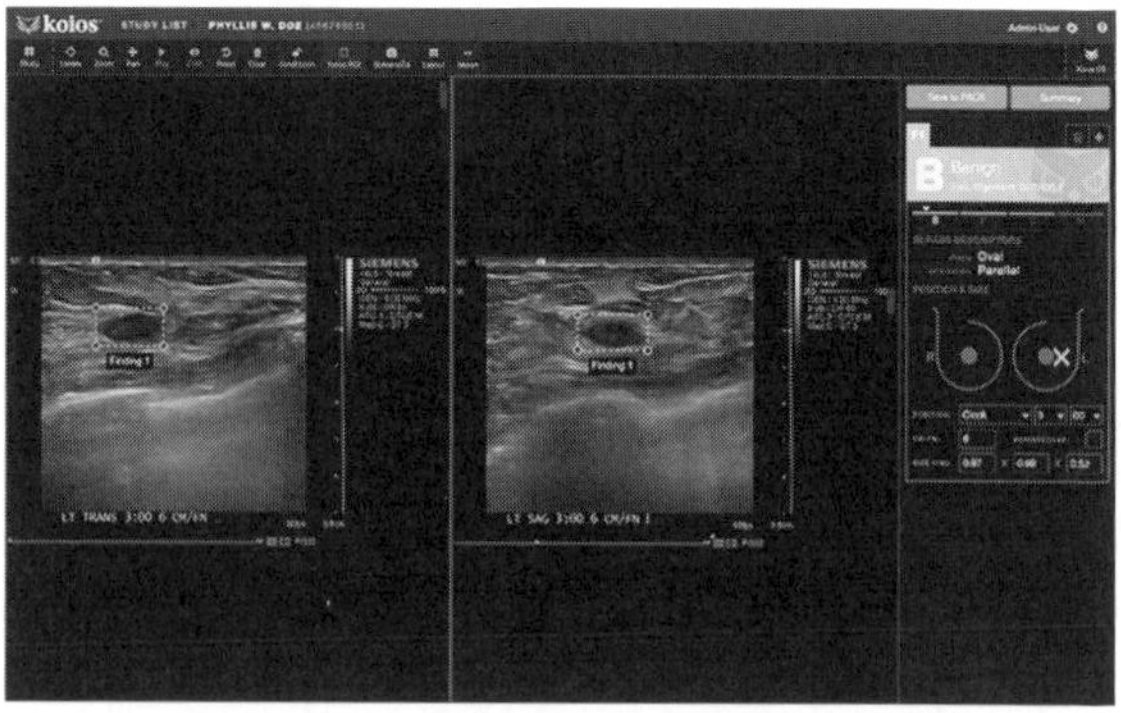

米キーオスは超音波画像診断を支援するAIを医療機関に提供する

りで市場が拡大しているアニマルヘルス領域への投資が増えている。20年に世界5位の仏セバ・サンテ・アニマル、22年にはブラジルの大手オウロ・フィーノ・サウージ・アニマルに出資した。

23年5月末には細菌感染症向け抗菌剤や慢性心不全改善薬で強みを持つ住友ファーマアニマルヘルス（現物産アニマルヘルス）を買収し、完全子会社化した。取得額は100億円を超すと見られる。日本市場のほか、南米・欧州での事業拡大につなげる。

調査会社のリポートオーシャンによると、動物用ヘルスケアの市場規模は28年に804億ドルと21年から6割増える見通し。今後も優良案件があれば出資や買収を模索する。

金属や液化天然ガス（LNG）など資源分野は今後も三井物産の重要産業であることに変わりはない。ただ、会社全体として投資家から評価を得るには、経営の行く末が見通しやすいものであることも重要になる。企業価値を一層高めるうえでは、ヘルスケアなど市場価格に左右されない非資源分野の成長が欠かせなくなっている。

伊藤忠、米国起点に商い変革

生成ＡＩ、小売りで活用

伊藤忠商事は主要部門の一つである情報・金融カンパニーを軸に、小売りなど消費者向けビジネスを深掘りする。１９８０年代から米シリコンバレーの有力スタートアップと協業し、最先端のビジネスモデルを吸収しながら事業を広げ、足元では生成人工知能（ＡＩ）で新たな変革の可能性を探り始めた。資源など上流部門で稼ぐライバルと一線を画して非資源分野の「商い」を変革し、再び時価総額トップを狙う。

「これまでのＡＩと違う。パンドラの箱があくかもしれない」。情報産業ビジネス部長の関川潔は２０２２年春ごろから生成ＡＩに注目していた。米シリコンバレーの駐在員から定期的に情報が送られてくるようになったからだ。

米オープンＡＩが22年11月に「ＣｈａｔＧＰＴ」を公表し、世界に衝撃が走った。技術革新の波に乗り、果敢に攻めるのが伊藤忠流。そこからが速かった。

23年5月12日、全社員が生成ＡＩを使える環境を整えると発表した。素早い決断ができた背景には、日ごろの緻密な情報収集がある。社員が使って生成ＡＩの理解を深め、原料や卸を含めた生活消費分野で事業の創出につなげる。

伊藤忠は生成AIにいち早く着目した

源流は西海岸に

伊藤忠は24年3月期に、情報・金融カンパニーの純利益で前年同期比21％増の780億円をめざす。組織再編があったため正確に比較できないが、12年3月期と比べ約6倍の規模に膨らむ。強みの非資源分野の中核事業だ。

同カンパニーが育った源流は米西海岸にある。1980年代、シリコンバレーに拠点を設けた。グループの伊藤忠テクノソリューションズと、後に世界のIT（情報技術）をリードする起業家との関係を通じて新たな潮流の目利き力を磨いてきた。

その起業家の1人がサン・マイクロシステムズの共同創業者、スコット・マクネリーだ。ある社員がサーバーを手掛けていたサンの可能性を見いだし、83年に日本でIT機器の総販売代理店となった。95年には同社製品の出荷台数で世界トップになった。

伊藤忠は直接・間接の出資などで3000社を超すスタートアップと接点を持ち、最先端の事業モデルの情報が上がってくる仕組みになっている。目を付けた企業にはカンパニーの権限で直接、資金を投入する。

「世界のトレンドを早くつかむことができ、グループの新ビジネス創出につながっている」。情報・通信部門長代行の堀内真人はこう話す。

後払い決済のペイディが好例だ。米国で同様のサービスが普及の兆しを見せ、日本のスタートアップに早くから着目した。16年に出資し、その後持ち分法適用会社にした。それを買収したのは米決済大手のペイパルで、目の付けどころの良さを証明した。

潮流読み社内起業

米国の潮流を読んで社内で起業し、国内ビジネスを変える例もある。「日本で必ず事業化しようと話し合っていた」。中古スマートフォンをネット販売するビロング(東京・港)の最高経営責任者(CEO)、井上大輔と最高執行責任者(COO)の清水剛志は米駐在時代を振り返る。

10年代に井上はニューヨーク、清水はシリコンバレーに駐在していた。中古スマホの調達・販売スタートアップと接点を持ち、2人は日本での事業化を思いついた。事業計画をまとめ、19年にビロングが設立された。

ビロングの従業員は約200人で、同社サイトに数万台のスマホが掲載されている。伊藤忠が世界に抱える拠点を通じて端末の仕入れが可能で、好循環が生まれている。

伊藤忠は消費者との接点が多い下流事業を重点的に開拓してきた。グループにファミリーマートやほけんの窓口グループ（東京・千代田）などの子会社を多く抱える。

米著名投資家ウォーレン・バフェットはそんな伊藤忠との関係を重視しているようだ。23年4月の来日時、真っ先に会長兼CEOの岡藤正広と会い「パートナーとしてやっていきたい」と語

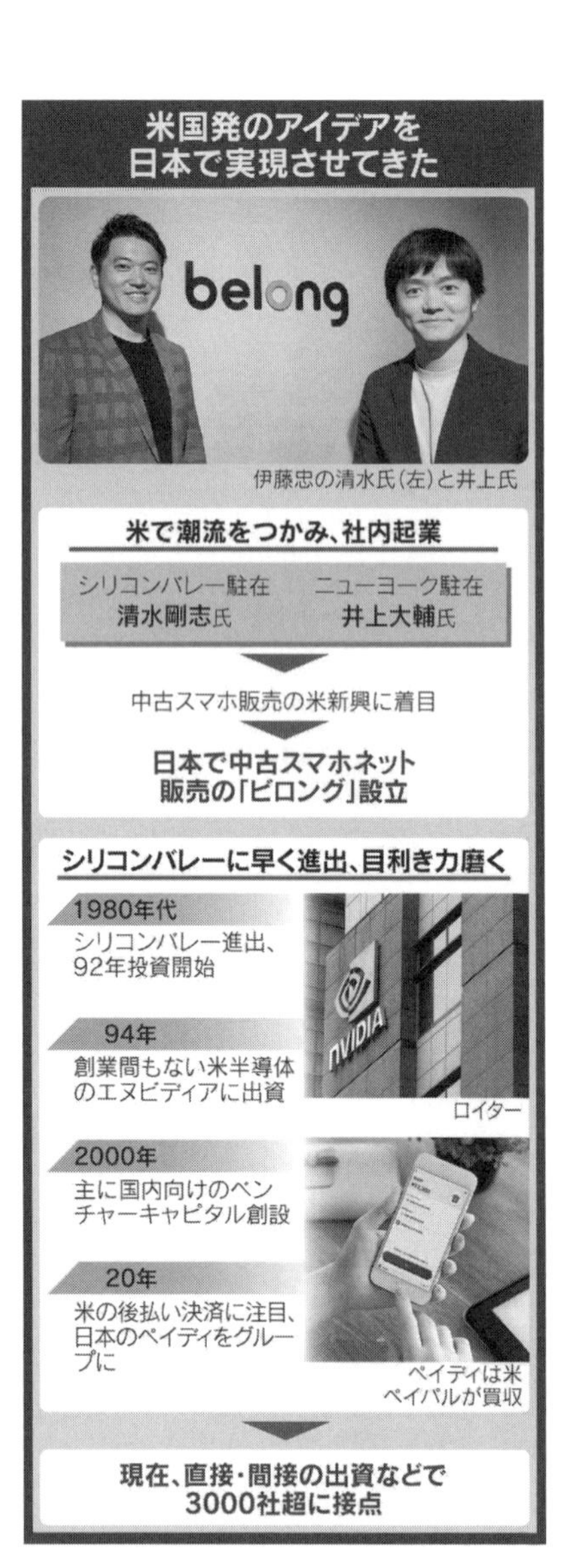

った。バフェット率いるバークシャー・ハザウェイは飲料など消費者に近く安定成長が見込める銘柄に投資し、伊藤忠に近い。

伊藤忠の株価純資産倍率（PBR）は23年6月9日時点で1・6倍となり5大商社のトップだ。時価総額は20年後半から首位だったが、22年は三菱商事と競い、23年は同社が抜いた。「様々な事業に有機的に貢献している」（最高財務責任者＝CFOの鉢村剛）という情報・金融部門をテコに再びトップを狙う。

伊藤忠は時代に必要なサービスをいち早く発掘し、各事業で相乗効果をあげてきた。デジタルトランスフォーメーション分野にあらゆる企業が攻勢をかけるなか、伊藤忠は他社にない消費者目線の強みを生かし、稼げる事業を生み出す。

ファミマは「メディア」

伊藤忠商事はファミリーマートが持つ消費者との接点を生かし国内最大級の「リテールメディア」として存在感を高めようとしている。グループが抱える3000万件を超える消費者の購買に関するデータを最大限活用し、従来よりも効果的な広告配信を実現する。市場の飽和などの問題を抱える小売り業界のビジネスモデルの変革に挑む。

2023年5月の夕方。40代の男性がスマートフォンの決済アプリ「ファミペイ」を何気なくクリックすると、前日に買った同じ商品の購入を促す広告が配信されていた。「すっきりとしたのど越しだった。もう一度買ってみるか」。特定の個人の趣向を反映した広告を配信することで、再度の購入につながった。

ファミマではファミペイの登録時に「生年月日」「性別」「郵便番号」など属性情報の提供を求めている。スマホやタブレットなどの端末ごとにひもづく購買情報を匿名で利用する「広告ID」を使うことで、プライバシーと両立しながら消費者の購買意欲を高めようとしている。

購買に関するデータを使えば、例えば酒類を買ったことがない顧客は購入の可能性が低いと判断し、広告を配信しないことができる。ターゲットを明確に絞ることができ、広告主だけでなく店舗の売り上げ増につながっている。

伊藤忠とファミマは2020年にNTTドコモ、サイバーエージェントと広告配信会社のデータ・ワン（東京・千代田）を設立した。伊藤忠グループが過半を出資するデータ・ワンを通じ、実際のデータに基づいた広告事業を広げる。

23年4月末にはディスカウント店「ドン・キホーテ」などを運営するパン・パシフィック・インターナショナルホールディングス（PPIH）のデータも共有すると発表した。客層が異なる企業の購買情報も組み合わせ、分析の精度を引き上げる。

伊藤忠グループはファミマの店舗自体を「メディア」にする狙いだ。21年から店舗に大型のデジタルサイネージ（電子看板）を設置し始めており、今後、来店者の画像を人工知能（AI）で分析して顧客に合った広告を表示できるようにする。23年末までに1万店舗に置く計画だ。

デジタルトランスフォーメーション（DX）の進展で、小売業界自らが持つ購買データを活用する動きは米国で先行して進んでいる。

米ウォルマートや米アマゾン・ドット・コムはデータ活用の技術を常に刷新し、精度の高い広告を配信し続けている。アマゾンの22年の広告売上高は約380億ドル（約5兆3000億円）で、21年から21％増加している。日本でもデータを直接抱える小売り側に大きな商機が広がる。

伊藤忠は19年に小売りなどの生活関連事業をまとめる新組織「第8カンパニー」を設けた。従来の縦割り組織を廃し、生成AIの活用も探りながら「マーケットイン」の発想に即した新規事業を生み出す狙いだ。会長兼最高経営責任者（CEO）の岡藤正広は「顧客ニーズをしっかりつかむことで新たな商社像に向けた進化を加速させていく」と話す。

住商、アフリカで先手緩めず

通信・金融、成長市場に網

住友商事がアフリカの国づくりを支えている。エチオピアでは英ボーダフォンと共同出資して通信回線サービスを始めており、2030年に全土をカバーする計画だ。ケニアではスマートフォンや電動バイクを割賦販売する現地の金融スタートアップに追加出資した。経済インフラの構築を主体にしてグローバルサウスの一角である「最後の市場」に先手を打ち、新たな成長の土台を築く。

エチオピアは国営エチオテレコムが携帯通信を独占していたが、19年の自由化決定を機に住商

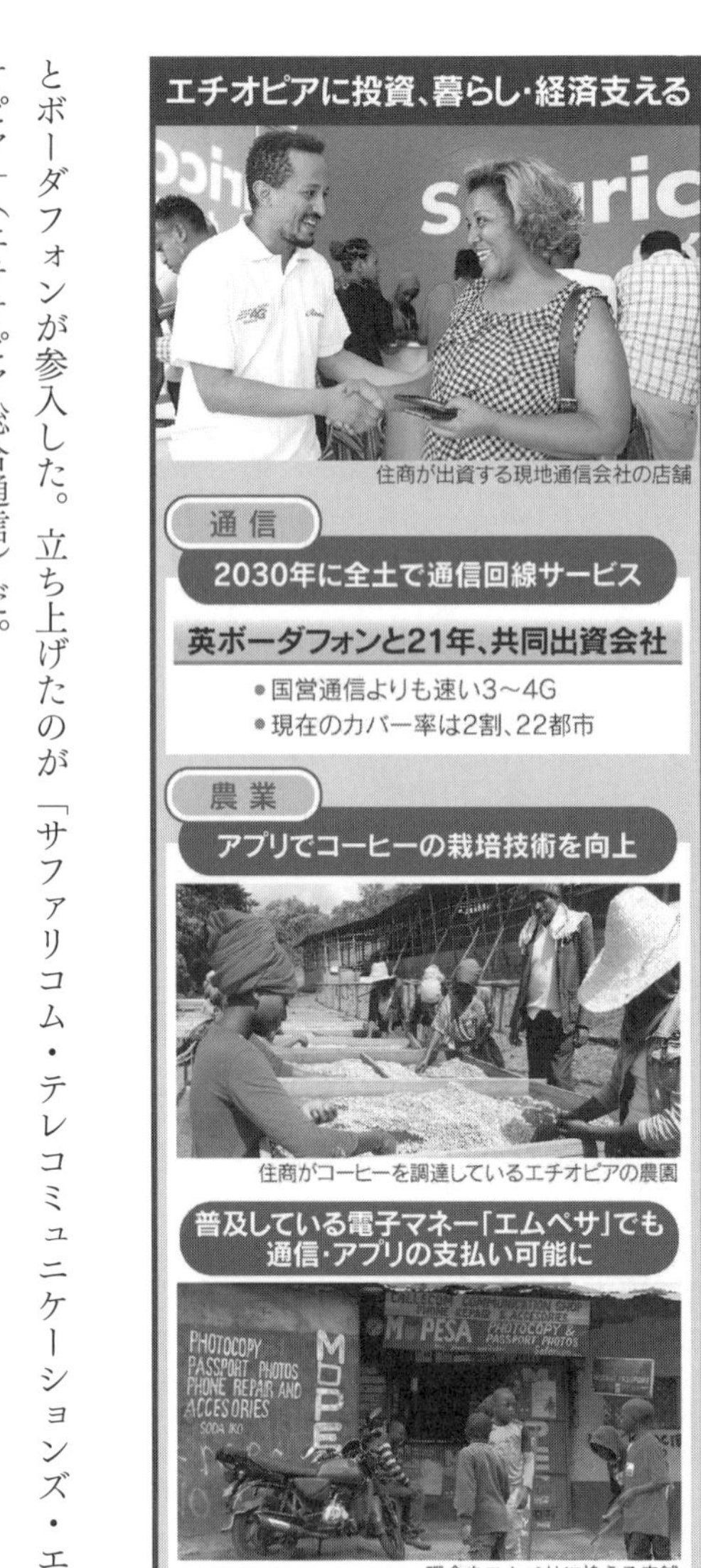

住商が出資する現地通信会社の店舗

住商がコーヒーを調達しているエチオピアの農園

現金をエムペサに換える店舗

とボーダフォンが参入した。立ち上げたのが「サファリコム・テレコミュニケーションズ・エチオピア」（エチオピア総合通信）だ。

30年に全土カバー

「動画視聴が中心の若者から支持を集め、インターネットに強い通信会社として存在感が高まっている」。現地駐在の石沢修は手応えを語る。通信速度が強みで、国営企業は2G～3Gが中心だが、住商は3Gと4Gを組み合わせて高速通信を実現した。

住商とボーダフォンの連携の発端は10年前まで遡る。13年にミャンマーが通信市場を外国資本に開放した際、両社はミャンマー国営郵便・電気通信事業体のパートナーの座を競った。この案件で住商は通信インフラやサービスを充実させ、携帯普及率100%を実現した。ボーダフォンは実績を高く評価し、エチオピアの件で声をかけた。

エチオピアの携帯普及率はアフリカの平均である9割を下回り、5~6割にとどまる。スマホに限ると2~3割だ。エチオピア総合通信は1週間に50局、1年間で2500局のハイペースで基地局を設ける。23年3月までに主要22都市で整備を終えた。現状の人口カバー率は2割程度だ。

エチオピアの都市部で働くために、周辺の村からバスで1時間以上かけて通勤する場合が多い。移動中に使えない通信網は利用する意味が薄れる。また、現地では携帯を通じた電子マネー送金の需要が高まっている。

住商・ボーダフォン連合は30年までに全土をカバーする計画だ。いかに効率的に通信可能なエリアを増やせるかが今後の焦点になる。

住商は現地で通信とサービスの融合を目指しており、ここでもボーダフォンとの連携が重要になる。ボーダフォンが出資する電子マネーの企業エムペサのサービスを通じ、様々な決済ができるようにする考えだ。農業、保険、動画配信などの分野で独自サービスを計画しており、収益源を多角化する。

例えば農業では、スマホを通じてコーヒーや茶葉の農家に効率的な栽培方法を助言する有料プラットフォームの立ち上げを検討している。エチオピアの農業は個人の経験に依存しており、効率化が国家的な課題となっている点に目を付けた。

エチオピアで通信に投資する一方、ケニアなどでは金融サービス市場に入り込む。ケニアのスタートアップであるエムコパに23年5月、50億円を追加出資し、出資額は累計で60億円となった。

エムコパはアプリを通じて一定の保証金を支払えばスマホや電動バイク、太陽光発電装置を購入できるサービスを手掛けている。一括でまとまったお金を持たない日雇い労働者でも購入でき

ケニアではスマホやバイクの普及支援

エムコパはスマホなどを割賦販売

住商は金融新興のエムコパに出資

- スマホや電動バイク、太陽光発電装置を割賦販売
- 支払いが止まると、利用も出来なくなる仕組み

エムコパに23年5月追加出資、計60億円に

住商に協業相手を紹介してもらい、アフリカで事業広げる

エムコパのジェシー・ムーアCEO

グローバルサウスの一角、アフリカに先手

人口は50年までに7割増

2022年	50
14億人	25億人

スマホは25年に6割が所有

2021年	25
49%	61%

(注)人口はアフリカ全土、スマホ所有率はサハラ以南のアフリカ

る。

エムコパとの関係を深めることは、住商の通信事業にプラスに働きそうだ。エムコパがエチオピアなどへの進出を検討しており、同国でのスマホ普及にもつながる。最高経営責任者（ＣＥＯ）のジェシー・ムーアは「顧客基盤を１０００万人まで広げる。まず2カ月以内に南アフリカに出て、さらに数カ月先には次の地域に進出することも考えられる」と拡大の意欲を見せる。

エチオピアから始まったボーダフォンとの関係は事業と地域の枠を超える。それを表すのが、車を決済端末とする「車載決済」サービスだ。住商が23年中に欧州で始める。この決済は、ＳＩＭ同士を相互通信させるボーダフォン子会社の技術を活用している。

電気自動車（ＥＶ）の充電スタンドや飲食店のドライブスルーの支払いを車から降りずに自動でできるようになる。今後、車内のあらゆるサービス課金に不可欠となる見通しだ。25年以降は米国などへの進出も検討し、６００億円規模のビジネスに育てる。

通信事業を含むメディア・デジタル部門の24年3月期の連結純利益は３６０億円を見込む。社長の兵頭誠之は「収益化に時間はかかるが、将来性の感じられる事業を地道にやっていくことが重要」と話す。南半球を中心とした新興・途上国「グローバルサウス」で先手を打ち続け、ボーダフォンと事業を広げるなど新たなビジネス像を描く。

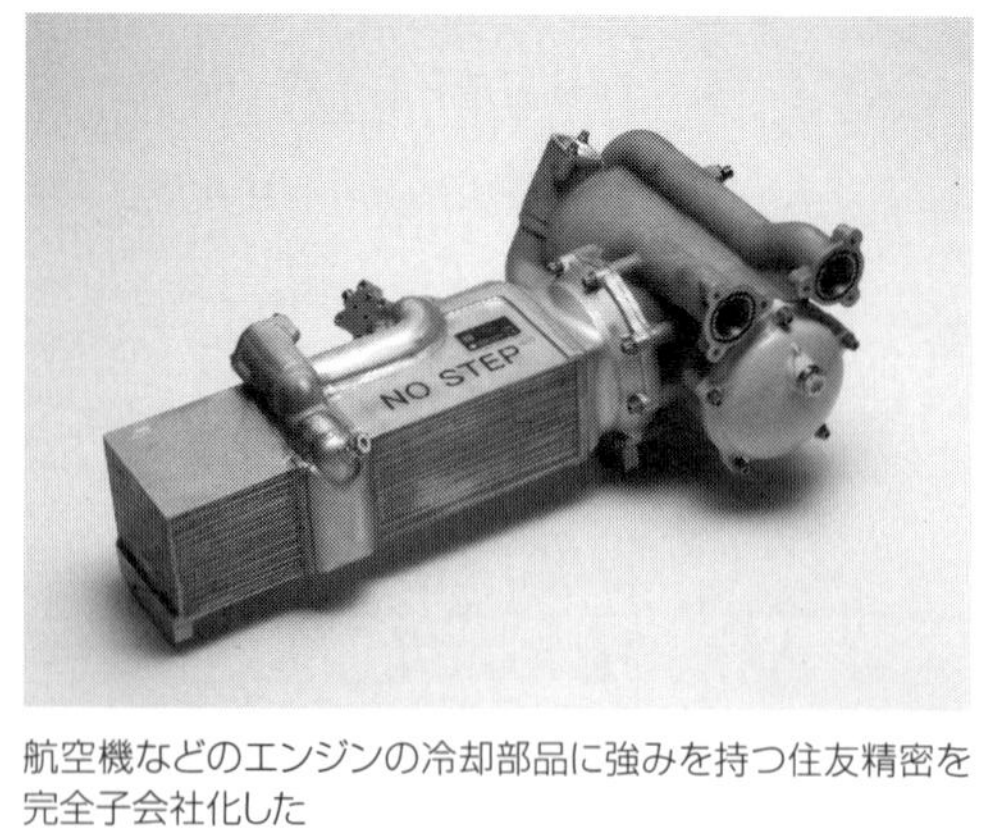

航空機などのエンジンの冷却部品に強みを持つ住友精密を完全子会社化した

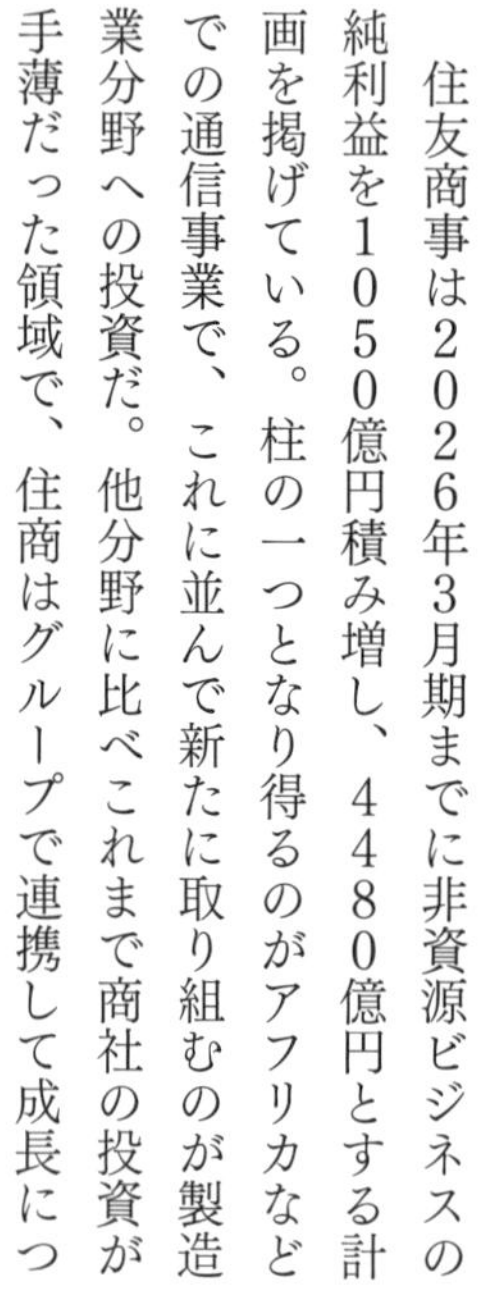

ものづくりも引っ張る住商

住友商事は２０２６年3月期までに非資源ビジネスの純利益を１０５０億円積み増し、４４８０億円とする計画を掲げている。柱の一つとなり得るのがアフリカなどでの通信事業で、これに並んで新たに取り組むのが製造業分野への投資だ。他分野に比べこれまで商社の投資が手薄だった領域で、住商はグループで連携して成長につなげる。

製造業への投資の象徴が航空宇宙機器などを手掛ける住友精密工業の完全子会社化だ。22年にＴＯＢ（株式公開買い付け）を実施、同社は23年3月に上場廃止となった。１９９５年にケーブルテレビ・インターネットサービスのＪＣＯＭを設立してノウハウを培った通信と、精密機器の事業などが並ぶ姿はコングロマリットの進化とも言える。

住友精密は61年に、住友金属工業（現日本製鉄）の航空機器事業を継承して設立された。航空機が離着陸するときに使う「脚」の製造や、エンジンの熱交換技術を武器に成長してきたニッチトップ企業だ。

高い技術を持つにもかかわらず、変化の目まぐるしい世界の市場では規模感が物足りなかった。2022年3月期の連結売上高は438億円、純利益は23億円。19年3月期〜21年3月期の平均設備投資額は19億円、研究開発費は8億円にとどまっていた。

住商は住友精密のポテンシャルを知るがゆえに歯がゆさを感じていた。TOBに約140億円を投じたのは、大規模な投資を可能にして経営判断を速めるためだ。住商は増資や融資の形で資金を注入し、住友精密にとっては大型となる100億円規模の設備投資やM&A（合併・買収）を実現させる方針だ。

住商は自動車部品製造のキリウなどを子会社に持つ

航空分野では、小型航空機を中心に研究が進んでいる水素燃料を巡り、関連技術を持った企業の買収を検討する。住友精密が水素向けの熱交換器を開発できるよう、住商が最先端の水素関連技術などの情報を提供し、付加価値の高い製品を開発する。

これまで住商が製造業を完全子会社にした例は少ない。04年にファンドなどから取得した自動車部品製造のキリウ、19年に同じ分野の浅間技研工業をホンダなどから取得した。住友精密の買収に踏み切った背景には、世界の企業への出資を通じて、必ずしも買収先の技術などすべてを理解する必要がないと身をもって知ったことが大きい。

製造業に過半やそれに近い形で出資して成長を促す取り組みは、住商以外にも徐々に広がっている。

三菱商事は23年4月、東洋紡と共同で機能性素材を手掛ける東洋紡エムシー（大阪市）の事業を始めた。東洋紡の事業の4分の1を移管するという大がかりな取り組みで、三菱商事と連携して売上高に占める海外比率を高め、M&Aで同社のネットワークを活用する。

三井物産では、化学品大手の米セラニーズと折半出資した企業が米国でメタノールを製造している。23年6月には旭化成に環境負荷の小さいバイオメタノールを供給した。30年までに同社への供給量を年数千トンに増やしたい考えだ。

製造業が自ら海外に拠点を拡大していた1980年代以降、商品のトレード機能が中心だった商社は幾度となく不要論がささやかれてきた。それから40年あまりたち、製造業の経営を商社が担い始めている。商社の持つ最先端の情報や経営ノウハウの真価が問われている。

丸紅、洋上風力「浮体式」で先陣

EVに再エネ、下流も開拓

丸紅は2020年3月期に過去最大の最終赤字に転落したが、大胆な資産の洗い直しにより直近は2期連続で最高益を更新した。社長の柿木真澄は「スピードとチャレンジ」を重視する。業界トップクラスに引き上げた電力部門では再生可能エネルギーへ果敢に切り替え、洋上風力の「浮体式」を先陣切って展開する。東南アジアの消費者向けビジネスにも乗り出し、守りから攻めに転じて成長の種をまく。

100億ポンド（約1兆8000億円）のクリーンエネルギー投資――。23年5月に開かれた主要7カ国首脳会議（G7サミット）で、英スナク首相は丸紅がパートナー企業と英で大規模な投資をする計画を明らかにした。このうちスコットランドの浮体式洋上風力のプロジェクトは発電容量が260万キロワットとなっている。浮体式としては世界屈指の規模になる。

福島・福岡で知見

洋上風力では、風車の土台となる構造物の種類が2つある。浅い海で海底に固定する着床式と、水深が深いところで構造物を浮かべる浮体式だ。丸紅は世界でいち早く浮体式の実証を重ねてきた。13年に福島県沖、19年に福岡県北九州市沖のプロジェクトを手掛けた。

浮体式の洋上風力は欧州でも導入が始まったばかり。「浮体」には種類があり、それぞれ一長一短があるが、丸紅には国内で4種類の浮体を取り扱ってきたノウハウが蓄積されている。

丸紅が浮体式を海外展開するのは初めてだ。落札できた理由について、電力本部長（執行役員）の原田悟は「世界で先駆けて浮体式に取り組んできた経験が生きた」と話す。英電力大手SSEのグループ会社やデンマークの再エネ投資会社と海域のリース権を獲得した。30年までに一部の運転開始を目指す。

着床式では秋田県沖で、発電容量が計約14万キロワットの商用洋上風力を稼働させた。丸紅が筆頭株主となっている秋田洋上風力発電（AOW、秋田県能代市）の社長、岡垣啓司は「レールを敷きながらやる苦労は全然違う」と話す。

国内に前例がないため、手探りで進める状態だった。例えば港湾利用の契約書のひな型を新規に作った。洋上風力の建設は拠点となる港湾を占有することになる。賃借者として国土交通省や自治体と話し合いを重ねた。

秋田の案件では国内に建設の人材が乏しかった。洋上風力で先行していた欧州の人材と共同で施工にあたった。岡垣は「これを契機に15～20年かけて日本の人材に厚みをもたせていけば、オールジャパンで施工していくこともできるようになるだろう」と期待する。

ビッグ6に次ぐ

再エネの小売りでも先を進む。その象徴が同じ英国でのスマーテストエナジーの取り組みだ。地元に密着し、公共性や信頼性を強く求められる電力インフラを担う企業を日本企業が自ら立ち上げ、育て上げた。再エネの電気を中心に発電事業者から買い取り、卸売りや小売り事業を手掛ける。01年の設立から順調に事業を伸ばし、英国での法人契約ではビッグ6と呼ばれる大手電力小売り6社に次ぐ規模にまで成長した。

販売量の約7割が環境証書付きの供給となっている。15年には欧州で初めて、顧客にも見える形で産地証明書を発行し、どこで産出した再エネかもわかるようになった。この経験を国内にも生かして、11年には現在の丸紅新電力(東京・千代田)を立ち上げている。

「総合エナジーソリューションプロバイダーへ」。発電、小売りの次に原田が据える戦略だ。丸紅の22年3月末時点での国内外の合計持分容量は1200万キロワットと大きい。だが、小売りを通じて需要家と向き合うなかで「電源までバリューチェーンをさかのぼってどこでどういう事業をすればいいかということが見えて来た」と原田は話す。

パナソニックホールディングス(HD)と組み、商用の電気自動車(EV)の導入支援に乗り出す。共同出資会社を立ち上げ、車両の手配から充電設備の設置、車載電池の管理まで一括で請け負い、国内の二酸化炭素(CO)排出量の2割を占める運輸部門の脱炭素化を後押しする。

電力小売りの英スマーテストエナジー

丸紅社長の柿木真澄は「グリーン戦略は意識しなくても日常的になりつつある」と話す。柿木自身、電力部門のトップとして東南アジアや中近東など海外を中心に多くの火力発電プロジェクトに取り組んできた。化石燃料を使った旧来の電力事業からの再エネシフトをいかに素早くこなしていくか、その難しさを当事者として実感しているうちの1人だ。環境変化に応じた「変わり身の早さ」が丸紅の強さになりつつある。

ミッションは「果敢に挑戦」

「失敗した経験のある人じゃないと信用できない」。丸紅社長、柿木真澄の持論とされる。配属された電力部門では若いときに苦い失敗を重ねた。しかし、その失敗にもめげずに果敢にライバルに挑み、同部門を業界トップの規模にまで引きあげた。その経験が柿木の原動力だ。

社長就任から1年後の2020年3月期の決算は過去最大の赤字に転落。過去に投資した米穀物大手ガビロンや石油ガス事業など大型案件の減損処理を迫られたためだ。格下げの懸念もあったが、ここでも「問題を先送りせずに損失として落とせるものは落とし、再出発する」ととこらえ、ポートフォリオを大胆に見直した。

ぜい肉を落とした結果、22年3月期には最高益に、23年3月期も更新するなど「V字回復」を果たした。機関投資家などが重視する資本効率も高まっており、自己資本利益率（ROE）は丸紅が大手5商社のうちで最も高い22・4%と、18年3月期と比べ8・4ポイント改善した。

負の遺産の整理はおわり、これからは「攻め」のモードにかじを切る。その象徴が22年度に新設した次世代コーポレートディベロップメント本部だ。

これまで丸紅が手掛けていなかった領域を開拓する。20

若いときに苦い失敗を重ねた経験が柿木社長の原動力だ

年3月期の大型減損もあって新規投資を厳選するマインドが社内にまん延していたなかで「選別が厳しすぎて挑戦の妨げにならないよう、失敗してもきっちり清算して敗者復活ができる環境を整えた」と狙いを話す。

同本部の第1号案件がカナダのコーヒーチェーン「ティム・ホートンズ」のフランチャイズ（FC）展開だ。東南アジアのZ世代をターゲットに据えて、シンガポールやマレーシア、インドネシアの3カ国で現地のニーズに合わせたメニュー開発を共同で展開する。

「挑戦しないことこそ危機だ」との認識のもと、人事評価も変えた。高い目標を掲げ挑戦する人材を年次にかかわらず処遇する。失敗しても再挑戦できる機会を与え社員の自主性に働きかけた。ミッションを上司と時間をかけて決め、その設定されたミッションの難易度に応じて基本給も変わる。期末にミッションを上回る成果が出ればボーナスに反映される仕組みだ。

仮に「未達」となった場合でも基本給は保証される。翌年度の評価に繰り越されることもなく、再びチャレンジできる仕組みを作った。

柿木自身、電力部門に籍を置いていた時、ＩＰＰ（独立系発電事業者）案件で苦戦。5回、6回と失注が続き、「本社から最後通牒を突きつけられた」。しかし、「上司にくらいついて諦めなかった」ことがその後の相次ぐ受注につながった。アラブ首長国連邦（ＵＡＥ）から大型のガスタービン12台を納入する契約を取り付けたものの、工事を発注した企業が倒産、1年で終わるはずのプロジェクトに5年かかったこともある。

「果敢に、笑いながらチャレンジしてほしい」との柿木の思いは形にもなってきた。19年度に設置した部署横断の組織として発足した次世代事業開発本部ではスマートフォンなどで医師と相談できるデジタル版「母子手帳」のアイデアが社内のコンテストで当選。インドネシアで実際に広く使われている。同国最大の民間病院にも出資した。

丸紅がインドネシアで展開する母子手帳アプリ

最近ではバングラデシュを拠点にＩＴサービスを手掛けるＢＪＩＴグループと資本業務提携した。人工知能（ＡＩ）の活用やデジタルトランスフォーメーション（ＤＸ）に対する企業ニーズの高まりから、世界的なＩＴ人材の不足が避けられない。潜在力がある同国の人材に焦点をあて、丸紅のノウハウを伝授することで人材供給源として同社の成長を支援する。

同社を支えている電力・エネルギーや金属の事業では、三菱商事や三井物産のライバルも力を入れる。同根の伊藤忠商事は資源・エネルギー分野では「財閥系相手に勝ち目はない」（会長CEOの岡藤正広）として小売りなど消費者に近いリテール分野に経営資源をシフトし、三菱商事、三井物産と肩を並べる存在になった。

丸紅は東南アジアを中心に今まで手掛けていなかった領域に乗り込み、新たな収益の柱としたい考えだ。仕組みは整った。あとは社員一人ひとりがそれをどう育て、刈り取るかにかかっている。

第10章

私の進化論

経営環境の変化に合わせて、しなやかに業態やビジネスモデルを進化させ、高成長を遂げてきた総合商社。持続的な成長にどのように取り組むのか。三菱商事、三井物産、伊藤忠商事、住友商事、丸紅の5社のトップに対し、2023年9～10月にインタビューした。各社独自の戦略から、グローバルの経営課題、問題意識、そして商社のあり方まで、それぞれの「進化論」を語ってもらった。

三菱商事・中西勝也社長

「もはや商社ではない」

Q、社長就任から1年半が過ぎました。これまでの経営をどう評価しますか。

「グループCEOとして全社経営にも携わったが、社長になるとその真ん中にいる。そういう意味では社長だからわかること、みえてくることがこの1年でずいぶんあった。1つ目は三菱商事の多様性だ。私たちは本当に色々なことをやっている。実際に色々なグループの現場だけでなく、グループ外の施設なども視察して対話を重ねると、三菱商事の強みである多様性を改めて認識した」

「2つ目は三菱商事に対する期待だ。業績は就任早々に立ち上がりが好調で、過去から作ってきたポートフォリオが生きてきている。資源価格の上昇や円安などの追い風があるが、色々な方々と

中西　勝也氏
（なかにし・かつや）
1985年（昭60年）東大教養卒、三菱商事入社。16年執行役員、19年常務執行役員。22年から現職。電力部門の出身で、電力インフラの輸出や再生可能エネルギーの開発事業に長年携わってきた。大阪府出身。

の会話から、三菱商事に対する期待をものすごく感じた。3つ目は社長就任から1年半がたち、世の中について感覚を持てるようになってきた。今後の経営にどう生かすかがこれからの課題だ。地に足がつき始めている」

Q、商社の強みとして多様性を挙げました。社内外で対話を重ねるなか、何が驚きや発見だったのでしょうか。

「会社が進化していくうえで、やはりメニュー、オプションをもち、いかにまとめるか。多様性をもって、自分たちの強みをどう生かしていくか。三菱商事は今の世の中の変化をチャンスに変えて、伸びていく、進化していくポテンシャルを持っていると評価している。私が社長に選ばれた理由の1つは電力・エネルギーの出身であることだろう。電力は産業の根幹をなしている。ここに競争力がないと産業が弱くなる。そうはいっても日本は資源がない。どうしていくかという社会課題があるが、電力・エネルギーは三菱商事の強さの1つであり、その上に脱炭素やEX（エネルギートランスフォーメーション）も手掛けることができる。更に少子高齢化や労働人口減少という課題の中で、DX、即ちデジタルでいかに効率化していくかということにも取り組んでいる。デジタル、特に最近ではAIで世の中が大きく変わっていく中、半導体が産業のコメと言われるのと同じように、電力は産業の水だ。エネルギーがひとつのポイントになる。社会課題と向き合いながら新しいことを出来るのが三菱商事。脱炭素は全産業の共通の課題で、半導体含めて世の中がますます便利になればなるほど電気を使う。三菱商事はこの根幹に強さがある。多様性を持ちながら、レジリエンスを持って、どんな風が吹こうとも会社を守れる強さと、チャンスを捉えて攻める強さを兼ね備えた会社になっていきたい」

三菱商事・中西勝也社長

Q、EXを通じて日本の産業基盤を一新していく。重要なのはローカル（地方）になる。地域創生の重要性も唱えています。

「22年5月に3カ年の経営計画として中期経営戦略2024を出し、3つの成長戦略を掲げた。EX、DX、そして未来創造だ。この3つ目の未来創造が、社内外で意味を問われるケースが多かった。社長を1年半やり、言い方も進化させている」

「新産業を創出し、『新産業×地域創生』で日本の未来をつくっていきたいと最近は説明している。世の中の大きな変化の中で、今は日本もインフレだが、日本は世界に比べると圧倒的に物価は低い。金利も世界に比べると異次元の金融政策を取り続けている。賃金も他の国に比べれば安い。治安は良いし、政治も安定している。為替もかつての超円高時代からは想像できないくらい円安だ。ある意味、日本はチャンスだと思う。今の環境の中ではすごく良いポジションと思っており、新しい価値創造に繋げたい。政府も脱炭素を前向きに捉えてGXを通じて産業創出しようとしている」

「TSMCやラピダスが工場を建て、色々な事業がようやく日本に来始めている。これは日本をもう一度産業立国として立て直すチャンスだ。少子高齢の中で雇用を生んで、新しい産業を創出する。これをDXで省力化、効率化していくことで、その地域をもり立てることができる。住む人が不便ではいけないので、チャーミングな魅力ある都市にも変えていく必要がある。実現には10年以上かかるかもしれないが、『新産業×地域創生』の根幹となるのは競争力のあるエネルギーだ。三菱商事はグローバルな会社だが、本社は日本にある。だからこそ、新産業創出と、地域創生と未来創造を1つのパッケージとして展開することで、日本を再び産業立国にしていくべきではないかと考えている」

Q、一般の人は、商社は海外の大型プロジェクトを連想します。三菱商事と地域には意外性があります。日本は課題先進国といわれますが、逆に日本で事業を展開する意義は大きくなっているのでしょうか。

「日本は課題だらけだ。商社の進化は、トレーディングに始まり、その後事業投資を展開し、今は事業経営に発展した。私は『バージョン4』をやりたい。新しい進化形をやりたいと思っている。私は電力出身で、この進化をこれまでの会社人生で経験してきた。85年に入社した当時、電力部門は重工メーカーの機器を売っていたが、その商売は将来にはなくなるという危機感から、IPP（独立系発電事業）、即ち事業投資を87年に始めた。今も続くモデルだが、そのころはIPPなんて聞いたことがないという時代だった。そして今は、オランダのEnecoというエネルギー会社を買収し、発電所のアセットだけではなく、顧客基盤を持つ事業経営へと進化してきた。トレーディングから事業投資、事業投資から事業経営へという変化をまさに会社人生で経験してきた」

「IPPを始めた頃は、事業機会は海外にあった。海外でビジネスを行う際、必ず現地のパートナーと組んだ。現地の『折衝』などは我々では管理しきれないためだ。三菱商事の役割はストラクチャーをつくったり、コントラクターを連れてきたり、ファイナンスを組んだりするのがメインだった。現地のパートナーはそれぞれ地域のエキスパートと組んだ」

「ようやく日本も洋上風力で規模感がある案件が出てきた。実は三菱商事が海外で展開していたIPPを日本に持ち込むのは初めてだ。洋上風力に関しては、三菱商事は海外でEnecoと十年以上取り組んできた実績があった。一方、現地パートナーは日本の場合、我々自身となる。長期に亘る事業をするには、地元の人の賛同がなければ絶対にできない。30年にも及ぶ事業になると、命懸けで地域に根付き、期待に応えないといけない。洋上風力を起点に新しい産業が生まれ、町を豊かにしなければならない。洋上風力事業に、周辺事業をどう組み合わせて地域創生をし、未来をつくっていくかがテーマとなる。そこは真剣に考えている。洋上風力の案件を落札したが、値段だけ安いと言われると、さみしい思いがある。ここまで考えて取り組んでいるからだ。我々が海外で現地のパートナーにお願いしてきたことを今度は自分でやらないといけない」

Q、三菱ブランドへの期待があります。裏切れないですね。

「期待を裏切れない。大企業がこのような地域に来てくれるのか、というのを異口同音に言われている。電力だけでない。富山県入善町でサーモンの陸上養殖をやる。これも電力と同じだ。サーモンのトレーディングから始まり、事業投資を経て、現在はサーモン養殖大手のセルマックを買収して事業経営している。たんぱく源を求めている日本にこの養殖事業を持ってきた。国内で陸上養殖するとそれなりに電気を使う。すると、競争力ある電気が必要で、将来的にはこの電気を脱炭素化していかないといけない。こうしたテーマが出てくると三菱商事が持つ事業が掛け合わせられるのではないか。私が言っているところの『共創価値の創出』だ。事業経営の次のバージョンといえる」

「これが出来る会社はそんなにない。多様性を豊富に持っているのは強みだ。1＋1を3にも、1＋1＋1を5にもする。グループの壁を乗り越えて共創価値を生み出していく。例えば、自動車はそれなりの強みを三菱商事は持っており、いすゞ自動車や三菱自動車とともにアジアで頑張っている。EVになって日本勢も苦戦しているが、EV普及には充電ネットワーク整備や配電を変えていく必要があるなど、電力の知識が必要になる。自動車の担当も電力をやっていれば、顧客からの充電や配電の質問にも答えられる。色々なメニューをワンストップで提供できるのが大事だ」

Q、マクロの経営環境も伺います。三菱商事が最も向き合わないといけない変化は何でしょうか。

「産業や地域の観点でアジアが大事だと思っている。中国の景気も本当によく見なければならないが、アジアにどんどん中国が進出してくると、日本のアジアビジネスはやられてしまうのではないか。日本がアジアにプレゼンスを確保し続けることを、三菱商事だけでなく、日本人全員が考えないといけない。アジアにおける日本のポジションがなくなると、米欧からは結局、日本の役割って何かと思われる。地域軸は一つの経営課題だ。中国がもっとアジアにでてきた時に、基盤を失うのではないか、という危機感がある。拡張するよりは、どうやって守り抜くかだ。自動車だけの世界に留まらず、タイヤも薄板もエネルギーにも波及する。自動車産業は日本の産業のメインだが、環境は変わりつつある」

Q、テクノロジーの変化も大きいです。商社はこれまで米国で流行していたITサービスを日本に持ち込むのを得意としてきた。技術者集団ではない商社がこれからテクノロジーとどう向き合いますか。

「技術の変化は一番よく見ないといけない。これまで商社は技術について目利き力がないと言われることもあるが、今の時代は、ここを見誤ると、全部やられてしまうぐらい技術は重要だ。テクノロジーの進化をどう見ていくかも、商社が今までやってこなかったチャレンジだと思う。これはアンテナをたて、想像力を働かせるしかない。あとはネットワークだ。核融合発電スタートアップの京都フュージョニアリングへの出資、京大との起業支援プログラムの新設、マイクロソフト創業者のビル・ゲイツ氏が立ち上げたファンド『ブレークスルー・エナジー・カタリスト』への出資など、新しい分野にそれなりに張っていかないと捕捉できない。研究者ではない我々が新技術を捕捉するには、ネットワークを持ち、我々が分かる言葉で咀嚼できるか。目利き力はそういう所に人を出すなりして『捕捉』して検証するという地道な方法しかない。それで良いと思う」

Q、三菱商事は情報力で技術に網をかけ、出資を通じて育てていくスタイルですか。

「育てるというか、自分たちのビジネスを行ううえでディスラプティブなモノが出てきたときに、先読みして対応できるようになりたい。技術が当たるかどうかは1000に3つかもしれないが、そのために投資するのではない。自分たちがやっていること、やりたいことへの新技術の影響を見極めるためだ。事業には絶対に寿命がある。寿命を早める技術革新が起きることはある。そういうときに早く資産を循環させていく。それは前中経から言っているが、事業には寿命があるから見極める」

Q、三菱商事もこれまでの歴史のなかで、「不要論」や「冬の時代」と言われるような危機に直面してきた。業容やビジネスモデルを変えて、時代の変化を先取りあるいは追随できたのはなぜでしょうか。

「それは多様性があったからだ。例えば、70年代の人は、三菱商事が今、サーモンをやっているとは思ってもいないだろう。原料炭も00年に入って以降だ。多様性をもって、時代のニーズにあわせて、社会課題に対応してきた。三菱商事はどこかがへこんでもどこかで支えられる。でも、全部が強くならないといけない。1人が強くて他が弱かったら、強いところが折れたら、ポキッとなってしまう。多様性を持ち、ちゃんと根を張って強い事業にしていく。これがあると、横の事業とのかけ算をしたときに、もっと強く、より盤石に出来る。ただ、いずれ寿命が終わる事業が出てくる。テクノロジーの進化で変化のスピードが速まる。経営としてはスピード、変化についていかなければならない」

「情報も共有しないといけない。昔は各営業グループのなかで情報を持ち合っていた。共有し合うことが大事だ。変化をいとわないカルチャーにしたい。固執しない。こだわるところはこだわるが、変わらないといけないところは変えていく」

Q、三菱商事らしさについてはどのように考えていますか。

「社長になって思っているのは、社会のために何が出来るかという点だ。三菱の『三綱領』のなかで言う『所期奉公』だ。日本がどうあるべきか、そういうことも考えている。社員の意識調査、風土調査を定点観測しているが、『公』に対するエンゲージメントが高い。やはり、「社会のために」と皆思っている。すごくピュアなところがあり、もうかれば良いという感じではない。それはすごくたくましい。会社に対するロイヤルティーにもつながる。ダイバーシティー&インクルージョンで多国籍になっても、『社会とともに』という考えでよいと思う。社会課題をどう解決するかにベースがある。それがピュアという意味では三菱商事の強みだと思う。だから自分がやっている仕事を誇れる。誇りは大事だ」

Q、商社の今後の進化のあり方についてはどう思いますか。

「22年の株主総会で『三菱商事がどんな会社かとアメリカ人に聞かれたときに答えられなかった、なんと答えればよいか』という質問があった。私は三菱商事は色々なことをやっていて、社会課題の解決を通じて成長していく会社と説明した。商社と言うと、商いを行う会社ということになるが、私からすればそんな表現は考えられない。日本貿易会に所属しているが、当社が関与するのは貿易だけではない。どちらかというと投資銀行に近いが、投資銀行でもない。5大商社と言われることもあるが、もはや各社のかたちは違う。先日も若手と会食があって、5大商社を意識するかと聞かれたが、それぞれの商社がやっていることは全く内容が違うと感じている」

「私は商社という言い方はあまり好きではない。三菱商事は代々卸売業にカテゴリー分けされてきたが、それが今や事業の軸足はトレーディングにはほとんど無い。商社とひとかたまりにされても、各社やっていることが違う。5大商社と言われるが、各社の経営方針は異なる。おおくりで、商社と言われると、進化しようにも網をかけてしまうことになる。商社は英語でもいえない。トレーディングハウスと言われるが、そうでもない。商社進化論の連載も最終回ということで、商社という言い方も最後にしてもらいたい。これからは商社という言葉はやめよう。もはや商社ではない」

三菱商事の歴史　支柱の「三綱領」

三菱商事が総合商社として創立されたのは1954年7月で、2024年には創立70周年を迎える。第2次世界大戦後、GHQ（連合国軍総司令部）による解散命令で1918年に設立された旧・三菱商事は法人としては一度、清算された。三菱グループでは三菱重工業が3社、三菱鉱業が2社に分割されたが、解散を命じられたのは三菱本社と旧・三菱商事だけだった。

解散命令を受けたときの役職員は約4000人だったが、約1500人が新会社の設立に動いた。新会社の数は百数十社に達したという。その後、旧・三菱商事の流れをくむ商社は4社に集約され、この4社が「大合同」して新生・三菱商事となった。創立時は、本店をはじめ、国内25拠点、海外16拠点での再出発だった。

戦後の混乱を経て、旧・三菱商事の解散から7年の空白があった。新生・三菱商事の

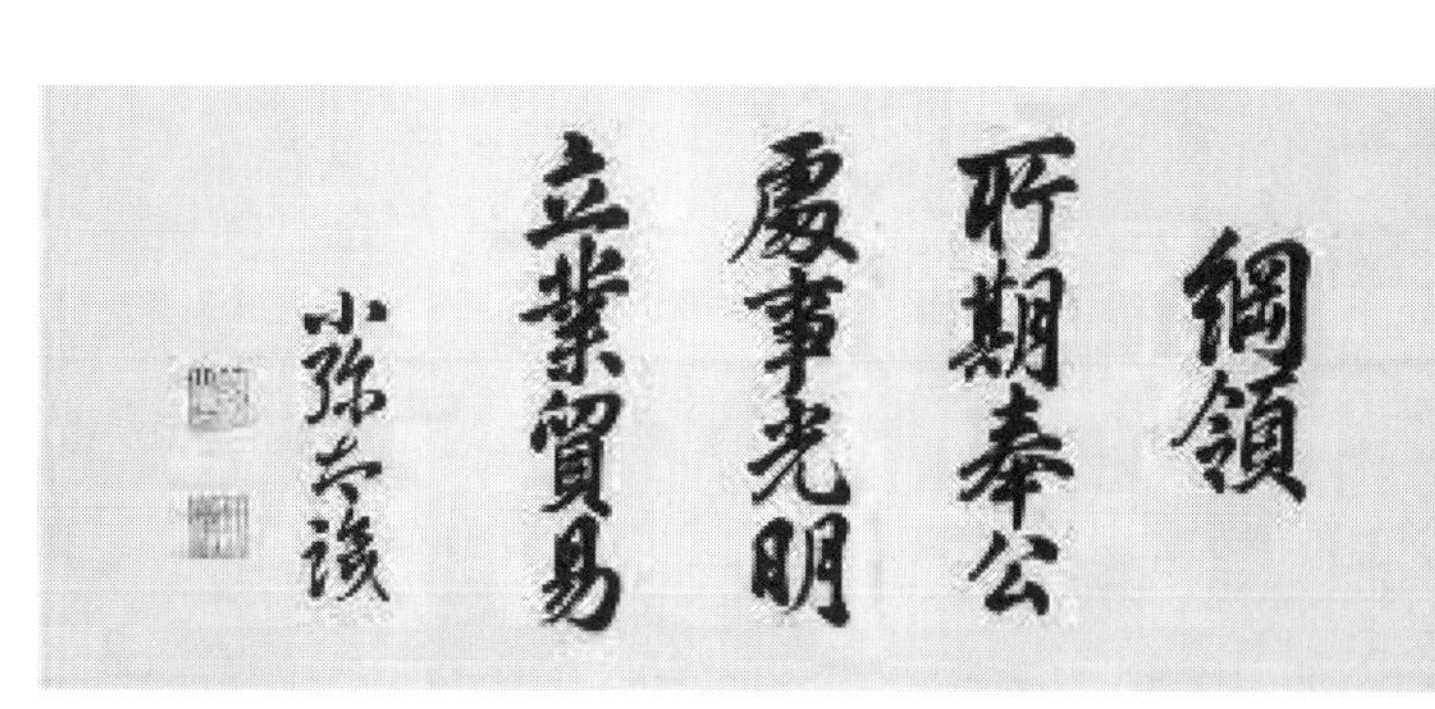

岩崎小彌太が描いた「三綱領」

社員たちの求心力となったのが、三菱の経営理念として知られる「三綱領」だった。当時の高垣勝次郎社長は「会社は営利企業ではあるが、利潤追求のために手段を選ばぬという考え方は許されるべきではない。我々は日本における代表的商社に属するとの矜持をもって万事正々堂々と行動し、健全かつ清新な社風の確立に努力すべきである」と強調した。1954年7月に発行された「社報」の第1号の冒頭には三綱領が掲げられた。

三綱領とは「所期奉公、処事光明、立業貿易」からなり、1934年に順守すべき会社の指針として明示された。この理念は、三菱4代目社長の岩崎小彌太が旧・三菱商事の1920年の場所長会議で訓示した内容を簡潔に要約したものだ。

そのころ旧・三菱商事は第1次世界大戦時の好況から一転して戦後恐慌に襲われていた。小彌太の訓示は、無配に転落した厳しい経営状況下で行われた。内容は叱責というよりもむしろ、会社がこれから進むべき道、指針を示す内容であった。

「我々の職業はこれを社会的にみれば、生産者と消費者との中間に立って、最も便利にかつ最も廉価に物品の分配をつかさどるにある。またこれを国家的にみれば、国内の生産品を我が生産者のために、最も有利にかつ最も広く輸出する、あるいは外国の生産品を我が国内の生産者または消費者のために最も低廉にかつ最も便利に輸入するにある。すなわち社会に対し、国家に対してこの重要なる任務を遂行することが、我々の職業の第一義であり、またその目的とするところである。そして、その任務を尽くすに当たって、需要供給の関係と時と場所との差異を善用して、正当な利益を得るに努めることが我々の職業の第二義である。この両義ともに等しく我々の活動の重要な目的であることはもちろんであるが、第二義はどこまでも第二義であって、第二義のために第一義を犠牲にすることは決して許されないのである。私が正義を厳守すべし、手段方法を慎むべしというのは、すなわちこの義に基づくのである」

三菱商事は戦後、総合商社のビジネスモデルや業容の拡大を先導する存在となっていく。貿易取引の仲介業として口銭を稼ぐモデルから、主体的に事業に投資をして持ち分利益や配当で稼ぐ「事業投資」、そして経営に深く入り込み投資先とともに成長を狙う「事業経営」へとそのモデルを発展させてきた。経営の支柱には常に三綱領があった。

三菱商事は今、これまで培ってきた事業や人材の多様性と総合力を生かし、新たな成長戦略を描く新しい段階に入った。DX（デジタルトランスフォーメーション）やEX

（エネルギートランスフォーメーション）の一体推進により、地域創生をパートナーとともに進めていく未来創造を掲げる。三菱商事の淵源となる九十九商会が１８７０年に海運業を興してから１５０年以上がすぎた。取り巻く環境は大きく変わったが、「公」に尽くすという理念に合わせ、経営は時代にあわせて進化し続けている。

三井物産・堀健一社長
「自由闊達こそ、力の源泉」

Q、現在、総合商社が置かれている経営環境をどのようにとらえていますか？過去の環境と比べ、何がどのように変化したと考えていますか。

「単線的だったグローバリゼーションが変わってきたと率直に感じる。グローバリゼーションが退化しているという人もいるが、そうは思わない。むしろ、高い目線でグローバルの仕事をしていかなければ、太刀打ちできなくなる」

「例えば、我々はヘルスケア事業をやっているが、人類の健康を突き詰めていくと、相当レベルの高いグローバルなコンソーシアムを作らなければならなくなる。こうした世界に入っていく資格や実績、実力を備えることが大事だと思う。単線ではなくなったグローバリゼーションの世界で、プレーヤーの一員として認めら

堀　健一氏
（ほり・けんいち）
84年（昭59年）慶大経卒、三井物産入社。化学品や金融関連の担当、IR部長、経営企画部長、ニュートリション・アグリカルチャー本部長などを歴任。19年専務執行役員。21年から現職。神奈川県出身。

れることがすごく大事であり、時代の要請であるとの思いをますます強くしている」

Q、単線ではなくなったグローバリゼーションとは、地政学や気候変動のリスク、ESGなど、グローバルに影響が大きい諸問題が、重層的にからみあっている世界観でしょうか。

「そうですね。世界中の人々にゆとりがなくなってきている。国にしても、共同体にしても、今後、どのように優位に立つか、不利にならないようにするかを戦略的に考えている。解決策は現実路線に立ち、時間軸を踏まえたワーカブル（うまくいく、機能する）なやり方でないとダメだ」

「例えば、化石燃料から再生可能エネルギーに変えていく話にしても、時間軸をみて、技術革新を取り入れつつも、電気は常に必要であり、産業に必要なエネルギーを届け続けなければならない。巨視的なバランスのとれたソリューションを持たなければならない。その点を世界で意識している人は多い。我々もその一角に必ず入っていないといけない」

Q、グローバリゼーションは終わるのでしょうか。それとも続くのでしょうか。

「グローバリゼーションは止まってはいない。かたちが複雑になり変化している。目線を上げないと、今の時代のグローバリゼーションのなかで、影響力のあるプレーヤーにはなれない」

「そのためには国別の知識がより深くないと、難しい。表層的に色々な国のことを理解するのではなく、長いことその地に根を張り、とことん歴史や事情を理解する必要がある。より高いレベルのグローバリゼーションをやろうと思ったら、ローカルに根ざした知識がベースになければ実現できない」

Q、グローバルとローカルは対義語の関係ですが、真のグローバルにはローカルの理解が必要になるのですね。

「当社も色々な国に社員を派遣したり、雇用しているが、これらの人材の力量と目線がますます大事になってきている。伝統的にそこは意識しているが、より力をいれていきたい。ゲームのレベルをさらに上げる必要がある。目線を高くするということは、つまりは深掘りするということだ。深掘りしないと目線は上がらない」

Q、三井物産が最も対処しなければならない環境変化は何でしょうか。

「一つ目は時間軸をしっかり描いたかたちでのエネルギーの大転換だ。エネルギートランジションに貢献していく。責任ある供給とは何だろうか。再生可能エネルギーを中心とする未来の新技術を入れ、どう移行していくか。企業としてはそのトランジションのなかで、さらに業容と収益基盤をあげなければならない。このトランジションをどうやるかは大事で、それに向けて色々な工夫やビジネスモデルを形成していく」

「再生可能エネルギー、水素・アンモニア、蓄電池などをトータルに組み合わせて、利益を増やしていく。基盤を強化しながらやるのは大変だが、これをグローバル規模でやるというのがポイントになる。日本へエネルギーを安定供給するためには、世界中で分散調達しないといけない。エネルギーの大転換に向け、グローバルにリーチを広げるのはとても大事だ」

「もう一つは、ますます色々なモノの希少性が上がってくる。エネルギー・鉱物資源、人的資源、自然資本などだ。ボトルネックができるなか、いかに調和をとりながら、サービスや製品の供給責任を果たしていくか。そういうところにしっかりと気を配って仕事を作らないと評価されない」

「三つ目は、人類全体のウェルビーイングだ。これは健康で、生活を持続可能に保っていくことにフォーカスしていく。狭義のヘルスケアから、病気にならないための未病・予防だ。そのためにはどういう食べ物を摂取するかにさかのぼっていく。ウェルビーイングを意識したサービス業、ニュートリション、食料などを一気通貫につなげていく。そこに経営資源をさいていく」

三井物産・堀健一社長

Q、商社は過去に「不要論」や「斜陽論」「冬の時代」など、経営環境の変化に直面した際、様々な危機を唱えられては、それを克服した歴史です。こうした不遇の時代の教訓をどのように受け止めていますか。

「商社は絶えず、変わっていく必要がある。歴史的なレッスンだ。自己変革を基軸に置いてきた。今から10年、20年先には事業ポートフォリオのかたちは変わってくる。現にこの20年かけて大きく変わっている。『こう変えていく』という風にバックキャストで発想するよりは、現状の経営環境に適した経営資源をさいていく。他社に任せた方がより価値が創出できる事業についてはリサイクルしていく。これを繰り返していくと、自然と自分たちのネットワークを生かせるようなポートフォリオに変わっていく。絶えず、自己変革していくことが大事だと思う」

「長期的なシナリオを持つべきだとは思うが、そんなにきれいにバックキャストはできない。むしろ、国や企業の動きはダイナミックに物事が決まっていく。そうすると、長期視点を持ちつつ、日々のコミュニケーションのなかから、なるべく有効な意思決定をしていく。インクリメンタルと言うか、一歩一歩しっかりやっていくのが大事だ。その総決算が強いポートフォリオになっていく」

Q、三井物産という枠を越えて、総合商社として今後のあり方、あるべき姿をどのように考えていますか。

「総合商社は日本をルーツとする非常にユニークな業態だ。歴史的に少しずつ、グローバルにネットワークを広げてきた。このネットワークにこそ価値がある。我々は産業横断的に事業を行ってポートフォリオを広げてきた。中核の価値は、絶えず定義をし直しているトレーディングや機能付加、投資を伴うかたちでの事業群形成である。そういう機動力と仕事をつくるメニューの豊富さがある」

「いま現在、お客様や社会が我々に要求するのは、産業を越えたクロスインダストリーで解決策を持ってきてほしいということだ。非常に強い要望であり、我々も応えたい。事業の垣根を全部取っ払うのが大事だ。当社は事業本部間の垣根がほぼないと言い切っていいぐらい、ヨコの連携をする。仕事の責任は分担するが、縦横無尽に今はチームができている」

Q、ヨコの連携ですが、クロスインダストリーではどこの分野を狙っていますか。

「例えば、エネルギートランジションだと、エネルギー部門と化学品やインフラに携わる部門が一緒になってやるケースが多い。食料由来のバイオガスを考えると、食料に携わる連携が必要になる。それがなければ、まとまった提案をできない。さらにデジタルが絡むと、ますます色々な連携が必要になる。ヘルスケアもニュートリションと食料につながっている。病気にならないための予防は、ニュートリションや食料もかかわってくる」

「ヨコの連携はプロジェクトごとに集まる感じだ。『この指止まれ』といった具合で、日常的に起きている。三井物産は海外店に裁量を持たせているのも特徴だ。海外店には各部門の代表が集まっている。海外店が『ミニ三井物産』となり、本店と協業している」

「本店では時々、そのようなヨコの連携の部門も作っている。エネルギーソリューション本部はエネルギーとインフラに携わる部隊が一緒になった。今のヘルスケア部門も元々は化学品と医療機器をやっていた物資部門が一緒になっている」

Q、20年に移転した新本社は、ヨコの連携がしやすい仕掛けがオフィスにちりばめられているのが特徴ですね。

「今は皆、社員はオフィスの中を歩き回って連携している。私が入社したころは、他の人に自分の仕事を見られないようにする文化があったが、今は開放的でオープンイノベーションな文化で、商社の特性を生かすかたちでアイデアを出そうという機運が強くなっている」

Q、三井物産は古くから「人の三井」と言われてきました。どのように進化させたいですか。

「人を育てることを経営の軸に置くのは、昔からの伝統だ。一人ひとりにユニークさがあって良いと心底思っている。一人ひとりの独自性を大事にしてもらいたい。もう少し具体的に説明すると、我々はプロフェッショナルなので、プロとしてのそれぞれの知見や経験を一人ひとり磨き、自立的に考えてほしい」

「社内では『インディペンデント・シンカー』になってほしいと言っている。自分で考える人だ。そういう人たちが大多数だと、いざという時に方向転換ができる。逆にそれがないと、おそらくソリューションを出せない。そういうかたちで、一人ひとりが頑張ってきたことをお互い認め合うような育成があるだろう」

「三井物産が創業以来、最も大事にしているのは自由闊達だ。『自由闊達』なインディペンデント・シンカーたちが、チームを組んで挑む。それを奨励し、鍛えられる舞台を我々は会社として責任をもって社員に提供する。私が大事にするメッセージだ」

Q、堀さん自身は、「三井物産らしさ」、「三井物産の強さの源泉」は何だと考えますか。

「そういう意味では『ダイバーシティー&インクルージョン』といわれるが、より重要なのはインクルージョンだろう。一人ひとり個性を認め合って、ビジネスの挑戦をしていく。例えば、将来のあり方をどうつくりあげていくか、あるいは事業グループ間でどのように連携させて価値を生むか。切磋琢磨というよりも、高度なプロ同士のインクルージョンが基本だと思う。プロ同士が『ここまでやった、それでも足りないモノは何か』と議論をしながら進めていく。そこに仕事のおもしろさと企業人としての生きがいを感じる」

三井物産の歴史「人の三井」の原点

1876年7月に旧三井物産が誕生してから150年（※1876年に創立された旧三井物産は1947年に解散しているため、現在の三井物産と法人格は異なります）。旧三井物産は第2次世界大戦後の1947年にGHQ（連合国軍総司令部）の指令で解散となり、その歴史に一度、幕を下ろす。解散後、旧三井物産系の商社は200以上生まれ、1959年に再編・統合の「大合同」を経て新生・三井物産が誕生し、今日まで伝統を紡いできた。

連綿と継いできたDNAの一つが、「人の三井」と称された人材本位の経営思想だ。

三井物産を27歳で創立したころの益田孝

源流は創業者の益田孝にある。１８７６年、三井の貿易会社として旧三井物産が創立された際、初代社長に就いた益田は27歳、社員はわずか16人にすぎない。現代風に言えば、貿易スタートアップとしての船出だった。

益田は徳川幕府の遣欧使節団の一員として西洋の近代的な経営を目にし、開明的な思想を持っていた。創業当初から複式簿記を取り入れ、従業員の待遇も整えた。創立から間もない時期に東京商科大学（現在の一橋大学）の前身の商法講習所出身の若者たちを積極採用した。明治維新後、封建社会の身分制度が改められたばかりだったが、実力重視の人材活用を志していた。

現代にもつながっている旧三井物産の誇る人材育成制度も創業初期に生まれている。「修業生」「見習生」と言われた人材の海外派遣だ。派遣先の地域で言語や風習を学びながら、現地の支店で実地研修してビジネス能力を磨く。修業生は１８９１年ごろから制度になり、当時では中国の上海支店に派遣された。

日清戦争後に始まった「清国商業見習生」は、中学校修了以上の学歴を持ち、中国貿易に意欲のある若者から選抜し、3年間に毎年10人を南京、広東、上海に派遣した。中国各地方の言語や風俗、人情などを学ばせ、現地に精通する人材を育てるのが狙いだった。

当時、海外企業が中国で商取引するには、「コンプラドール（買弁）」と呼ばれた中国人仲介人を雇う必要があった。旧三井物産はこの見習生で優秀な中国人材を育てた結果、欧米の商館よりも早く、コンプラドールに頼らない商いを実現させた。

益田が海外人材の育成の真意を語った講話が伝わっている。「一体商売の拡張を計るには、申すまでもなき事ながらその国の言語に通じ、その国の風俗になれ、その国人民と親密の関係を持たねばなりませぬ」と述べている。旧三井物産は中国を皮切りに、海外派遣先を世界に広げていった。益田の人材育成の志は、旧三井物産の発展だけに向けられていなかった。1902年に三井管理部会に提出された「貿易見習生養成に関する建議書」にその思いの発露がある。海外貿易の拡張を国家の急務と位置づけ、国家にその人材育成機能が育っていない現状を分析したうえで、民間が率先して「グローバル人材」を育成する必要性を説いた。「必ずしも三井家に奉職すべき義務を負わしめず、進退は之を自由に任し」とした。三井で育てたグローバル人材は、日本の国益に寄与する貿易の伸展に尽くすならば、三井にのみ貢献することはないと訴えたのだ。

後に益田は三井の人材の豊富さをこう誇った。「天下の金持ちは三菱でも古河でも久原でも、みな三井物産のような商売をやったが、みな失敗した。一つとして成功したものはない。これは三井には人間が養成してある。これが三井の宝である」

現在の三井物産も人の三井の思想を継承し、時代の変化に合わせて進化させている。2020年に移転した東京・大手町の新本社ビルにその一端を垣間見ることが出来る。新本社ビルに設けられた「CAMP」と呼ぶワークプレイスだ。

CAMPは古代ローマ軍が戦の訓練をした土地を「CAMPUS」と呼んでいたことに由来する。商社のビジネスは現場の交渉を通じて結実するが、成功にはオフィスでの入念な事前準備が必要となる。ビジネスを戦に例えれば、戦に向けての訓練をする場がCAMPとなる。

ユニークなのは、このCAMPの構想は若手を中心にボトムアップでアイデアを練った点だ。社内外問わずアイデアを共有したり、チームやパートナーと共同で議論を深めたり、そして、個人が集中して業務に取り組めたりする3種類のCAMPがつくられた。

創業期と比べられないほどに今の三井物産の業容は広がり、多国籍の社員が所属する国際色豊かなグローバル企業に発展した。人の三井に「ダイバーシティ&インクルージョン」の価値観を根付かせる機能もCAMPは担う。多岐にわたる領域の社員たちのアイデアを引き出し、部門の垣根を取り払って横の連携を促す。堀健一社長は「新本社は三井物産の本質的な仕事のあり方を示す格好のオフィスだ。オフィスは多様な『個』が集まることで、知的化学反応を起こし、新たなビジネスをつくり出す場と言える」と語る。

世界中にネットワークを張り巡らせる総合商社の強さの根幹を成すのは人材だ。グローバルで事業をますます広げる三井物産が、時代の変化に合わせて「人の三井」と呼ばれる強さの本質にどのように磨きをかけていくか。持続的な成長を左右する注目点だ。

伊藤忠商事・石井敬太社長

「遠近両用広角レンズで物事を見よ」

Q、社長に就任して3年目になりました。どのように振り返りますか。

「商社のこれまでの縦割りの組織でビジネスを発想するには限界が来ている。これまでと同じ事をなぞって、いつもと同じ業界の人ばかりと会っていては、新しいビジネスは思い浮かばない。縦をぶち壊して、もう少し広い世の中から物事を見る必要がある。例えば、エネルギーの電力トレード部隊と化学品の蓄電池部隊、そして機械の再エネ部隊を統合して『電力・環境ソリューション部門』を20年に立ち上げたが、お互いの客先に再エネ活用の横断的な提案ができるようになって、事業を発想する視野が格段に広がった。縦割りを打破しないと、商社は新しい活路を見いだせない。同じ人と同じ会話を続けても新たな発想は生まれない」

石井　敬太氏
（いしい・けいた）
83年（昭58年）早大法卒、伊藤忠商事入社。14年執行役員、20年専務執行役員。21年から現職。化学品畑が長く、海外現地法人のトップも歴任した。東京都出身。

Q、伊藤忠が電池で事業領域を広げていますが、蓄電池メーカーとの連携をはじめ、他の商社とは異なるユニークさがあります。

「他の商社は、発電プラントを起点にした発想で電池に取り組んでいる。伊藤忠は元々、発電事業の規模がさほど大きくなかったため、化学品の材料から電池ビジネスに乗り出した。川上の発電ではなく、川下から市場ニーズを掴みにいっている。マーケットインの発想でハウスメーカーやデベロッパー、鉄道会社、全農など協業先の幅を広げながら、分散型電源の社会実装に向けた取り組みを進めている」

「具体的には蓄電池を活用した分散型ネットワークを作り、川上の電力のピークをコントロールしていくこと等に取り組んでいる。全国で電力のピークが上がると、発電所を新たにつくらないといけないが、電力のピークを制御して下げることができれば、むやみに発電所を新設する必要はない。それがエネルギー自給率を上げることにもつながる」

Q、商社を取り巻く経営環境はパンデミックや地政学リスク、気候変動問題などで変化が激しい時代になりました。

「グローバルなサプライチェーンを追求した結果、地球規模に経済が大きくなり、一つの事象が世界に影響するスピードが速まった。それに対応する適応力を持たなければならない。中国経済が少し風邪を引くと、鉄鉱石の価格がドンと落ちる。昨今の資源パニックもロシアによるウクライナ侵攻から始まった。サプライチェーンが分断され、もう一回サプライチェーンを作り直さないと、今の状況はなかなか変わらない。そう簡単に解決できない」

「サプライチェーンの混乱に加えて、地球環境問題や、脱炭素化への対応、デカップリング、イデオロギーの違いなどが複雑に重なり、行動しようと思っても手足を縛られてしまう。だから、すごく難しい。例えば、代替原料を見つけても、その対象が友好国か仮想敵国なのか、あるいは脱炭素の観点でどうなのかという具合で重層的に問題を解きほぐす必要がある」

Q、そのような重層的な危機が連鎖する世界と隣り合わせになった。伊藤忠にとって、もっとも対処しなければならない課題は何でしょうか。

「伊藤忠は大所高所からではなく、足元から考えるスタイルだ。個人的にはICT技術の進化に注目している。コロナ後のリモートワークにしても、組織の縦割りを壊すツールにしても、そして異業種の対話にしても全てICT技術が左右する。今いる私たちの社会基盤もあっという間に変わっていくだろう。あらゆる分野でデジタルを取り入れないと世界から取り残される。これを日本で進めなければならない。伊藤忠としても産業の融合とイノベーションを生みだすリーディングカンパニーを目指す」

「ICTだけでなく、AI、ビッグデータ、量子コンピューター、クラウドも利用することで、今もっているビジネスがもっと魅力的になるはずだ。伊藤忠テクノソリューションズ（CTC）の完全子会社化を進めているのも、それをはやいスピードでやっていきたいためだ。ファミリーマートやほけんの窓口、ヤナセなどのグループ会社のもつデータを掛け合わせて、新しい成長分野を生み出していきたい」

Q、商社は米国で先に流行したITサービスを日本に後から持ち込む「タイムマシン経営」を得意としてきました。商社の今後のあり方は、生成AIや量子などの先端テクノロジーをどう使いこなすかが重要になると思います。

「先日、久しぶりに上海に出張して驚いたが、EVはもはや従来の自動車の延長線ではなくなっている。まるで移動するスマートフォンのようになっていると感じた。電動化により、電力網やビルとつながったり、自動運転によりEV同士が対話したりする世界は遠くない。これまでと全く発想の異なるゲームチェンジが起きている。我々はいち早く変化をとらえて、新しい次のビジネスにつなげていかねば今後の成長はないと考えている。最近は社内に向けて『遠近両用広角レンズで物事を見る。しかも3D機能付きだぞ』とよく言っている。そのレンズで見ないと、いつまでも同じ世界の発想しかできない」

Q、遠近両用広角レンズはおもしろい例えですね

「遠近両用で見るならば、まずは足元の『近』が大事だ。我々の強みは何か、それをどう展開したら、次の道が開けるのかを考える。そして、遠くを見る。目指すべき方向性が、どう社会に役立てるか、より大きなビジネスにつながるかを発想する。足元にある強みを認識して、それをどう磨くかを考えることが伊藤忠らしいやり方だ」

Q、最近グループ会社の完全子会社化の動きが続いていました。既存の事業を新たな発想で「アップデート」させるのが本質的な狙いなのですね。

「今年度CTCや大建工業を完全子会社化するためTOBを行った。自分たちがよく知っているパートナーとの既存事業を磨き上げて、ハンズオン経営で着実に新しい布石を打っていく方針だ。時代の潮流に対応し、さらなる成長につなげていく。よく知っている得意な分野を磨き上げていく方が、よく知らない海外企業を買収するより伊藤忠らしい。総合商社として海外の事業も重要なことは当然だが、カントリーリスクの観点からも国内市場は引き続き注目していく」

Q、他の総合商社とは異なる発想です。

「かつては商社は皆、横並びだった。伊藤忠も総合化と横並びで、知見のない事業への投資を積み上げ、『商社冬の時代』で一気に大きな損失を余儀なくされたこともあった。その時代を経て、伊藤忠はどういう会社で何が得意な集団か、それをもう一度考えさせてくれたのが岡藤（正広会長CEO）だった。元々、伊藤忠は繊維問屋で、売り手と買い手をつなぐことを一番の得意分野とした。繊維を祖業に行商し、お客様の欲しいモノを調達して持っていく。そういうビジネスの作り方をした方が我々に合っていると、原点に立ち返ったのが良かった」

「上位商社に追いつくためにと、資源を買いあさり再エネに巨額の投資をするということをやっていたら、また同じことになる。伊藤忠らしく、目の前にある得意分野を磨き上げていく。新エネルギー等の新しい分野にも、伊藤忠らしいマーケットインの発想で取り組んでいく」

Q、「伊藤忠らしさ」とは何でしょうか。さらに磨きをかけていくには何が必要でしょうか。

「やはり、持続的に成長していくためにも『稼ぐ』ことは必要だ。我々が大切にしている『か・け・ふ（稼ぐ・削る・防ぐ）』、の『か』の部分だ。マーケットインの発想で、お客様視点でビジネスをデザインしていく。以前はプロダクトアウトの発想で、川上のメーカーを見ながらモノを売っていたが、お客様にとっての付加価値がなければ、結局は価格勝負になって行き詰る。岡藤改革でお客様が何を望んでいるかをまず考えるようになった」

「お客様側から見て、欲しいモノをデザインしてメーカーに提案する。そうしないと不要論と一緒で、機能のないモノにお金を払う人はいない。特にデジタル化が進むと、そういう中間ビジネスは全部、AI等のコンピューターがやる世界になるだろう」

「昔、商社の強みとしてオーガナイザー機能があった。いつの間にか言葉自体があまり聞かれなくなってしまったが、再びオーガナイザーとして異業種を結びつけていく機能が注目されるだろう。川上のメーカーと売り先のお客様の双方に話を聞いて、こんな製品が付加価値を出せて喜ばれるかもしれないと考えて双方に提案する、そんなやり方が伊藤忠の原点だ。とにかく、現場に行ってお客様とリアルに対話する、そして『ハンズオン経営』でシナジーを大切にする様にしつこく社内で言っている。とにかく現場主義だ」

Q、テクノロジーとの融合で成果は出始めていますか。

「例えば医療分野では、グループ内で医療機器の製造販売業を手掛けているセンチュリーメディカルと、デジタルを活用して治験業務の受託サービスを手掛けるエイツーヘルスケアの機能を連携させることで、医療機器メーカー向けに開発から販売までの一貫したサポート体制の構築をすすめている。製薬会社との治験データのやりとりや、医療機器の取り扱いから得られるノウハウ等に、当社が得意とするITソリューションを掛け合わせた伊藤忠らしいメディカルサービスに手応えがでてきている。両社ともハンズオン経営で事業に入り込んでいるからできることだ」

伊藤忠商事・石井敬太社長

Q、著名投資家のウォーレン・バフェット氏が率いる米バークシャー・ハザウェイが商社株を取得して、投資家の商社に対する評価が様変わりしました。

「これまでわかりにくいと言われていた総合商社のポートフォリオに対する見方を、コングロマリット・ディスカウントからプレミアムに変えてくれた。総合商社は一括りで見られることが多いが、それぞれに個性がある。バフェット氏は出資する商社5社のそれぞれのキャラクターを掴んでいる。例えば資源や重厚長大なら財閥系、生活消費関連であれば伊藤忠に強みがあるといった具合だ。景気が変動したら生活消費が得意な伊藤忠が強そうだ、一方で資源価格が上がったら権益を多く保有しているこの会社が伸びそうだとか、判断の基準や尺度となるクライテリアが総合商社の中で分かれている。バークシャー・ハザウェイは伊藤忠の個性を、今持っている事業を磨いていく会社だと十分に理解してくれていると思う」

Q、伊藤忠は5大商社のなかでも東亜石油の買収の失敗や90年代のバブルの負債処理など相対的に危機に直面して乗り越えてきた歴史があります。教訓は何でしょうか。

「伊藤忠は繊維問屋から総合商社へ変化を遂げてきた。その過程で、総合化に向けて不慣れなモノ、必要でないモノにもチャレンジして、大枚をはたいて、価値を十分に計算せずに投資を行った時代があった。不慣れな自動車や製鉄業界に繊維屋が顔を出して、痛い目にあったこともある。東亜石油の買収では知見がないのに石油タンカーを長期で傭船したり、バブル時代には過度な不動産投資をしていた。当時は決算も利益より売上重視だった時代であり、売上を伸ばして他商社に追いつかないといけないと必死に総合化をはかり、大損を出して振り出しに戻ることを経験した」

「岡藤改革で我々の得意なことにフォーカスするという原点に立ち返ることができた。壮大すぎるビジョンを設定して追いかけてもうまくいかない。世の中、1年後のことすら不透明なのに、10年後ともなればなおさらだ。きれいな言葉で遠い未来のビジョンを掲げて自分たちを縛っても意味はない。それよりも今ある伊藤忠の姿から1年後にどういう姿になるか、そのまた1年後にはどうなるか、足元から未来を考えた方が、正しい方向に到達すると思う。資源価格や為替も社会情勢にあわせてその都度変わっていくだろう。変化に対応するには自分たちの強みの何を伸ばしていくべきかを修正しながら、事業全体を育てていく方が現実的だ」

「再エネを何ギガワットまで積み上げないといけないとなると、採算性を無視して、積み上げることばかりを考えてしまう。ところが、実は再エネがどれくらい儲かるかは誰も実証できていない。地球温暖化でこれだけ環境が変わっている中で、今後も同じ気候が続くという保証もない。他社のやり方を真似して資金をつぎ込むよりは、目の前にあるモノを追いかけて、利益を拡大していくほうが、中身は全然違うが、伊藤忠らしい商売だといえる」

Q、かつての伊藤忠は総合化のために製鉄や自動車に参入するのが目的でした。その達成には多少のリスクも覚悟の上だったと思いますが、反動も小さくはありませんでした。

「まず知らない分野に入るためには、『箱』を買う。しかも高値で。その中のノウハウを蓄積しようと思っても、知見がないから簡単ではない。例えばエネルギーだったら大金を張って、リファイナリーにいくぞと突き進む。すると、次は原油を買わないといけない、船で運ばないといけない、設備で重質分解しないといけないと次々に投資がかさむ。そうこうしているうちにオイルショックが起きれば、作っても作っても高くて売れない。さらに長期で結んだ傭船契約も、キャンセルするのに莫大なお金がかかる。しかも人材もいないので不慣れで、ノウハウの吸収どころか、その手前で崩れてしまった。そんな経験もしながらいまの事業規模にまで発展してきたのだから、過去の失敗や教訓を生かしつつ、今後も伊藤忠らしい成長の形につなげていかなければならない。それが祖業からのマーケットインの発想だったり、企業理念の三方よしの考え方にも通じる」

Q、遠近両用広角メガネとさきほど話題になりました。再エネだったら、わかる範囲から積み上げて、最終的に脱炭素の目的を達成するのが今の伊藤忠流になりますね。

「我々が得意なマーケットインの発想で川下から入っていく。日本の脱炭素を達成するため、やらなければならないことは発電所をむやみに建てることではない。最適な電力ソリューションを提供出来るよう、蓄電池やEVを活用した分散型電力ネットワークをつくり上げる。それでもピークをまかなえない場合、外の系統や、あるいは他の再エネから引いてくる。これが社会実装すればエネルギーの海外依存度は下がっていくだろう」

Q、総合商社のこれからの進化のあり方、あるべき姿についてもご意見を聞かせてください。

「総合商社というのは日本にしかない特有の企業形態だ。世界中のモノやサービスを取り扱い、トレードや投資を通じて、ハンズオンで得た知見を活かしながら、新しい価値を創造していくことが役割だ。時には日本の安全保障においても重要な役割を担うこともある。目の前の社会や市場の変化を機敏にとらえて、『商人は水であれ』の如く、その変化に対応していくことが必要だ」

「伊藤忠は新卒の就職ランキングで1位に選ばれたが、これには大きな意味があると受け止めている。未来を担う若い人たちが、利益だけではなく人事政策や企業文化など、定性面も含めてバランスの取れた会社だと思ってくれたから1位になれたのだ。今後も世界の多様な人材が働きがいをもって仕事ができる環境をつくっていく。総合商社のみならず『日本で一番良い会社』を目指したい。これが、伊藤忠の成長、ひいては日本の発展にも寄与すると考えている」

「世界を見ると日本の存在感は低迷しており、日本の再生も喫緊の課題だ。日本をもう一度再生するには、高度経済成長期に商人たちが世界を駆けずり回ってモノを売ったように、これからの時代においては、デジタルを活用しながら様々な業種を組み合わせた日本発のイノベーションをリードしていきたい」

伊藤忠商事の歴史　三方よし、商人の原点に回帰

伊藤忠商事の創業は1858年、初代の伊藤忠兵衛が滋賀県犬上郡豊郷村から長崎を目指して、近江麻布の行商に出たことにさかのぼる。祖業は「持ち下り」といわれる出張卸販売だった。初代忠兵衛の先見性は、経営哲学と従業員を大切に扱う姿勢にあった。現代の伊藤忠商事に連綿と受け継がれている精神でもある。

初代忠兵衛は、出身地である近江の商人の経営哲学「三方よし」の精神を事業の基盤としていた。「売り手によし、買い手によし、世間によし」と多様なステークホルダーの幸福につながるようなバランスのとれた商いを奨励する心構えだ。「三方よし」は、近江商人研究者によって後世に作られた造語だが、近江商人の哲学の源流とされたのが初代忠兵衛の座右の銘だった。忠兵衛は「商売は菩薩の業、商売道の尊さは、売り買い何れをも益し、世の不足をうずめ、御仏の心にかなうもの」という精神を大切にした。

幕末の封建体制の名残が残る時代だったが、初代忠兵衛は創業間もないころから近代的な経営を取り入れていたのが特筆すべき点だ。初代忠兵衛は1872年に「店法」を定め、会議制度を採用した。店法とは現代でいえば企業理念と企業行動指針、人事制度、就業規則をあわせたような内規であり、その後の伊藤忠商事の経営の理念的根幹として継承された。会議では、初代忠兵衛自らが議長を務め、店員とのコミュニケーションを重視した。洋式簿記や学卒者の採用、運送保険の活用など、開明的な経営手法も次々に取り入れた。

現代のサステナビリティー経営にも通じる画期的な発想だったのが、利益三分主義だ。店の純利益を「本家納め」「本店積立」「店員配当」の3つに分配する考えで、店員と利益を分かち合う。封建色が濃い時代にあっては先進的な取り組みだった。店主と従業員の相互信頼の基盤をつくりあげ、有能な人材を思いきって登用する人事も実践していた。例えば、20歳にもならない若い店員を尾濃や武甲に派遣し、巨額の取引を任せることもあった。

伊藤忠商事は現在、がんと仕事の両立支援や朝型勤務による残業体質の改善など、社員一人ひとりが能力を発揮し、安心して長く健康的に勤務できる環境作りに力を入れてきた。こうした社員を大切にする文化も、初代忠兵衛の家族主義経営にその原点がみら

江戸から明治時代にかけて活躍した初代伊藤忠兵衛は伊藤忠商事と丸紅の源流会社を創業した近江商人だ（滋賀県豊郷町の伊藤忠兵衛記念館）

れる。

初代忠兵衛が創業した時代、店の使用人は丁稚奉公といわれるように、幼少の頃から商家に年季奉公をするのが当たり前だった。原則給与はなく、衣食住が保障され、年に2回の小遣いや衣服の支給があった。初代忠兵衛はこのような使用人の育成に力を入れた。「三方よし」や「商売は菩薩の業」という考え方を一人ひとりに習得させた。

家族主義的な経営の実践例は「一六」と呼ばれた行事にみられる。1か6がつく日、月6回、全店員参加の「すき焼き会」を開き、主従が席を共にした無礼講のひと時を過ごすというものであった。初代忠兵衛は一六だけでなく、芝居見物、舟遊びなどの行事を開き、店員たちをねぎらうことを忘れなかった。

パンデミックの発生や地政学リスクの高まり、そして気候変動問題など、足元の経営環境がめまぐるしく変わるなか、伊藤忠商事はグループ社員の求心力や精神的なよりどころとして創業の理念への原点回帰を強めている。

2020年4月、伊藤忠商事はグループの企業理念を「三方よし」に改訂した。1992年に策定した「豊かさを担う責任」から、28年ぶりの改訂となった。「売り手よし」「買い手よし」「世間よし」を理念とすることで、「伊藤忠らしさ」として誰もが共感できる価値観を打ち出し、グループ全役職員の心を一つにする狙いを込めた。

さらにコーポレートメッセージだった「ひとりの商人、無数の使命」をグループ企業行動指針に位置づけた。このメッセージは「求められるものを、求める人に、求められる形で」届けるため、社員一人ひとりが自らの商いにおける行動を自発的に考え、伊藤忠が重視する「個の力」の発揮を目指したものだ。

初代忠兵衛は「真の自由があるところに繁栄がある」と常に店員に説いていたという。進取の精神と従業員を大切にする文化、ステークホルダーへの目配りは、現在の伊藤忠商事の経営に受け継がれている。

住友商事・兵頭誠之社長

「住友の事業精神で、リ・エンジニアリング」

Q、18年に社長に就任してから6年目の終盤に差し掛かってきました。この6年を振り返った総括を教えてください。

「私が社長に就任した翌年、ちょうど住友商事が創立100周年を迎え、長期の時間軸で歴史を振り返る機会があった。私は住友商事に入社して2024年で40年になる。住友商事の歴史を人生になぞらえると、本当の総合商社としての人生が始まったのは、創立後25年たってから。設立当初は、不動産の特定目的会社のスタートアップとして始まった。港の建設、将来の大阪の北港の地域開発に貢献していくのを目的に、住友がたてた一つの会社だった。住友の事業精神には『浮利を追わず』という言葉がある。人様が作ったものを商いし、人様にお売りするのは、浮利を追うことと捉えたため、住友グループは当初、商事部門を手掛けないよ

兵頭　誠之氏
（ひょうどう　まさゆき）
84年、京大大学院工学研究科修了、住友商事入社。12年執行役員、16年代表取締役常務執行役員などを経て、18年から現職。発電所建設など電力部門で活躍し、海外やコーポレート部門の経験も豊富。愛媛県出身。

うにしていた。ただ、戦後復興で日本再興を果たす時に、復員してくる従業員の皆さんに職を確保することも社会貢献の一つと考え、商事活動を始めた」

「創立した100年前はスペイン風邪がはやっていた。同時期の世界人口が19億人で、今が80億人。今回は新型コロナウイルスのパンデミックがおきた。過去と比較すると、人口は大幅に増え、変化のスピードは上がっている。当時の経営者は第1次世界大戦終戦後の混乱期に世界経済をもう一回復興させようと奮闘したが、規模こそ違えど今も同じ大変革の時代にある。総合商社として戦後70数年の活動をしてきた住友商事も今、変革が求められている重要な節目にある」

「100年単位で考えると、全く新しいことをやろうとしてきたのではなく、その時代にふさわしい形で、時代毎のニーズに合わせた業容に変革してきた。それを再び、実践するときが来ている。そういう意味では商社進化論というお題はぴったりくる。住友商事がスタートアップのように100年前に産声を上げたように、住友商事グループの中にある一企業が、100年後には住友商事を超えるような企業に育って欲しいというのが、我々が今、企図していること」

Q、住友商事は今、脱炭素に向き合い、変革を進めています。

「今の変革の時代で一番大事なテーマとして脱炭素がある。産業革命以降、日本も先進国に仲間入りして経済発展を謳歌してきた。二酸化炭素の排出は無限に出来るという仮定の下、2百数十年の経済発展を遂げてきたが、この仮説が間違えていたことに気づき、今、それを変えようとしている。ここでの事業転換はものすごく大事だ。すべての事業、経済活動でエネルギーを使わないビジネスはない。エネルギー源の仮説を変えなければならない。社内でもグループ内でも一番強調しているポイントだ」

「言葉にするのは簡単だが、実行するのが難しい。なぜならば、宇宙に存在し、人間が使いやすく、熱という形で反応を示してくれる元素の中で安定しているのが『炭素』で、他にオプションがないから。もちろん、窒素も燃えるが、色々な副作用がある。最も使いやすいのが炭素だが、これだけ大気に滞留すると気候変動として問題が起きる。これに対して、どう取り組むかというのが、世界中の課題だ」

「印象的だったのは、23年7月の経団連の軽井沢夏季フォーラムでハーバード大学のレベッカ・ヘンダーソン教授が講演した、著書『資本主義の再構築』に関する内容だ。資本主義を『リ・イマジニング』する必要性を改めて唱えた。彼女の説明を私なりに理解すると、今まで我々は地球に対して『借金』を積み重ねてきた。借りたモノは返さなければならない。そうすると、地球自然という銀行に対して借金を積み上げてきた資本主義を、債務高をコントロールしながら、適正に債務を削減する必要がある。企業が健全性を保つには、地球自然に対する債務を減らし、適正なレベルに落としていくというのが、2050年までのカーボンニュートラル化の本質だと思う」

「我々はこれまで資本主義市場で評価される価値を創造し、利益を計上する色々な活動を展開してきた。今後は我々自身の概念を再定義して、いわゆる財務価値だけでなく、環境価値や社会価値を実際に変革の中に織り込んで、会社全体の価値観を変えていかなければならない。我々は、そのまっただ中にあり、やらなければならない最も重要なポイントだ」

Q、価値観の再定義は簡単ではありません。

「住友商事は東京本社で5200名超、グローバルヘッドクオーター（gHQ）ベースで本社機能を提供する集団が7800名超いる。それに加えて、住友商事グループの事業会社が属している。7800名超のgHQが、新しい事業を生み出し、既存事業をさらに発展させ、さらに商社の機能を強化するために様々なテーマに取り組むこと。こうした発想は100年前にはなかった。住友商事が総合商社として活動を始めた戦後も、こういう視点では物事を見ていなかった。これは今後の100年をつくり上げていくうえで欠かせないポイントだ。女性活躍も含めて、もう少し大きな意味でのダイバーシティー&インクルージョンをしっかりとやらなければならない。目的は組織を強くすること、グローバルベースでのHQ機能をさらに高度化していくことだ。株式市場が我々に期待する成長力を加速させる唯一の選択肢と考える」

Q、住友商事のあり方を再定義しようと考える際、住友の事業精神を軸に中長期で地球環境の負荷を下げていく視点で向き合い、ビジネスにつなげていく構えでしょうか。

「総論ではその通りだ。ところが各論で足元をどういうペースで、どんなかたちで実践していくかについては個別のビジネスごとにしっかりと実情をみながら考えて実践していく必要がある。例えば、金属事業部門は、100年前とこれからでは鉄の使い方が大きく変わる。我々はカーボンフリーの鉄に100％変えていかなければならない。論点は技術的にどう大量生産しながら品質を保っていくのかだけではない。マーケットに炭素フリーの価値や意味を認められるように販売していく必要がある。バリューチェーン全体で考えて、ビジネスそのものを『リ・エンジニアリング』しなければならない」

「総合商社はビジネスエンジニアリング会社だ。単に仕入れ先と販売先をつなげることを考えるのではなく、トータルバリューチェーンでコアリション（連携）をつくらなければならない。ステークホルダー間のコアリション（連携）をつくった上で、新しい価値を創造するのが、レベッカ教授がおっしゃっている『リ・イマジニング・キャピタリズム（資本主義の再構築）』ということだと思う」

Q、単に利益を追求するだけでなく、付加価値を社会にどのように還元するかも重視する必要があります。

「商社は売り買い、投資もそうだが、資本主義のメカニズムを使いながら事業を展開している。これまでのビジネスモデルを『リ・エンジニアリング』し、二酸化炭素削減にふさわしい内容に変えていく。そのためには、契約金額や量、販売するモノを全部変えなければならない。この三拍子がそろうと、実際に二酸化炭素の排出量削減につながる。これを具体論で進めていくのが、商社のビジネスエンジニアリングだ」

「ビジネスモデルをつくり上げるのは、商社の機能だ。冷静に見ると、新しいビジネスモデルを構築するにしても、ビジネスの基本設計から最終契約までの流れは全く同じだ。例えば前提条件、設計条件などが異なることはあるが、それらの設定の仕方を今の時代のニーズに合わせて、しっかり組み合わせを考えて、アウトプットを正しくしていく」

Q、具体的にはどのようにアプローチしていくのでしょうか。

「最も大事な住友商事の強みは、総合商社のビジネスエンジニアリング機能を果たすための基本的な考え方にある。他社にはない住友の事業精神といっても過言ではない。もっとも重要な価値創造モデルの差異化のカギは、どういう考え方に基づいて、エンジニアリングをするかと言うことだ。例えば、住友商事は農業資材のビジネスを手掛けているが、発想を住友の事業精神に基づいたら、どういう風に変わっていくか。一番大事なお客様は誰かという点に着眼すると、農家になる。農家が何に困っているかをみにいく。その発想の最初のきっかけは、住友の事業精神の『自利利他公私一如』の考え方だ。それに基づくと、大手農薬メーカーのアプローチとは異なってくるし、我々自身がどういう体制を敷くかをよく考えないといけない」

「各国ごとに色々な農家の悩みがあり、その農家を支えるためにどんなビジネス、サービスを提供しなければならな

住友商事・兵頭誠之社長

いかを考え、基本的な設計をしていく。営業方針も住友の事業精神に基づき、利益だけをあげるのではなく、長期的な目線で農業資材が農家のアウトプットの改善に役立つことを考えて現場で体現する。ブラジルの農業資材グループであれば、現地の人々と一緒になって販売体制や方針を決めている。そのおかげで、農家の信頼を勝ち取り、売り上げも伸びていて、さらに長期的な関係性構築につながっている。これこそが我々にしかできない信頼関係の構築であり、これを全ての次元にわたって、今のニーズに基づいてやっていくというのが、住友商事にしかできないことだと思う」

Q、住友の事業精神でグローバルに横串を刺し、地べたをはうようにしながら、パートナーと信頼を築くことが長期的な価値につながるわけですね。

「まさに地べたをはう。しかも、それをグローバルでやらなければならない。米州、東アジア、アジア大洋州、中近東、欧州、CISといった多国籍で地球規模の組織に所属する全員が住友の事業精神の価値観を共有できていないと行動がぶれるので、体験してもらうことが大切。社長に就任してまずやったことが、住友の事業精神を伝えるグローバルアンバサダーに世界各地から立候補してもらって、日本に集め、住友の事業精神の英訳を読み、住友グループにゆかりのある別子銅山に登ってもらった。住友の事業精神を実際に自分で体験してもらい、その後1年程かかって、これをシンプルに表す、グローバルで通用する言葉としてコーポレートメッセージ『Enriching lives and the world』をつくった」

「ただ、美しいストーリーの背景には苦労の歴史がある。このままではいけないので、こう変えていこうという教訓が、我々に精神として伝わっている。精神とは逆のこともたくさん起こっている。そこに蓋をせずに直視し、反省し続けるのが大事なことだ。住友商事も巨額損失を出した銅事件を1996年に起こした。大型減損も2回経験した。我々はそうした経験や教訓を踏まえ、住友の事業精神に基づく将来の成長、今の時代にふさわしいリ・エンジニアリング、リ・ジェネレーションにつながる改革をやっていく」

Q、銅事件の話がありました。レガシーのなかで兵頭社長が教訓として自らの経営の糧にしていることはありますか。

「過去の学びから生まれた住友の事業精神を、どのように将来にプラスにいかしていくかだろう。そのために組織をどう変えるかが経営者の仕事だ。6年近く社長を務めているが、今の時代にふさわしいgHQの機能に強化し、改めて事業精神の徹底に努めている。一言でいえば、ガバナンス改革の徹底が一丁目一番地だ。それを踏まえて、今、市場が求めることを粛々とやっている。大事なのは住友の事業精神そのものを再確認しながら、明日への取り組みを着実に実行していくこと、これに尽きる」

Q、銅事件はまさに「浮利」を追ってしまった結果、起こしてしまった事件です。

「銅事件はガバナンスの問題があった。住友商事が会社としてあの不正をしたというよりも、不正を防げなかった。反省してガバナンス強化に取り組んだ。当時は純利益も200億〜300億円というレベルだったが、ポジションを数千億円持っていた。やってはいけないことをやっていた。そのあとも大型減損を2回も繰り返してしまった。そこで中期経営計画で構造改革し、ようやく攻めのポジションをとれる所に立った」

「攻めのポジションにたったと話したが、経済活動は長く続き、企業の成長を支える人は入れ替わっていく。人材が入れ替わっても、我々の目指すところがブレないように活動を継続できる人材を育てることがとても大事だ。人材を育てる点に住友商事の特色があるのは、総合商社の人材がいなかったころの生い立ちに起因しているところが大きい」

Q、住友商事の前身の日本建設産業の初代社長は、商事部門発足時、「熱心な素人は玄人に優る」と従業員を鼓舞した歴史が伝わってます。

「その言葉、社内で嫌いな人もいる。捉え方によってはいつまで素人気取りでいるんだと。私はそうではないと思う。『今日のプロは明日のプロではない』という戒めと感じる。プロだと思っておごった瞬間に退室命令されるのが、資本主義社会の本質だ。明日のプロであると限らないので、常に今日の私自身は明日の素人だという心がけ、謙虚さを持って切磋琢磨（せっさたくま）して、マーケットで勝ち組に残れるだけの実力を磨き続けるのが大事だ」

Q、「熱心な素人」という点が個人的には共感します。やはり、パッションが大事です。

「どの職業にも通じる言葉だ。ウォーレン・バフェットさんには1回しか会っていないが、彼のすごいところは常に人から何かを得ようとする意欲が満々な点だ。1時間半の会話だったが、93歳でもこの時間に何かを得ようというエネルギーをみなぎらせていた。会って印象的だったのは、統合報告書の発行時期を聞かれたことだ。統合報告書のヘッドラインストーリーを読むのが好きなのだそうだ。『今年はいつ出るんだ』と尋ねられたので、9月末と回答したところ、『楽しみにしている』と言われた。統合報告書を楽しみにしていると直接言われたのは初めてだ」

Q、バフェット氏の長期投資の哲学と住友の事業精神は波長が合いそうです。永続的競争力をどう担保するかを考えているのがバフェット流です。

「完璧にハーモニーしたと思う。一時間半、事前に何を話そうかと迷った結果、住友の歴史と住友の事業精神、そして自分が何を考えているかをずっと話した。そしたら、最後に『Exceptional!（非常に優れている）』だと言われた。この言い回しは良い方の意味で使うそうだ。悪いときには使わない。もちろん、事業精神だけでビジネスはうまくいかない。当然実践力が必要になる。実力をどう発揮するかが肝だ。やはり、社内で口酸っぱく言っているがリ・エンジニアリングをしっかりやらなければならない」

Q、ビジネスエンジニアリングですが、通信やメディアに足場がある住商は、もっと5Gを用いた社会変革に投資をしていくべきではないでしょうか。

「GAFAが成功している本質は、どういうビジネスモデルをどのようなビジョンに基づいて構築しているかにある。アマゾンは本屋からスタートしている。世の中で最も便利な店を作るコンセプトで、デジタルの力を使ったらどういうことが出来るかに取り組んだ。デジタルの技術は万国共通で使って当たり前だ。それをより大きなキャッシュフローに変えるコンセプトで使い切るか、これを成功させられるかどうかが、経営者の実力、あるいは経営者の元で働くチームワークの力のなせる技だ。ただ、革命的で世の中で評価されるところまでビジネスモデルを転換できるかというと、機会はたくさんあるが、実行できるかどうかはそれほど多くはないと思う」

「住友商事が株主から期待されている役割は、GAFAとは違うと思う。例えば、人工知能(AI)でビジネスにどう価値を付けるか。今まで積み上げた信用をさらに強化するため、どう活用するかが基本中の基本となる。そこから離れるところで、ファンドと同じように投資をして、スタートアップが当たるのに賭けるような会社もあるが、住友商事のやり方ではない。今までの住友商事との関係を大切にしていただいている取引先はたくさんいるので、それをさらに良い関係に発展させることを基本にしながら、新しいことを合わせるのが大切だ。しがらみにとらわれすぎという批判的な見方も意識しながら、大事にすべき所は大事にする」

「住友商事がDXでどういう役割を果たすか。GAFAを作ることを目的にはやっていない。例えば、サミットストアという首都圏のお客様にご愛顧いただいているサービス内容をより良いモノにするため、どうしたら今のデジタル技術を具体的なキャッシュフローに転換できるかを発想する。現場で起きているのは、結局はより良い商品を適切なタイミングで、最適な価格で提供することだ。つまり、効率経営に使う発想になる。これが、住友商事が実践できるDXだと思う」

Q、脱炭素のソリューションでもデジタルを用いた新たなビジネスモデルの構築に力を入れ始めました。

「脱炭素のバリューチェーンを構築し、コアリション(連携)を作ろうと思うと、デジタルの力は強い。二酸化炭素の排出や削減に価値を付けるには、排出量を測定する必要がある。デジタルで揺らぎのない二酸化炭素の排出量のデータベースを構築しないと、誰が脱炭素にどれだけ貢献したかを測れない。そのためのソフトウエアを開発しなければならない。例えば、SAF(再生航空燃料)も、創り出すプロセスでの生産と販売も大事だが、SAFをどれだけ使って、どれだけの脱炭素に貢献したかをトークン(電子証票)にして定量化して、それをトレードできるようにマーケットをつくっていく。レベッカ教授が唱える『リ・イマジニング・キャピタリズム(資本主義の再構築)』そのものだ。ここまで発想を広げ、デジタルの力を用いて、住友商事がお客様と一緒に創っていく。それが、総合商社の現代のビジネス・リエンジニアリングだ」

Q、脱炭素が求められるなか、住友商事の石炭関連の事業は最終的にはポートフォリオから外していくのでしょうか。

「炭素そのものは悪いことではない。大気に二酸化炭素を過剰に滞留させているのがダメだ。借金そのものが悪いことではない。行き過ぎた借金がダメなのだ。一方的な価値観で整理してしまうと、我々がやるべき事、やってはいけない事がねじ曲がってしまう。例えば、発展途上国との関係を考えると、すごく大事なテーマがみえてくる。発展途上国の立場では、今の気候変動の問題は経済発展を先取りした先進国が引き起こしたことであり、この借金返済は先進国の責任だという見方が存在する」

「ただ、現実の国際世論はそういう文脈では議論されない。人類共通の問題で、みんなで取り組まないといけないと考える。一見正しいが、格差の問題にどう対処するかは論点として落ちてしまいがちだ。世界では二酸化炭素削減のための基金を全世界でつくろうという動きも出始めている。格差問題の解決、先進国が今まで滞留を行った事実を直視しながら、日本企業として何をすべきかを考える。これも商社の役割だ」

Q、総合商社のあり方、あるべき姿についてはどう考えますか。

「改めて総合商社とは、ステークホルダー、お客様、社会全体から必要とされ、求められることに対応するため、ビジネスを変革し続けるのが責務だ。色々な社会テーマがあるなか、それにしっかりフォーカスした戦略を構築し、明日の世の中に通用し、役立てるように変わっていく」

Q、住友の事業精神に則った事業推進において、矛盾がでてくるケースもあるのでは。ミャンマーでの通信事業は地元住民からは求められるが、人権侵害への加担を続けているという批判もあります。

「ミャンマーにおいて、通信ライセンスを有しているMPT（国営郵便・電気通信事業体）が、同国の法律に則り、規制当局の監督の下、通信事業を行っている。現地事業会社のKSGMは、このMPTと締結した契約に基づき、通信事業の運営をサポートしている。今日まで事業を継続しているが、今のミャンマーの軍制に協力しているのではないか、人権侵害に加担しているのではないかと懸念や批判されている事実を直視している。我々が掲げている人権方針と経営理念に照らして、今どう行動するのがベストプラクティスなのかを常に考えて実践していく。事業者としてやるべき事、経営者として常に我々の定めた基準に基づいて正しい判断をしていく。撤退すべきではないかという意見を聞きながら、契約当事者としてなぜやっているかを説明して理解を頂く」

住友商事の歴史　最後発の船出、熱心な素人は玄人に優る

住友商事は総合商社としては5大商社で最後発の発足だ。前身となったのは日本建設産業（旧・住友土地工務）が1946年1月に設置した商事部門だった。社員は住友本

清水家蔵屋敷への出入り用門札（天保時代）（住友史料館提供）

社、住友金属工業（現・日本製鉄）、住友電気工業などから移ってきた職員たちが軸となり、戦後の外地からの引き揚げ者なども含めて32人だった。

事務所は設立当時、住友本社が使っていた部屋の一部を用いた。営業部員は被災工場から払い下げの木煉瓦をストーブにたいて暖を取りながら仕事をした。

なぜ、土地・建物業が住友商事の源流となったのか。背景には第2次世界大戦後の混乱と財閥解体との深い関係がある。１９４６年9月、ＧＨＱ（連合国軍総司令部）は三菱や三井など他の財閥と同様に、住友本社の解散を命じた。そのため、住友本社は、発展を支えた人材の離散を防ぎつつ、続々と戦地から復員する社員の雇用の確保、そして将来の住友グループの復活に向けて事業の資産をできる限り温存する必要があった。

これらの諸課題の解決策として製塩、水産、セメント、出版などの新規事業の計画案も練られたが、住友本社で最後の総理事となった吉田俊之助は、最終的に商事部門への進出を決断した。

当初、商事会社を新設する案で進められたが、本社解散という切迫した環境だったため、すでに経営基盤が確立しているグループ会社に商事部門を新たに設ける方向に固まった。そこで母体に選ばれたのが、住友土地工務だった。当時、復興資材の取引活発化を見越して、商事部門の設立を必要としていた。

住友土地工務のルーツは1919年12月に住友が中心となって設立した大阪北港株式会社までさかのぼる。当初は住友グループの発展をけん引した別子銅山の勤務者への飯米確保を目的に耕地を取得した。所有面積は75万坪に達した。その後の大阪港の発展に伴い、北港地区の再開発を目的に設立された経緯がある。

ここで素朴な疑問が生まれるだろう。三井や三菱などの他の財閥は明治・大正期に商社部門に進出したが、住友はなぜ終戦後だったのか。実は住友グループは、物産の売買を取り次ぐような商事活動への進出を禁じていた。

住友グループには「住友の事業精神」と言われる企業理念がある。この理念を象徴する言葉が「確実を旨とし浮利に趨(はし)らず」という教えである。目先の利益を追わず、信用を重んじ確実を旨とする経営姿勢は、住友の事業精神の真髄とされる。「自利利他公私一如」も知られる。住友の事業は住友自身を利するとともに、国家を利し、社会を利するほどの事業でなければならないという意味だ。

こうした住友の事業精神を育むため、グループ各社には「企画の遠大性」が求められた。住友の歴代の総理事は「国家百年の事業を計らねばならぬ」と常に口にしていたという。住友は何事にあたっても、遠い将来を見すえて綿密に計画を立て、すぐに結果が出なくても次代、三代にわたって開花させるよう努力を続けることを奨励してきた。

商事活動は「浮利を追わず」を重んじる住友にとってタブーとされてきた。第1次世界大戦中、住友内部でも商社設立論が起きたこともあったが、当時の総理事が「住友では商事に練達の人材を養成していないので、一歩誤れば大損害を被り、他の諸事業まで危うくする」と反対論を貫いた。

人材不足による商事活動の進出が住友を危うくすると懸念されたが、結果は杞憂だった。むしろ、戦後の住友グループの成長のけん引役となった。商事部門に進出した日本建設産業の田路舜哉社長は「素人集団」だった商事部門の現場に対し、「熱心な素人は玄人に優る」と激励した。

日本建設産業は1952年6月、社名を住友商事に改めた。住友の名が復活し、これに先立ち、同年1月から「井桁」の商標も使い始めた。井桁は泉や井戸を象徴し、住友の屋号の「泉屋」に由来する。泉という字は、清らかな水がこんこんと湧き出て尽きない意味があり、お金のことを「泉貨」と称していたため、商人にとって井桁は縁起の良い商標とされる。

住友商事は名実ともに住友グループの貿易商社として活動を本格化し、その後、国内外に事業活動を広げていく。

丸紅・柿木真澄社長

「究極の御用聞き、朝令暮改をいとわず」

Q、2019年の社長就任以来の経営のかじ取りを率直に振り返ってください。

「時間はたつのが早い。あっという間だった。人工知能（AI）の台頭や人口減少など、要所要所で大きな変化が起きている。技術的な大変化で世の中の変化のスピードが加速している。商社が世の中の流れに置いていかれたら終わりだ。こけるか、取り残されるしかない。皆で必死にやってきた。今までの商社はどちらかというと、やや受け身というか、自ら今までにないことを起こすことはめったになかった。既存の案件を拡大したり、顧客同士を結びつけたりするビジネスが多かった」

「19年に定めた中期経営戦略GC2021では、3つの成長ホライゾンという概念を導入し、ホライゾン1（既存事業の充実）、

柿木　真澄氏
（かきのき・ますみ）
80年（昭55年）東大法卒、丸紅入社。10年執行役員、丸紅米国会社社長などを経て18年副社長執行役員。19年から現職。海外での発電事業の経験が長く、丸紅の稼ぎ頭のひとつである電力・プラント部門を率いてきた。鹿児島県出身。

ホライゾン2（既存事業領域の戦略追求）、そしてホライゾン3（現状では取り込めていない成長領域、ホワイトスペース）と分類した。ホワイトスペースへの挑戦を掲げたのは、やれるかやれないか、できるかできないかを抜きにして、そういう意識をたたき込まないと本当に置いていかれる、世界から取り残されるという危機感があったためだ。商社がグローバル展開で置いていかれたら、命運がつきる。あれは社内に対する号令の意味合いが強かった」

「社外からは、ホライズン3と言われても本当に出来るのかと言われるが、社内では、それをやらないと商社としては生きていけないよ、というメッセージで今までやってきた。その結果を確認しつつあるところだ」

Q、社長就任当初、「縦割りを恐れず挑戦を」「失敗を恐れるな」というメッセージを強く発していました。ホライズン3では「2030年に向けた爆発的な成長」を掲げました。どこまで組織に浸透しましたか。

「ホライズン3のメッセージだけで、この通りに会社を経営していたらつぶれる。ホライズン3を意識しながら、ホライズン1と2を充実させていく。めったに実現するものではないが、3のビジネスモデルがいくつか実を結べば成功だと思う。次世代への挑戦を前面に押し出したら、既存の営業本部が刺激を受けた。飛び地ではないが、隣のエリアに進出する動きが活発になった。皆、勝手なことをやり出し、今までに無い動きを随所でみせてくれている。もちろん、こうした動きは他社もやっているが、当社もしっかりできている。まだ競争力を落とすことなく、後をついて走れている。そういった形で社内へのメッセージを出すと同時に、これまで自分たちの体力づくりに励んでいたことから株主へのメッセージが弱かったため、株主へのメッセージも大事にしている」

「朝令暮改はいとわない。とにかく商社は変化に対応しないと生きていけない。言うことをコロコロ変えるからね、というのもメッセージとして出した。言い換えると、変化に対応するには、今出している戦略をしっかりと理解していなければならないということだ。振り返ると、自分が部長の時代に会社の中期経営戦略を一生懸命読んだかというと、そうでもない。そんな時間も無い。だから、私は何回も繰り返して耳にたこができるくらい、今の戦略はこうだと語りかけている。その理解が浸透すると、商社は組織がしっかりしているので、変化に対応していくという雰囲気、流れが出る。それを微調整していく」

「19年度に大赤字を出した翌年、実質、新規案件を受け付けない、というぐらい案件を絞った。それが浸透してしまい、各本部が慎重になってしまった。今は背中を押している。『もうちょっとやっても良いんじゃない?』『なぜチャレンジしないの?失敗しても良いと言ったじゃないか』と。『言っていることが違うじゃないか』と言われたが、言っている内容を変えたのだ。状況が変わったならば、変えなければならない。それは戦略ではなく、戦術と思われるかもしれないが、戦略があっても戦術がないと現場がうまくいかない。戦略と戦術をきめ細かく変えていき、それを現場に浸透させる」

Q、今の商社を取り巻く経営環境ですが、パンデミック、ロシアによるウクライナ侵攻、米中対立など変化がすさまじい。丸紅が最も対処する必要がある変化は何でしょうか。

「こういう言い方は誤解を招くかもしれないが、今は商社には1番向いている状況だ。世の中の動きが激しくて、問題含みというか悩み事が多い。誰かに相談したくなってしまう。現状では今までのやり方では耐えられない変化が起きている。自分たちも変化しないといけない。皆がそういう意識を持っている。平和な時はそういうことを考える必要はない。現状維持か、コストダウンを考える。今のように状況変化が激しく、先行き不透明な時期は誰かの意見を聞きたくなる、相談したくなる。そうしたときに、丸紅が頭の中にひらめくような、御用聞き、『究極の御用聞き』として認知されることが1番重要だ」

「悩み事を相談された時、今までの商社は縦割りが激しいので、自分に関係ないことを相談されても興味を示さない。自分の範囲外だとして丁重にお断りしていた。今は皆、ある程度俯瞰する目を持っている。食料の人がエネルギーについて相談されても、それは私の範囲外ですと逃げるのではなく、どういう悩みかを聞いて、自分たちで出来ないことを出来るところに回す基本動作がある程度できている」

「それが私の目指す商社パーソン。自分の範囲はもちろんスペシャリストとしてやらないといけないが、それ以外のことも出来るジェネラリストの目と耳を持つ。このような対応をできる人材が多ければ多いほど、強い組織になれる。いつも言うが、色々な事に興味を持ってほしい。新入社員は目の前の事にしか視界に入らないだろうが、ちょっと横を見て、例えば米国担当ならアフリカやアジア等の他地域でどんなビジネスをしているか興味を持ってもらうとか。経験を積んだら、隣では何をしているか。少しずつ俯瞰する目を持てば、究極の御用聞きになれる素地を広げられる。ちょっとでも良いから、自分のやっているビジネス以外に興味を持ってもらいたい」

Q、エネルギートランジションや食料・飼料のサプライチェーンの変化で問題が起き始めた。丸紅が最もフォーカスし、チャレンジしていくべきものは何でしょうか。

「エネルギーの転換期では、新しいエネルギーの供給側と需要側では思惑が異なる。供給側は（将来の買い取りを約束する）オフテイク契約を望む一方、需要側はしっかりと新エネルギーを供給できるか確認を求めてくる。鶏と卵のようなことが起こりうる。このようなときに商社がオーケストレーティング（調整・編成）し、どちらかが先に動かないと動けない場面で、うまくタイミングを合わせてあげる。お互いのタイミングが合うときに物事を動かせるようにするためには、首を突っ込み、スピーディーな対応が必要になる。そのため、『新エネルギー開発推進部』という本部に属さないユニットを新たにつくった。臨機応変の人材配置を今まで以上に激しくやらないとダメだ」

Q、人材活用が重要ということですね。

「人材に行き着く。これからは人材の取り合いになる。良い人材をもっていないと、そういった考えを実現できない。スペシャリストでありながら、ジェネラルな目と耳をもつような人材がたくさんいて、育つ会社が強い。今や人材確保のためだったら、何でもしろと話している。先日も働き方に関する施策を社内で議論したが、良い人材を集められるならば、制度を使う側に立って、一番甘い設計で良いと言った。それぐらい人材は重要なのだ。ニンジンとムチではないが、ニンジン100本ぐらいぶら下げて人を呼び込むぐらいで良い」

「まずは間口を広げる。新エネの組織の話をしたが、そういうことをやれる人材がぎりぎりいたので実現できた。今後は社内で人材を回しても限りがある。23年の初めに、情報分野で何十人という人事異動を行った。人を激しく動かすこともやっていかないといけない。限られた人材をどうやって確保するかも重要だし、限られた人材をきちっと活かす」

「これまではぬるま湯的にみんなハッピーな状況で、全然異動がなく、自分の持ち場で分かる範囲でビジネスや仕事をやればよかった。そこをストレッチして、かつワクワクしてチャレンジしていくことを推奨する組織になれば、世の中の色々なトレンドや変化に対しても力強く対応できる」

Q、性善説で人材育成すると、「水は低きに流れ、人は易きに流れる」ことになり、組織の規律が緩みませんか。

「性善説で行くか、性悪説を取るかと考えは分かれるが、今後、人材の取り合いになるなか、『これだけ社員のことを思ってくれる会社があるんだ』『そんな会社は1回覗いてみよう』という人がどんどん増えれば、それだけでもめっけもんじゃないかなと思う。ある程度のコストがかかっても、人材を確保できる方が会社への貢献度は大きいのではないか」

「性善説がいき過ぎて、リスクが大きくなり問題となれば、変えれば良い。施策なんて、できあがって、適応を始めた瞬間に陳腐化するといつも言っている。つくった瞬間に次の変更を頭において、変えていけば良い。朝令暮改の積み重ねで会社が成り立っていると思ってちょうど良い」

Q、これまでの商社の歩みについてもうかがいます。「不要論」「冬の時代」と言われたこともありました。過去の教訓を今にどのようにつなげていますか。

「使い古された言葉だが、透明性だ。数字については小細工なしに何も手を加えなくても良いと話している。それを徹底すれば、おしとどめることができる。『なんとか対策』を始めると、ついおかしくなる。誘導的な、誘惑的なものがまかり通るような会社にはしたくない。利益追求型になると、利益ありきというか、そっちが優先されかねない。ありきたりだが、まず戦略を立てて、それに沿っているかどうか。そのうえで数字が出るか出ないかをみる。例えば、利益を買いに行くと次の年や先のことを考えずに、問題案件を抱えてしまう。最初は利益を出して、後は不良在庫として持ち続けることが起こると、毎年毎年一定の減損をしないといけない。それをまず断ち切らないといけない」

丸紅・柿木真澄社長

「冬の時代とあったが、やはり、世の中に付加価値をつけなければ、冬だろうと夏の時代だろうと、不要とされてしまう。常に自分たちが入ることで、バリューアップできるかが重要となる。問題が連続する世の中が今後も続いていくと思う。将来的にも商社は生き残れるのではないか。もちろん、単なる『つなぎビジネス』ばかりやっているようではダメだ。投資利益を買いに行くような戦略のない投資をしていると先細りする。好不況は必ず来るため、いかに不況時にも耐えられるビジネスを持っているか。最近よく言われるエッセンシャルビジネスだ。つまり、不況でも欠かせないビジネス。人間で考えると、食べ物と水、そしてきれいな空気があれば生きていける。その3点セットをそろえられるビジネスをしていれば、見捨てられることはない。当社は食料関係をそこそこはやっているし、エネルギー関連もある。外してはいない」

Q、かつて「穀物メジャー」入りを狙って、13年に買収した米穀物大手ガビロンの穀物事業を22年に売却しました。あの決断の背景を教えてください。

「ガビロンは買収した当時の戦略に間違いはなかった。米国と中南米の穀物を大消費地の中国に持っていくビジネスモデルは正しかった。穀物を買って、持っていくというモデルだった。当初、高く買ってくれていたが、中国が買い手を調節してきた。買い手をいくつかにまとめて国営が購入するようになった。その結果、何百万トンと取引するのに、ほんのわずかしかもうけられなくなった。更に穀物トレードは営業資金がものすごく必要であることから、資金効率が悪くなっていた。思っていたビジネスモデル通りにならなくなっていた。これこそ、ビジネスの中身が変わっていた例だ」

「会社に貢献しないことが明らかになったら、変えなければならない。すると、買い手が現れたので売却しようという判断になった。もうかるビジネスをやらなければ、会社の体力を削ることになる。事業を入れ替え、回収したお金を新しいところに投じる」

Q、事業環境が変わったら、事業を入れ替えるのは当たり前のことですが、日本の伝統ある大企業で諸先輩の手掛けた案件から手を引くのは簡単ではありません。

「考え方はシンプルだ。ガビロンの案件はかつて会社としてOKを出した。会社の施策として間違っていたら変える。それに個人のスタンプを押しちゃうとおかしくなる。最終的にはゴーサインがでたら、それは会社の決断だ。間違っていたのではなく、変化したので変えなければならない。ビジネスの中身も変わり、思惑通りに行かなくなったから変えた。だからといって、これに賛成した全員の首を切るなんてありえない」

Q、総合商社としてのこれからのあり方、あるべき姿についてはどのように考えますか。

「他の国に総合商社はない、日本にしかないと言われるが、日本の中だけで商社がビジネスをしていたら、本当に特殊な業態だ。しかし、ほとんどの商社はグローバルに展開し、グローバルで生きている。つまり、グローバルに商社が必要とされている。なぜ必要とされるのか。それは需要と供給をうまくつなぐ機能が必要とされているのではないか。需要と供給を効率良くつなげられないと、世の中がうまく回らない。オーケストレーティングする立場で、トレードや事業投資、事業運営を行う。とにかく世の中の需要と供給をスムーズにつなぎ、うまく回す潤滑油として商社の機能は有効だ」

「現代は需要がどこにあるのか、わかりにくくなっている。例えば、自動車は欲しくないけど、交通手段は欲しいという人がいる。そういう人には移動手段を提示する。このように需給がはっきりしない様々な分野に首を突っ込んでいく。『究極の御用聞き』は世の中から不要とされることはない」

Q、「丸紅らしさ」についてはどのように考えていますか。

「良い意味でも悪い意味でも、丸紅は任せられる人に任せてしまう。あえて悪い言い方にすると、上の人が若い人に仕事を放り投げて、後は面倒を見ない。良い言い方をすると、若い人は色々な仕事を任されるので、成長機会がものすごくたくさんある。うまくいくときはうまくいくが、失敗すると責任を取らされる。やりがいのある組織になっていると思う」

Q、初代伊藤忠兵衛が1872年に「紅忠」を大阪に出店して150年がすぎました。伊藤忠商事と丸紅は同じ源流ですが、戦後発足した丸紅初代社長の市川忍氏の1949年の講話を基にした「正・新・和」を社是に定めています。

「非常に良い社是で、今にもぴったりと当てはまる。正義を重んじ、常に新しいことをして、チャレンジし、みんなでやればできるというメッセージだ。1人で孤軍奮闘するのではなく、みんなで仲良くやれば切り抜けられる。社是は半永久的に通じる訓示でなければ、社是にならないが、そうなっている。良い社是であり、社長室の私の机の後ろに掲げられている」

「あの時代に『新』を入れたのは、相当意味があった。チャレンジにもつながるし、新規ビジネスにもつながる。常に商社は自分を変化させないと生き残れないし、必要とされない。常に『新』にチャレンジする。それゆえに、社是の真ん中においたのではないか」

丸紅の歴史　常に新しくあれ

丸紅の源流は1858年にさかのぼる。日本は幕末で日米修好通商条約が締結され、開国を巡って国論が割れ、尊皇攘夷派の大名や武士が弾圧された安政の大獄が起きた時期だった。近江商人の初代伊藤忠兵衛が、現在の滋賀県犬上郡豊郷町から初めて近江麻布の「持ち下り」といわれる出張卸販売に出発したことをもって、丸紅創業の年としている。

忠兵衛はこの時、15歳だった。忠兵衛は近江商人としてはもともと後発だったが、今の福岡を中心に西国方面に商いのルートを持っており、関西以西に足場を求めた。その後、伊藤家が長男の長兵衛に引き継がれたのを契機に、伊藤家内での商売の競合を避け

丸紅は初代社長の市川忍が打ち出した理念を社是として掲げている

るため、忠兵衛は大阪で最初の自らの店となる呉服太物商「紅忠」を29歳のときに開く。繊維商社として事業拡大が始まった。

紅忠の紅を丸の中にいれた印を暖簾に使った。染め抜いた「丸に紅」の屋号が、丸紅の社名の由来となっている。

紅忠はその後、曲折を経ながらいくつかの会社との分割・合併を経て、1921年には丸紅商店が生まれた。この丸紅商店が、戦後の丸紅につながる源流の一つとなる。

第2次世界大戦中の1944年、伊藤家から派生した複数の会社は合併して大建産業となる。繊維をはじめ、化学品や鉄鋼、鉱山、畜産など幅広い事業を展開し、投融資機能も備えた。第2次大戦後の1949年、過度経済力集中排除法が適用され、大建産業は、丸紅、伊藤忠商事、呉羽紡績、尼崎製釘所の4社に分割されて、現在の丸紅株式会社の歴史が幕を開けた。

戦後の混乱期、新生・丸紅の基盤を固めたのが、市川忍初代社長だった。海外支店網を整備し、様々な新規分野への進出、そして髙島屋飯田との合併などにより、総合商社への道をしいた。丸紅が経営理念にしているのは、市川社長の訓示だ。会社が発足した1949年12月1日、「先ず第一に『正しくあれ』」「常に『新しくあれ』」「最も望ましい事は『和』である」という主旨の訓示を行った。

丸紅の柿木真澄現社長は「あの時代に『新』を入れたのは、相当意味があった。チャレンジにもつながるし、新規ビジネスにもつながる。常に商社は自分を変化させないと生き残れないし、必要とされない。常に『新』にチャレンジする。それゆえに、社是の真ん中においたのではないか」と話す。

丸紅は中期経営戦略で現状では取り込めていない成長領域を「ホワイトスペース」と定め、次世代の成長の柱を育てようとしている。市川社長は「常に新しくあれというのは、不断の積極的研究を進め、進取発展の気分を常に養うという事によりて、急激なる時勢の進歩に遅れる事なく、変転極まりない情勢に対する施策を誤るなという事である」と説いた。「正・新・和」の社是の精神は今も受け継がれている。

参考文献

三菱商事のあゆみ（三菱商事編）
三井物産のこころ　今、語り伝えるべきこと（三井物産編）
住友の歴史から（住友商事編）
商社各社の公式ホームページ

執筆者一覧

星正道、藤本秀文、安藤健太、田中裕介、薬文江、長谷川雄大、花房良祐、吉田啓悟、大西智也、岡本康輝、坂本佳乃子、阿部晃太朗

商社進化論

2023年11月24日　1版1刷
2024年1月17日　　2刷

編　者　日経産業新聞

発行者　國分正哉
発　行　株式会社 日経BP
日本経済新聞出版
発　売　株式会社 日経BPマーケティング
〒105-8308 東京都港区虎ノ門4-3-12

装丁　野網雄太
本文DTP　朝日メディアインターナショナル
印刷・製本　三松堂
Printed in Japan　ISBN978-4-296-11926-4